Béla Zsolt
Neun Koffer

Aus dem Ungarischen
von Angelika Máté

Mit einem Nachwort
von Ferenc Kőszeg

Verlag Neue Kritik

»Neun Koffer« wurde erstmals zwischen dem 30. Mai 1946 und dem 6. Februar 1947 in der ungarischen Wochenzeitschrift *Haladás* in Fortsetzungen abgedruckt, blieb aber infolge des gesundheitlichen Zustandes des Autor unvollendet (siehe dazu das Nachwort). 1980 erschien der Text in Buchform in dem Budapester Verlag Magvető Köniyvkiadó. Die deutsche gekürzte Ausgabe endet mit der Flucht des Autors aus dem Ghetto Großwardein.
Die Übersetzung des Werkes wurde von der Europäischen Kommission gefördert.

Die Deutsche Bibliothek - CIP-Einheitsaufnahme

Zsolt, Béla:
Neun Koffer / Béla Zsolt. Aus dem Ungar. von Angelika Máté. Mit einem Nachw. von Ferenc Kőszeg. - Frankfurt/Main : Verl. Neue Kritik, 1999
Einheitssacht.: Kilenc Koffer <dt.>
ISBN 3-8015-0335-6

ISBN 3-8015-0335-6

Umschlag Annerose Schulze
Druck Druckerei Optima Ljubljana Slowenien

Neun Koffer

1.

Da liege ich nun auf der Matratze, mitten in der Synagoge vor der Bundeslade. Die Lampe, die Oberarzt Németi vorgestern krankenhausblau gestrichen hat, flackert pausenlos. Draußen in der Stadt gibt es einen Störflug, aber uns interessiert das nicht. Der Stern, das Brandmal, versagt uns nicht nur die Vorzüge des Lebens, sondern auch seine Ängste. Wir haben keine Angst vor Luftangriffen, vor keiner Todesart. Die Toten liegen hier um mich herum – auf den Matratzen links und rechts Zuckerkranke im Koma, Anginafälle, Galoppierende, Urämische, um die sich in den letzten Wochen keiner mehr gekümmert hat, und die Selbstmörder, die Tag und Nacht unablässig auf Tragen hereingebracht werden, in der Regel paarweise, und meistens Ärztepaare, weil sie das Gift zur Hand hatten und es genau dosieren konnten.

Neben dem grauenhaften Klo gibt es zwar eine Leichenkammer, ehemals eine Waschküche, doch schon gestern hing ein halbes Dutzend nackter Wachsbeine aus der halboffenen Tür. Die Gendarmen erlauben keine Beerdigung. »Das geht dann alles auf einmal!« sagt der Gendarmerieoberst mit eisigem Humor – und die Toten stapeln sich zusehends. Zwei nackte Kinderleichen krönen den Berg, der bereits bis zur Decke reicht.

Daher sind in der Synagoge neun tote Männer und Frauen zurückgeblieben und verwesen um mich herum in der stickigen Hitze. Auch mein Matratzennachbar, Onkel Niszel, der alte Gerber, ist schwer von dannen gegangen – sein Doktor meinte, unter normalen Umständen daheim wäre er im Kreis seiner Familie einfach friedlich vom Stuhl gefallen, habe ihm doch sein Herzleiden seit zehn Jahren einen sogenannten »schönen Tod« verheißen. Und nach all der Schlepperei hat er hier im Tempel des Wunderrabbiners von Wisznice, der jetzt das Spital des Ghettos ist, anderthalb Tage lang mit offenem Mund rhythmisch geschnauft wie die kleine Dampfmaschine auf dem Holzplatz. Der ganze Saal hatte den Unglückseligen schon satt, die Laienschwestern schüttelten mißbilligend den Kopf, und drei ungeduldige Patienten, die bereits ein Auge auf seine Matratze in der Nähe der Bundeslade, näher am Fenster, geworfen hatten, inspizierten ihn viertelstündlich und bedrängten den in seinem Kittel benommen herumwankenden Arzt: wieviel hat der Alte noch? Gegen zehn starb er dann endlich, man brachte ihn jedoch nicht hinaus, es war auch für ihn kein Platz in der Leichenkammer. Die drei Patienten, die sich seiner Matratze bemächtigen wollten, stritten sich nun, barfuß und nur in Hemd und Hose, um den Nachlaß, begnügten sich dann aber damit, das Zeug zu teilen, das von dem Alten geblieben war: Filzpantoffeln, eine braune Decke und eine eigene Bettpfanne – jeder huschte mit seiner Beute in die blaue Finsternis hinaus.

Die Krankenschwestern stoben auseinander und steckten dann die Köpfe in der Ecke wieder zusammen. Es waren Bürgermädchen, Töchter aus gutem Hause, die diesen Beruf nicht erlernt hatten, sich aber darum rissen, denn wer einmal die Schwesternhaube aufhatte, durfte sich frei im Ghetto bewegen. Die übrigen Mädchen vegetierten zu sechzehnt in stickig-schmutzigen, fremden Zimmern dahin und durften nicht einmal ans Fenster: die Gendarmen waren ermächtigt, die Waffe gegen sie zu gebrauchen. Hier, in des Wunderrabbiners zweistöckigem Tempel mit seinem großen Hof war das Ghetto freier und heiterer. Die ungewaschenen, sich auf den Matratzen in ihrem eigenen Schmutz wälzenden Patienten schnauften, hechelten, jammerten, beteten und fluchten und machten einem an den ersten beiden Tagen schwer zu schaffen: sie mußten gewaschen werden, brauchten die Bettpfanne und das Klistier, Fieberthermometer und sogar Wadenwickel. Zwei Tage lang kämpften auch die Ärzte mit vollem Einsatz: Sie gaben Spritzen, spülten Selbstmördern den Magen aus, operierten sogar, und oben, im ersten Stock, leisteten sie sorgfältig Geburtshilfe. Dann verbreitete sich die Nachricht, das Ghetto würde deportiert. Auf den Industriegleisen, die den ummauerten Stadtteil durchquerten, wurden dreißig Waggons hereingeschoben. Da wurden die Ärzte wankelmütig, blieben nach und nach aus, stahlen sich täglich mehrmals nach Hause zu ihren Familien, wohl um zu besprechen, ob eine Familienausrottung nicht besser wäre. Die Krankenschwestern verschwanden oder setzten sich draußen auf die lange Bank in der Nähe der Leichenkammer. Sie waren sauber, adrett frisiert und hübsch gekleidet, und die Männer versammelten sich um sie wie auf der Promenade. Auch die Unterhaltung war amüsant wie draußen, jedoch weit deftiger, denn die

Mädchen übertrumpften bereits nach zwei Tagen jeden mit allen schmutzigen Geheimnissen des Körpers vertrauten hartgesottenen Mediziner.

Als die Matratzenanwärter also im Dunkeln Onkel Niszels Leichnam fledderten, stoben die Mädchen auseinander und steckten die Köpfe wieder zusammen. Dann löste sich eins aus der Gruppe und ging unsicher auf die Bundeslade zu. Es war ein hochgewachsenes, blondes, leicht schielendes schönes Mädchen von etwa zwanzig Jahren. Sie blieb vor meiner Matratze stehen und hockte sich dann auf ihren Rand.

»Herr Hirschler«, flüsterte sie, »gerade war der nette Gendarm hier. Er hat gesagt, daß es morgen losgeht. Aus den Leuten soll herausgeprügelt werden, wo sie ihren Schmuck versteckt haben. Sie gehen in alphabetischer Reihenfolge vor. Mein Vater beginnt mit B.«

»Haben Sie auch etwas versteckt?«

»Ja. Mein Vater hat hohen Blutdruck. Der verträgt keinen einzigen Hieb.«

»Vielleicht sollte man ihnen lieber sagen, daß sie ihn nicht schlagen sollen.«

»Das werden sie trotzdem tun!«

»Naja…!«

»Der Gendarm hat gesagt«, flüsterte sie dicht an meinem Ohr, »er würde Papa retten, wenn ich mit ihm ins Bett gehe. Ich weiß, wie Sie in Wirklichkeit heißen, Herr Hirschler. Ich habe etwas von Ihnen gelesen… Sie könnten mir einen Rat geben.«

Ich kann nicht behaupten, ich hätte mich in dieser Situation, in dieser Hölle, dem Tempel des Wunderrabbiners, sonderlich verantwortlich gefühlt, wenn ich ihr geraten hätte, sich mit dem Gendarmen einzulassen. Was war nicht alles verloren seit dem 19. März!* In mir steckt nun wirklich keinerlei Illusion, keinerlei Pathos mehr. Das sage ich wie jemand, der außer seinem Hab und Gut auch noch etwas sehr Wesentliches, Lebenswichtiges verloren hat: sein Vaterland. Dieses Vaterland war mir immer wichtiger gewesen als den meisten Menschen um mich herum: fieberhaft befaßte ich mich mit ihm in Wort, Schrift und in meinen Träumen, und es gab Jahre, gerade in meiner Jugend, da ich deshalb Liebe zum Beispiel kaum spürte. Das war, als ich nach Niederschlagung der beiden Revolutionen noch Jahre, fast ein Jahrzehnt lang, immer nur darauf wartete, daß meine politischen Ideen wieder die Oberhand gewinnen, meine vertriebenen Ideale und Freunde zurückkehren und das Vaterland vor den Gaunern und Pfuschern retten würden. Ich wartete fast zehn Jahre lang, und ich hatte nicht einmal eine Geliebte. Und als ich des Wartens müde wurde und die Hoffnung schon fast aufgegeben hatte – da heiratete ich, und wie der Schiffbrüchige an die rettende Bohle klammerte ich mich an das Privatleben: vielleicht könnte man damit ja an irgendein Ufer gelangen? – Aber ich gebe zu, über dieses Ufer machte ich mir keine Illusionen. Und obwohl ich ganz bewußt »all meine verrückten Ideen und Grillen« aufgeben wollte, zerrte mich meine Leidenschaft für das öffentliche Leben wieder und wieder aus der schal gewordenen Idylle meines Privatlebens. Es war die einfachste Art, mich vergessen zu lassen, wo ich wohne und ob jemand mit mir zusammenlebt, der mit dem Abendessen wartet. Einige Monate, nachdem ich

* Zur Erläuterung im Text nicht näher erklärter Begriffe siehe S.388f.

von meiner ersten Frau geschieden war, versuchten wir freundschaftlich, die Gründe für dieses allmähliche, bittere Auseinanderleben aufzuspüren. »Es begann alles damit«, erklärte sie, »daß ich gerade mal achtzehn war, seit sechs Wochen Ehefrau, und da sind Sie plötzlich aufgewacht und sagten: Bethlen! Anstatt zu bemerken daß die Märzsonne auf unser Bett schien und der erste Frühlingsmorgen angebrochen war.«

Tatsächlich, ich haßte Bethlen mit persönlicher Leidenschaft, denn er hatte es mit seiner Zielstrebigkeit, seiner Rücksichtslosigkeit und seiner Hartnäckigkeit geschafft, eine Rückkehr der Revolution immer hoffnungsloser erscheinen zu lassen. Und für mich war es mit kaum achtzehn Jahren zu früh, den Niedergang meiner Ideen und meines Vaterlandes zu erleben; nicht nur meine politischen, gesellschaftlichen und philosophischen Träume waren geplatzt, mit ihnen fast alles andere auch. Dieses Trauma ist bis heute die schärfste Zäsur in meinem Leben. Es löschte in mir aus, was ursprünglich viel stärker und heller in mir loderte als das gesellschaftliche Feuer: den Lyriker und Ästheten. Und es verletzte mich auch seelisch und körperlich fast bis zur Invalidität: Es verursachte peinliche Störungen in meinem Sexualleben, und die jahrelange Schlaf- und Appetitlosigkeit, die verschiedenen Formen der Selbstzerfleischung, die Kraftverschwendung trieben mich an die Grenzen der Raserei. Ich spuckte Blut, hatte Fieber und unterdessen haßte und hoffte ich bis zum Morgengrauen im Kaffeehaus. Ich weiß, daß dieser zermarternde politische Kummer vielerlei Hintergründe hatte – so die Verbitterung über den Zusammenbruch meiner persönlichen Ambitionen –, aber fest steht, daß meine Jugend im Alter von zwanzig Jahren dahin war. Und es folgten die noch jungen Jahre, in denen die Zeit und die Natur vieles dämpften, ja sogar regenerierten, aber eigentlich erfuhr ich nie mehr, was ein gutes Allgemeinbefinden ist. Der schlechte Nachgeschmack blieb, was auch immer ich aß oder trank, und ich hatte das ständige Gefühl, eine Untreue zu begehen, wenn ich in der Welt etwas anderes tat und machte, als im politischen und im damit einhergehenden geistigen Kampf zu hassen und zu schwärmen. Und sogar während einer Umarmung hatte ich ein schlechtes Gewissen, weil ich in dieser Beziehung etwas verschwendete, was ich allein für meine wichtige Leidenschaft hätte reservieren müssen. Dabei geriet ich in ein fast krankhaftes Anbetungsverhältnis zu älteren Männern, von denen ich annahm, ihre Leidenschaften seien noch reiner und treuer als meine. Ich wollte es lange nicht wahrhaben, selbst wenn ich es mit eigenen Augen sah, daß viele von ihnen trotz ihres patriotischen Schmerzes den Sonderfrieden suchten und, kluge Kompromisse schließend und korrumpiert, langsam auf die andere Seite hinüberglitten.

Bethlen, ja Bethlen war es, der die innere Emigration allmählich entvölkerte, in der wir bis zum Tod von Lajos Purjesz in sterilem Heldentum lebten. Die Leute trollten sich hinüber, und da sie doch ein wenig auf sich hielten, machten sie sich eine Ideologie aus der Gesinnungslumperei, dem Verrat. »Fühlung mit dem Feinde« – man mußte ja die direkte Verbindung zum Gegner pflegen. Sie pflegten sie, und sie verdienten Geld, machten Karriere, gaben für Bethlen ein Oppositionsblatt heraus, sie dienten ihm unter dem Vorwand des Oppositionsmandats –

und es waren nur wenige, die zurückblieben, und auch unter uns waren jene in der Überzahl, die zu faul, müde oder unbegabt waren, sich um eine Karriere zu bemühen, und für die der politische *salon des refusés* ein willkommener Vorwand für ihre Faulheit, Müdigkeit oder Unbegabtheit war.

Nie konnte ein Eisgötze heißere Gefühle in kalt kalkulierenden Wucherern, Großindustriellen, Rechtsanwälten mit großen Kanzleien, zynischen Karrieristen wecken als Bethlen. Und es gab kaum eine Gesellschaft, in der selbst die sogenannte Elite – Christen und Juden – unter dem Schirm von Bethlens manieriertem Hochmut mit begeisterterem Masochismus die Wollust ihrer Schwäche und Winzigkeit mehr auskostetete. Ich haßte ihn auch, weil ich mich nicht damit abfinden konnte, ihm gegenüber intellektuell und moralisch machtlos zu sein. Vehement stürzte ich mich auf jede seiner Reden, in denen der Elan akustisch täuschend die Unlogik kaschierte. Ich zerlegte ihre vermessene Amoralität und Unwissenheit in Stücke und enthüllte ihre Widersprüche. Es nützte nichts. Ich überzeugte niemanden und ich brachte keinen zum Wanken. Und nach und nach tadelten mich sogar meine Gesinnungsfreunde, ich sei rechthaberisch und schade jenen, denen ich sowieso nicht nützen könne. Ich war machtlos, aber ich ließ nicht locker. Mit der Zeit wurde Bethlen Symbol für all meine öffentlichen und privaten Fiasken. Und dieser unfruchtbare, kindische Kampf wuchs sich bei mir zur Manie aus. Wundert es da, daß ich an jenem Morgen mit seinem Namen auf den Lippen erwachte und unser Bett, auf das die Frühlingssonne schien, diese Manie nicht lindern konnte. Es war allerdings meine fixe Idee, daß zuerst die Ordnung der Welt, die Ordnung des Vaterlandes verändert werden müsse, damit ich mich in meinem Haus und meinem Bett freuen kann.

Ringsum Minen, Fallen, wilde Heeresleute,
kein Bursche küßt sein Mädchen heute.

Dies schrieb ich damals, denn ich hatte das Gefühl, jeder meiner Küsse sei ein bitterer, gefährlicher Zwang.

2.

Dieses Vaterland hatte ich also verloren – und was alles noch seit dem 19. März! An die Adresse eines arischen Freundes traf eine Postkarte ein – von meiner Mutter aus dem Waggon, vom Bahnhof von Komárom. Ich will das nicht zu Ende denken: Meine Mutter ist also nicht mehr daheim, in dem Haus in der Uri Straße, das sie fünfzehn Jahre lang so gut wie nie verlassen hat und in das ich jedes Jahr nicht gerade oft, nicht gerade begeistert hereinschneite, als wäre ich nie weggegangen. Wir begannen das Gespräch immer mitten im Satz, auch nach einem halben Jahr, als wäre ich zwischendurch nur mal kurz aus der Stube gegangen, als hätte man mich zum Telefon gerufen – und fuhren nun beim Komma fort. Sie war früher einmal eine sehr schöne Frau, wie die Mütter in der Erinnerung ihrer Söhne so oft, gefühlsmäßig war sie schamhaft und naiv, doch klug und kritisch, mir gegenüber jedoch gutgläubig, frei von Illusionen, aber was mich betraf, voller Träume. Sie war für mich die Zeitlosigkeit, die Beständigkeit und das kontinuierliche und erprobte Zentrum meiner Gefühlswelt. Nie konnte ich mir vorstellen, eines Tages nach Hause zu kommen und sie nicht an ihrem Platz, im Zentrum zu finden. Ich habe mich nie gequält und nie versucht, mich mit der Vorstellung anzufreunden, meine Mutter an ihrem Grab zu besuchen. Mit meinem eigenen Tod wurde ich in jungen Jahren im Ersten Weltkrieg schon oft konfrontiert, und im Zweiten habe ich auf den nächtlichen Landstraßen den Tod heiß herbeigesehnt – doch meine Mutter war für mich wie der Mont Blanc – immer da, auch wenn ich nicht mehr da wäre. Nun wird sie im Waggon fünfundsiebzig, und ihr Haar ist so weiß wie der Mont Blanc bei trübem Wetter.

Und was war noch alles verloren! Nein, von meiner menschlichen Würde habe ich nichts eingebüßt. Wenn Kannibalen zivilisierte Menschen fressen, kann das nur körperlich schmerzen – kann denn der Biß des Stoßzahnes eines Wilden moralischen Schmerz verursachen? Seit sie mich daheim als Juden auf neidische und gierigtölpelhafte Weise peinigten – zuerst mit ihren Gesetzen, die es auf unser Geld und unsere Freuden der Zivilisation abgesehen hatten, mit Denunzianten und Ermittlern, die sie auf uns ansetzten, und mit ihrer aufgeblasenen, großmäuligen Pressekampagne, dann draußen in Rußland mit Kabeldrähten und Knüppeln –, haben mich immer nur die physischen und materiellen Unannehmlichkeiten und Kränkungen gestört und gequält; moralisch oder emotional konnten sie mich nie verletzen. In dem überzogenen, geradezu gekünstelt wirkenden Geifern ihres Hasses vermutete ich immer, daß sie sich vor allem beweisen wollten, was sie selbst nicht glaubten: daß sie sich tatsächlich für etwas Besseres hielten als mich. Ich haßte sie nicht – hassen kann man nur jemanden, den man auch lieben kann –, es drehte sich mir nur der Magen um von diesen auf die Politik losgelassenen Gemeinverbrechern, hemmungslosen Schreiberlingen, gekauften Dichtern und Narren und den zu Bluthunden getrimmten menschlichen Fleischerhunden. Ich verabscheute, verachtete sie – und von Angesicht zu Angesicht verriet ich meinen Hochmut vielleicht ein bißchen zu sehr, wie in englischen Abenteuerromanen der weiße Mann im Tropenhelm, der bis zuletzt hochmütig die Nase über die vom geraubten Rum entfesselten Schwarzen rümpft und sie mit seiner Überlegenheit nur zu weiteren Grausamkeiten reizt. Und weil sie das merkten, waren sie oft besonders grausam zu mir. Doch wie gesagt, ihre Gesetze, ihre schmutzigen Worte und Peitschen schmerzten mich nur auf der Haut und dem Fleisch, und auch jetzt, da sie mich in dieses Ghetto geschleppt haben, fühle ich mich wie in der Poe-Novelle der Arzt in der Irrenanstalt, dem die revoltierenden Irren die Zwangsjacke anlegten und den sie dann in eine Zelle sperrten. Nun wohnten sie in den ärztlichen Suiten, fuchtelten mit den Instrumenten und den Arzneien herum, die in ihren Händen zu mörderischen Waffen und zu Gift wurden, und schnitten die medizinischen Bücher zu Klopapier. Doch so irr waren sie dann doch nicht, daß sie dem Arzt nicht sein Geld, seine Uhr, seine Kleidung und alles, was er hatte, stahlen…

3.

Sie hatten mir alles genommen, diese dreckigen, knopfäugigen Gendarmen mit ihren roten Visagen, den breiten Backenknochen, dem unter dem gespannten Riemen noch tierischer hervortretenden Kinn – die Wohnung geplündert, die Speisekammer leer gefressen, meine neun Koffer verladen, in denen mein ganzes Hab und Gut war, meine Kleidung und die Kleider meiner Frau und alles mögliche nötige und verspielte Zeug, das sich in unserem Leben angesammelt hat: die Dinge, die Fetische. Mit diesen neun Koffern waren wir einen Tag vor Kriegsanbruch in Paris eingetroffen. Dann brachten wir die neun Koffer oder brachten die neun Koffer uns – wie ich es später noch erzählen werde – im zweiten Kriegsmonat aus Paris wieder zurück. Zwischendurch sah ich die Koffer auf dem Schrank zwei Jahre lang nicht mehr, weil ich in Rußland war und dort nur einen Rucksack hatte, im Gefängnis am Margarethenring war es nur noch ein Schuhkarton für meine Lebensmittel. Und als ich vor wenigen Wochen aus dem Gefängnis kam, beschloß meine Frau, die neun Koffer wieder mit allem zu füllen, was wir besaßen, und hierher, nach Großwardein, in das Haus meines Schwiegervaters zu bringen, weil hier keine Bombengefahr drohte. Wir brachten sie am 16. März her – am 19. kamen die Deutschen –, und dann holten die Gendarmen die neun Koffer. Jetzt habe ich nicht einmal mehr einen Schuhkarton unter der Matratze – ich habe nichts mehr. Von einem Bekannten bekam ich am Abend eine Schachtel Kekse, das ist mein einziges Gepäckstück. Alles, was ich besaß, ist zu Nationalvermögen geworden. Die »Nation« ist zuerst bei uns, in das kleine Einfamilienhaus meines Schwiegervaters, eingebrochen, hat es ausgeraubt, hat mir wie ein Taschendieb die Taschen ausgeräumt und zum Schluß noch einen Tritt mit dem Gendarmenstiefel versetzt, als ich mit kaum einem Fetzen am Leib, ohne einen Pfennig oder einen Bissen nicht schnell genug durchs Ghettotor huschte, an dem gerade großes Gedränge herrschte.

Zweimal im Leben habe ich persönlich Erfahrung mit Räubern und Dieben gemacht.

Als ich noch ein Kind war, räumte ein Schuster namens Buzgó, ein professioneller Einbrecher, unsere Wohnung aus. Als der Polizist ihn zu uns brachte, um ihn meiner Mutter gegenüberzustellen, rang er die Hände, bat weinend um Vergebung und gab alles, was er entwendet hatte, zurück. Und einmal stahl mir ein Barbiergehilfe namens Eszlényi in der Straßenbahn die Brieftasche. Das hatten andere beobachtet, und sie übergaben ihn der Polizei. Sein Pech war obendrein, daß in meiner Brieftasche nichts anderes war als die Karte für eine Generalprobe im Lustspieltheater. Er machte ein so enttäuschtes und verzweifeltes Gesicht, weil er für eine schäbige Theaterkarte alles riskiert hatte, daß ich ihn bei dem Polizisten freibettelte. Doch die »Nation« mußte alles haben: der Gendarm nahm sogar die Zookarte meiner Stieftochter und steckte sie in die Hosentasche. Damit wurde die Zookarte Nationaleigentum...

Das habe ich neben vielem anderen seit dem 19. März verloren. Und jetzt hockt dieses schielende blonde Mädchen mit den langen Beinen hier, streift mit ihrem Knie fast meine Nase und bittet mich um Rat, ob sie ihre Unschuld bei einem Gendarmen verlieren soll, damit der ihren Vater vor Schlägen verschont. Was soll ich diesem Mädchen sagen, dessen Schicksal mich jetzt beängstigend kalt läßt? Ich habe 1942, draußen in Polen, auf der Station von Skarzysko, das Feldbordell gesehen, mit jüdischen Mädchen aus Wien und Preßburg, die in ihren »freien Stunden« unter der Aufsicht eines schwerfällig-jovialen deutschen Eisenbahners Unkraut zwischen den Schienen rupfen mußten, und was mich dabei vor allem entsetzte: unter besessenem, verdorbenen Gelächter. Der Eisenbahner zog ihnen von Zeit zu Zeit mit der Rute neckisch, so daß es nicht weh tat, übers Hinterteil. Sie trugen noch die Kleider aus guten Kaufhäusern und Salons, nur waren sie zerlumpt und dreckig, und bei der Hälfte der Mädchen wölbte sich der Bauch. Wir waren zu der Zeit gerade auf dem Weg zur Zwangsarbeit in Rußland – mit noch frischem Grauen und Mitleid –, sie waren bereits ein Jahr hier und hatten die entwürdigende Funktion, in der rotgestrichenen Baracke die durchreisenden deutschen Soldaten auf Ausgang zu befriedigen. Natürlich auf Schein, eine Zuteilung von der Verpflegezentralstelle. Als ich die eine mit sanftem Entsetzen ansprach, antwortete sie mir von oben herab, unter halb irrem Gelächter, in fast dem gleichen Ton wie die herumstreunenden Frauen der Boulevards. »Ihr seid Juden?« fragte sie geringschätzig, da wir aus ihrer Position so gar nicht zählten, und dann ohne jeden Übergang: »Ihr werdet genauso krepieren wie wir!« Und eine andere, im letzten Stadium der Schwangerschaft, die ihr verschimmeltes Brotstück in einer Notentasche der Musikakademie bei sich trug, fragte: »Habt ihr nicht ein deutsches Buch zu lesen? Ich hatte eins, das habe ich heute beendet. Mir bleiben noch ein paar Tage, um noch eins auszulesen, wenn es nicht zu dick ist.« – »Wieso nur noch ein paar Tage?« – »Dann sterbe ich. Warte mal...!« und sie zählte an ihren Fingern ab. »Siebzehn, achtzehn Tage. Dann komme ich in die Wehen. Sie bringen mich dann hinter die Büsche, und peng... Dort ist der Hurenfriedhof.«

Gleich dort hinten wurden sie begraben, damit sie keinen Bastard gebaren, und überhaupt, damit sie eben krepierten, denn sie waren Juden. Den Mädchen machte es nichts aus, wenn sie schwanger wurden. Sie hatten nicht die Kraft zum Selbstmord, und so war das der sichere Tod, den sie herbeisehnten. Zwischendurch freuten sie sich aber des Lebens, ja sogar ihr hilfloser Körper war zur Freude gezwungen – und deshalb verabscheuten sie sich. Und manchmal sangen sie sogar, wenn die Soldaten ihnen zu trinken gaben. Von den Soldaten bekamen sie auch die Romane. Diese Romane handelten von blonden deutschen Frauen und U-Boot-Soldaten. Sie verschlangen sie hastig, denn wer kein Glück hatte, wurde mitten im Roman weggebracht und erfuhr nie, was zwischen der blonden Frau und dem Kapitän passiert ist – deshalb lasen sie noch schnell das Ende, bevor man sie auf den Lastwagen des NSKK packte, der mit ihnen hinter den Büschen verschwand.

Das habe ich auch später in Rußland gesehen, und noch vieles dergleichen und Gemeineres. Und jetzt soll ich diesem Mädchen raten, ob es mit dem Gendarmen schlafen soll oder nicht?

Soll ich eine Gewissensfrage daraus machen und es verhindern, oder soll ich die Verantwortung dafür übernehmen, daß ich sie in Richtung Hurenfriedhof schicke? Zugegeben, wenn dieses Mädchen da drüben in der Leichenkammer läge und ihre langen Beine aus der halboffenen Tür heraushingen, würde ich abgestumpft und gefühllos an ihr vorübergehen. Ich habe Bekannte unter den Leichen, Männer und Frauen, die ich seit Jahrzehnten kenne und mit denen ich befreundet war, und auch von ihnen nehme ich mit kalter Gefühllosigkeit zur Kenntnis, daß sie dort liegen. Der Tod ist jetzt und hier eine gute »Position«. Die Toten werden im Morgengrauen nicht von der SS zur Arbeit hinausgejagt, aus ihnen prügelt man nicht ihren Schmuck heraus, und sie müssen sich nicht auf eine Reise in Waggons begeben. Früher oder später werden sie ja doch aus ihrem Brettergefängnis befreit, und sie bleiben daheim in Großwardein, auf dem Rulikovszky-Friedhof, unter den alten Ulmen, oder auf dem Velence-Friedhof mit seinen Akazien, auf den der Schatten des Kreuzweges fällt – im glitzernden Sand, der auch schon die Körper ihrer Vorfahren vertilgt hat. Die Gendarmen und SS-Leute wollen die Leichen nicht vertilgen, nur die Lebenden. Wäre dieses Mädchen tot, was würde es mich kümmern – eine Tote mehr oder weniger! Und fragte sie mich, ob sie sich das Leben nehmen solle, würde ich ihr ganz und gar nicht abraten. Aber ob sie ihrem Vater zuliebe mit dem Gendarm schlafen soll? Nein, ich gebe ihr keinen Rat, ich ermächtige sie zu gar nichts. Soll sie doch tun, was sie will, ich mische mich nicht ein. Vielleicht sträubt sich der unverwüstliche Spießer in mir und ich messe der ganzen Sache sogar zuviel Bedeutung bei. Es ist sicher sinnlos, daß ich ihre Jungfräulichkeit in diesem Augenblick für ein komplizierteres Problem halte als ihr Leben, das eh keinen Pfifferling wert ist. Ich weiß nämlich, weil meine Londoner Freunde mir bereits 1942 mit dem Boten aus Ankara einen detaillierten Polenbericht geschickt haben – ich weiß, daß wir alle ins Gas gehen.

»In dieser Sache kann ich nicht entscheiden!« sagte ich kühl. »Das müssen Sie mit sich selbst abmachen.«

Sie war enttäuscht und sie versuchte spürbar mir noch irgendeinen Standpunkt zu entlocken, eher einen zustimmenden als einen ablehnenden. Und kurz hatte ich den Verdacht, sie wollte sich nicht nur für ihren Vater aufopfern, sondern suchte unbewußt einen Vorwand, vor dem Weltuntergang, im letzten Augenblick noch geschehen zu lassen, was sie geschehen lassen wollte. Damit sie nicht »ohne das« sterben müsse. Oder es handelte sich um etwas anderes. Noch zu meinen Zeiten als Untermieter hatte ich in Budapest ein Mädchen gekannt, dessen Vater, ein dummer, schrecklich anständiger Drogist mit Bürstenschnitt, einmal unschuldig unter dem Verdacht des Sacharinschmuggels zur Polizei gebracht wurde. Das Mädchen vergötterte seinen Vater, obwohl er ihr mit seiner terroristischen Ehrbarkeit die Jugend verdorben und der Familie auch sonst viel Unheil gebracht hatte – sie mit seinen altmodischen Geschäftsprinzipien zum Beispiel beinahe dem Tod auslieferte. Die Kinder mußten Musikunterricht nehmen, dabei hatte keiner in der Familie ein musikalisches Gehör. Und als der Alte nun abgeholt wurde und die terrorisierte Ehefrau ihm abends im strömenden Herbstregen das Bettzeug nachtrug, gab sich das Mädchen, anstatt aus dem Fenster zu springen, ihrem Vermieter hin – einem Falschschmuckhändler mit abstehenden Ohren, Nasenpolypen und speckigem Kragen, den sie verabscheute –, obwohl der Unglückselige gar nichts wollte, nur unbeholfen hereingekommen war, um sie zu trösten. »Sie werden schon sehen, Lizilein, morgen früh ist er wieder da«, murmelte er immer wieder und wunderte und schämte sich am meisten darüber, daß es passierte...

Nein, ich gab dem Mädchen keinen Rat, ja ich war ihr gegenüber vielleicht sogar zu abweisend, denn sie stand plötzlich auf, glättete ihren Rock, warf den Kopf hoch und huschte davon.

4.

Von weitem ist dumpfer Lärm zu hören. Die blaue Lampe geht wieder aus. Jemand von der Matratze gegenüber murmelt fachkundig: »Debrecen... Sie bombardieren Debrecen. Die Bahnstrecke nach Norden, damit sie uns nicht wegbringen können.«

Fünf Minuten später brennt die Lampe wieder. Diese Stimmungsbeleuchtung wirft geheimnisvolle, fremde Schatten auf die hohen geweißten Wände im Tempel des Wunderrabbiners. Oben in der Höhe die eng vergitterte Empore, von wo aus die Frauen im Verborgenen zuschauten, wie die Männer nach dem chassidischen Ritual sich im Tanze wiegten, um dem Buch der Psalmen folgend, Gott mit Fröhlichkeit zu preisen.

Welches Abenteuer könnte unglaublicher sein, als daß ich um Mitternacht in einem chassidischen Tempel auf einer Matratze vor der Bundeslade liege, die zur Zeit als eine Art Operationsschrank dient. Über die Chassidim wußte ich bisher kaum etwas; das meiste vielleicht aus dem Buch eines christlichen böhmischen Schriftstellers, Ivan Olbracht, einer genauen poetischen Soziographie der rührend kindlichen dörflichen Urbewohneridylle, der an Göttern, Götzen und Teufeln so reichen Mythologie und der empörenden Armut des nordöstlichen ukrainisch-huzulisch-jüdischen Bergvolkes. Ich wußte auch, daß sie eine reiche Folklore hatten, die von den national empfindenden Juden als Volksdichtung angesehen wird. Doch bisher empfand ich für sie nur diese distanzierte Gleichgültigkeit oder politische Antipathie, wie für alles, was aus dem Urzustand der Völker bis in die Gegenwart überlebt hat und was beschränkte und fanatische Menschen als heute noch aktive Kraft des Lebens, des Geistes und der Gesellschaft nutzen wollen. Über diesen Wunderrabbiner von Wisznice hatte ich natürlich schon von den Leuten in Großwardein gehört, die ihn skeptisch und halb spaßig als eine Art Wahrsager behandelten, der für Geld auch Ratschläge in Geschäften und Liebesdingen erteilte. Doch aus den östlichen Bergregionen pilgerten an jüdischen Festen die Chassidim zu Zehntausenden zu ihm, überfluteten Großwardein, nur um den rotschopfigen jungen Löwen zu erblicken, wie er in seinem Seidenkaftan, seinen weißen Strümpfen und Abbéschuhen und seiner riesigen Wildkatzenmütze zur Bundeslade tritt, betet, schluchzend büßt und mit hüpfenden Locken für sie tanzt.

All dies interessierte mich bisher nicht einmal als Kuriosum. Ich hielt es für eine Art »Ziersträußchen« am Hut der Juden oder eine Bigotterie, mit der auch die zu Magiern aufgeputschten Priester anderer Konfessionen das primitive Volk verhexten. Und obwohl ich in den Sommern, wenn ich mich in Großwardein erholte, oft an dem unverputzten zweistöckigen roten Backsteingebäude vorbeifuhr, von denen ich ähnliche in Polen und Weißrußland gesehen hatte, wußte ich bisher gar nicht, daß dieser außen unfertige, fremdartige Bau das Haus des Wunderrabbiners war. Mit meinen Freunden hier im Ghetto, Journalisten, Ärzten, Rechtsanwälten und Damen »von großer Welt«, brauste ich an diesem Haus mit dem Auto vorbei, das uns zum Bischofs- und Félixbad brachte, zu den Heilquellen, in deren Parks und auf deren Restaurantterrassen ich in meiner Jugend den Frauen träumerisch von Vichy, Aix-les-Bains und Interlaken erzählte, von Orten, in denen ich noch nie war.

Jetzt muß ich die Details und Fakten zusammentragen: wie bin ich nun eigentlich hierher, zu den Chassidim geraten? Das lag eigentlich an mir. Ich hätte an viele Orte gehen können, ich hätte nur energisch sein müssen. Nach Cagnes, Madrid, Lissabon, Marrakesch, ja sogar nach Amerika – ich konnte frei entscheiden, wohin ich gehe. Ich hatte ein Visum und auch Geld. Jetzt beklage ich meine weichliche Unentschlossenheit, meine berüchtigte Schwäche, meine posenhafte Großzügigkeit. Aber belügen wir uns nicht selbst: es steht fest, daß der Mensch die

Möglichkeit zu entscheiden hat und niemals zufällig irgendwohin geht. Als ich den sogenannten falschen Schritt nach Hause machte, muß ich die Unentschlossenheit nur gemimt haben; ich wollte unbedingt und um jeden Preis nach Hause. Damals, im Oktober 1939, war ich mir vollkommen darüber im klaren, was ich damit auf mich nahm, welche Chancen ich hatte. In Polen war der Krieg ausgebrochen, und wir Ungarn saßen politisch rege geworden, nervlich angespannt und geographisch desorientiert im Foyer des Hôtel de France, wir grübelten und kombinierten, und ich prophezeite: »Seid nicht überrascht, wenn wir zu Kriegsende in Singapur oder Archangelsk sind. Aber vielleicht sterben wir auch am Gelbfieber in Saigon.« Damals stand noch nicht fest und wußte niemand, nicht einmal ich war mir ganz sicher, daß ich in mein Vaterland zurückkehren würde. Aber auch da prophezeite ich in erster Linie mir selbst, und deshalb habe ich kein Recht überrascht zu sein, daß ich nun, im dritten Kriegsjahr, nachdem ich zuvor in der Váci Straße gewohnt und sogar als Stammgast Schreckensnachrichten im Kaffeehaus Carlton verbreitet hatte, als der elendeste und am meisten verlauste Zwangsarbeiter die ganzen dreitausend Kilometer der beiden größten Rückzüge der Kriegsgeschichte mitgelaufen bin und schließlich im Militärgefängnis gehaust habe, nun vor die Bundeslade geraten bin. Warum ist das phantastischer als Singapur, wo ich jetzt in japanischer Gefangenschaft wäre. Die anderen, mit denen ich im Hôtel de France gesessen habe, trieb es tatsächlich in Camps nach Afrika und den Nahen Osten – nach Saigon, Marrakesch und in den Tschad. Es war die Nachricht zu uns durchgesickert, viele von ihnen seien bereits an exotischen Krankheiten gestorben... Also, ich bin draußen in der Ukraine auch fast an Typhus draufgegangen, und ich hätte auch auf eine Mine treten können wie elf meiner zwanzig Kameraden bei den Minensuchern, oder man hätte mich auch hängen können, denn auf meine Weise gab ich ständig Anlaß dazu. Nichts ist phantastisch, nichts überraschend, was jetzt geschieht. Auch nicht, daß ich hier beim Wunderrabbiner bin. Und nicht, daß ich am Wochenende in einen Waggon gesteckt werde wie schon ein halbes dutzendmal zuvor. Und wenn ich mit Gas erstickt und verbrannt werde, so ist das so natürlich wie die Tatsache, daß Gas irgendwann mal zum Kochen diente.

Ich schiebe es auf die neun Koffer, daß ich aus Paris zurückgekommen bin, wo ich in der Rue Linné in einem kleinen Hotel wohnte, zusammen mit meiner Frau und meinen Freunden. Wir bereiteten im Ausland gemeinsam die ungarische Erneuerung vor und wollten das Vaterland von außen retten. Meine Frau klammerte sich mit Händen und Füßen an all die neun Koffer, und weil nicht alle neun auf den überfüllten Riviera-Expreß paßten, fuhren wir nicht nach Cagnes; und aus dem gleichen Grund auch nicht nach Madrid und nicht nach Lissabon. Auf den französischen Zügen konnte man damals nicht mit Gepäck reisen. Die Passagiere saßen auf den Dächern, hingen auf den Stufen, beklauten und beraubten sich gegenseitig. Die Eisenbahn nahm kein Expreßgut an, und es war gar nicht daran zu denken, mit neun Koffern irgendwohin zu gelangen. Ich flehte meine Frau an, vorläufig mit zwei konzentrierten Koffern zu reisen und die anderen irgendwann abzuholen. Aber sie bestand auf allen Neunen. Es gab einen einzigen Zug, der die neun Koffer entgegennahm, ein Zug mit Schlaf- und Speisewagen, wie in Friedenszeiten: der Simplon-Expreß. Es war ein schöner Zug, ein blauer Zug, der vom Gare de Lyon losfuhr. Der Wagon-Lit-Mann nahm die neun Koffer mit friedenszeitlichem Hochmut über die Köpfe der Pariser hinweg entgegen, die bei den ersten Bombenalarmen in Panik geraten und nun ohne Gepäck auf der Flucht waren... Der Zug fuhr über die Schweiz und Italien, nach dem Fahrplan der Friedenszeit. Nur war eben Budapest die andere Endstation...

In der Rue de Grenelle entschied sich endgültig, daß ich im chassidischen Tempel von Großwardein landen würde. Meine Frau und ich fuhren mit dem Taxi zum Champ-de-Mars 37, wo wir bei dem greisen Arzt Dr. Diamant Berger zum Kaffeetrinken eingeladen waren, der sogar französisch mit Szegediner Akzent sprach. Ihn hatte es nach dem großen Hochwasser nach Paris verschlagen. Meine Frau war seit Tagen aufgewühlt von den persönlichen Gefahren des Krieges, und ich trug noch dazu bei, sie zu verschrecken. Als zum Beispiel die kommunistischen Abgeordneten und Journalisten einer nach dem anderen auf die Polizeikommandantur geholt wurden, und Daladier seine Regierung mit Rechten und Münchener Impeacement-Politikern neu bildete, sagte ich im Bett vor dem Einschlafen zu ihr: »Wir müssen so bald wie möglich weg von hier. Flandin oder Laval kommt an die Macht, hier wird es Faschismus geben.« Zu unserem Pech kam uns drei Tage später auf der Rue St. Honoré ausgerechnet Laval entgegen, mit seinem eitlen, schwarzen Ziegengesicht, unter dem die weiße Pikeekrawatte wie der weiße Bart einer schwarzen Ziege wirkte, und meine Frau spuckte vor ihm aus. Es gab einen kleinen Skandal, Laval ging grinsend weiter, und der gutmütige Polizist begnügte sich damit, meine Frau ausführlich über das richtige Benehmen von Fremden zu belehren. Nach diesem Vorfall fuhr sie mich im Taxi plötzlich an: »Sehen Sie, ich bin weder Politiker noch Journalist, was gehen mich Ihre Ideen an. Ich bin Bürgerin von Großwardein, dort sind meine Eltern und mein Kind, was suche ich hier, wenn Krieg ist. Ich will bei ihnen sein!«

Von ihrem Gesichtspunkt aus hatte sie recht, aber ich war nicht ehrlich, als ich wie ein Gentleman, der weiß, was er einer Frau schuldig ist, mit wütender Entschlossenheit an der Scheibe zum Chauffeur klopfte und sagte: »Légation Suisse«. Das hätte ich ganz sicher nicht getan, wenn ich nicht darin eine Gelegenheit gesehen hätte, mein eigenes Heimweh in den Mantel des wütenden Kavaliers zu hüllen. Die Botschaft der Schweiz war ebenfalls in der Rue de Grenelle, das Taxi hielt auch schon an, und zehn Minuten später hatte ich das schweizerische Transitvisum in meinem Paß. Von hier, von diesem Ufer stieß ich mich ab, um im chassidischen Tempel von Großwardein anzukommen, wo ich jetzt dicht an der Bundeslade liege, nicht schlafen kann, weil die Flöhe beißen, Hunger habe und am Rest meiner Kekse knabbere.

Am anderen Ende des Tempels liegen die Alten. Großväter und Großmütter, deren Familien im Hospital um ihre Aufnahme gebettelt hatten, um im Ghetto besser zurechtzukommen und sie loszuwerden. Unter ihnen ist eine pausenlos quasselnde, wirre Alte mit Gehirnverkalkung, die jetzt die trotz des vielstimmigen Wehklagens und Gedröhns monotone Stille deutsch unterbricht: »Wie lange bleiben wir noch hier«, fiepst sie. »Ich gehe nach Hause! Wie lange bleiben wir denn noch hier?« Und da steht sie auch schon auf, sie hat einen Marktkorb, in den sie ihre Sachen hineinstopft. Dann sucht sie etwas, was verlorengegangen ist. Kreischend fordert sie von ihrer Nachbarin ihre Pantoffeln zurück. Die Nachbarin steht auch auf und fängt an zu packen – binnen weniger Minuten sind alle am Packen, die ganze Reihe, in der die Alten liegen. Auch die wissen, daß sie nicht nach Hause können und warum das nicht geht, rühren sich aufgeregt – so als ginge dem ganzen Saal jetzt ein Licht auf, welch wahnwitziger Unsinn es ist, Menschen, die hier in der Stadt wohnen, gleich um die Ecke ihr Haus, ihre Wohnung mit ihren Ehebetten haben, Menschen, die morgens ihre Läden aufmachen oder zum Gericht gehen müssen, die nie unter einem Dach geschlafen haben, hier im Tempel des Wunderrabbiners von Wisznice zusammenzupferchen! Und die Alten drängen sich bereits an der Tür, stürmen den Ausgang, die Krankenschwestern treiben sie mit liebenswürdigem und grobem Entsetzen zurück. Alle sitzen sprungbereit auf ihren Matratzen und lassen die Szene nicht aus den Augen. Auch ich setze mich auf: als wartete ich mit meinem eigenen Entschluß, bis sich entscheidet, ob der Vorhut der Ausbruch gelingt.

Der freundliche Gendarm stößt jetzt die Tür auf, obwohl er nicht weiß, daß die Ordnung im Saal zusammengebrochen ist. Er ist auf Patrouille und will zu dem schielenden und den anderen Mädchen. Wenn ihn sein Weg hier vorbeiführt, kommt er immer ein bißchen zum Schäkern herein. Der Gendarm ist eine Art Weiberheld, aber trotz seiner galanten Absichten stößt er die Tür immer schroff auf, um die Unerbittlichkeit des Gendarmen spüren zu lassen. Er knallt mit seinen Stiefeln, er knarrt und klirrt mit der Waffe. Doch die Alten sind nicht mehr zu bremsen, sie umströmen ihn und sind bereits hinter seinen Rücken gelangt. Die Krankenschwestern verlieren den Kopf und brechen in hilfloses Gekreische aus. Schließlich werden die Alten von den Ärzten mit Knien und Fäusten zurückgeboxt, und auch der Gendarm läßt seine Waffe in Bei-Fuß-Stellung fallen. Er brüllt in seiner unheilverkündend gutmütigen Stimme, die er sich von irgendeinem Feldpater abgeguckt hat, als der ihn die christlichen Pflichten des Soldaten lehrte: »Männer, Frauen! Wir gehen schön zurück auf unsere Plätze, sonst verpasse ich euch sechs Kugeln.«

Unter mühseligem Ringen treibt er sie an ihre Plätze zurück. Auch ich lasse mich auf die Matratze zurückfallen, erschöpft und besiegt. Das war unsere erste und einzige Revolte. Bisher mußte eigentlich gar keine Gewalt gegen uns angewandt werden: die Gesetze und Verordnungen wurden erlassen, und wir gehorchten. Unsere Achtung vor dem Gesetz ließ uns mit eingefleischtem Automatismus selbst die irrsinnigsten Forderungen erfüllen. Die einzige Methode, mit der manche von uns Gesetz und Verordnung ausspielten, war der Selbstmord, anstatt daß wir sie getötet hätten. Wurden ansonsten jemandem Bett, Haus, Vater, Kind, Zahnprothese oder Devotionalien abverlangt, gab er sie hin, als sei das jetzt eine neue gesetzmäßige Art des Steuerzahlens, und wer nicht zahlt, wird schwer bestraft. Wurde auf einem Plakat gefordert, mit oder ohne Bündel aufzubrechen, brach man auf und ging dahin, wohin man sollte, man stellte sich in einer Schlange an wie an einem Bahnhofsschalter, wenn viele Leute eine Fahrkarte lösen wollen. Kamen sie nachts zum Durchsuchen und verlangten, die ganze Familie solle sich nackt ausziehen, die Eltern vor den Kindern, stellten wir uns mit erbärmlicher Unbeholfenheit in einer Reihe auf wie die Pinguine. Und vielleicht taten wir all das in erster Linie nicht, weil wir Angst hatten, sondern weil die Staatsmacht, der Staat Ungarn, neben seiner furchteinflößenden und repressiven Autorität und seinem ererbten ethischen Prestige, zu den Mächten gehörte, denen man gehorchen mußte: man muß also dem Kaiser geben, was ihm gebührt. So, an der Leine der Achtung vor dem Gesetz, führte man die Opfer dahin, wohin man wollte, so ließ man sie die Gesetze und Vorschriften an sich selbst vollstrecken. Und obendrein noch, was sich ein Gendarm oder ein zwecks gelegentlicher Lusterfüllung vorbeischauender Grünschnabel aus der städtischen Bande zu seinem eigenen Vergnügen ausgedacht hat, um zu erproben und sich darüber zu amüsieren, was man mit diesen wertlosen Menschen alles anstellen kann! Die Schweine essen sogar ihre eigenen Exkremente, die Stinker, denn so sind die nun mal. Sie stehen Kopf und singen den Pfeilkreuzlermarsch – jawoll, den singst du jetzt, du Hundesohn! Sie schlagen sich auf die Brust und gröhlen: Ich bin ein betrügerischer, bolschewistischer Saujude! Die Männer des Gesetzes stehen derweil mit Gummiknüppel und Schlagstock, mit spitzen adretten Gendarmenstiefeln belustigt hinter ihnen, und diese Juden, diese Großschnauzen, kriechen jetzt auf dem Bauch und apportieren ihnen. Wehe vor allem dem schwerfälligen Arzt und dem halbblinden kleinen Lehrer: das sind Spione – die Dienstboten haben es erzählt –, die haben dauernd den englischen Sender gehört! Besondere Zusatzpassionen fielen den alten Dicken zu, die von diesen Kinobesuchern, wenn sie gerade nichts zu tun hatten, immer hervorgeholt wurden, um was zu lachen zu haben: sie nannten sie Fettwanst und knüppelten ihre nackten Hintern vor ihren fahlen, zerzausten Frauen mit den versiegten Augen in Fetzen. Und nicht weniger beliebte Helden der Gendarmenburleske waren die Buckligen und die Lahmen. Die mußten den Sportsmann markieren, mit ihren Leistenbrüchen über Bänke springen und auf dem Müllhaufen miteinander ringen...

All dies, muß ich wiederholt feststellen, ging so leicht, weil nichts, was seit dem 19. März geschehen ist, dem ähnelt, was früher nach Staat, Nation und Gesellschaft aussah. Und obwohl einem der Dreck bis zum Mund reichte und man den Gestank der verwesenden Leichen seiner Eltern, Geschwister und Kinder einatmete, machte man sich die ganze Zeit nicht richtig bewußt, daß man sich an die Gesetze dieser Staatsmacht nicht zu halten hatte, und diese Heimat eine Heimat war, die man hassen konnte, wenn sie sich kalt und abweisend zeigte. Man konnte sich einfach nicht vorstellen, daß die Staatsmacht ein räudiger Hund und die Heimat freie Wildbahn der Strauchdiebe geworden waren. Als erste kamen diese alten Frauen dahinter, als sie nach Hause gehen wollten und auf den Gendarmen losgingen. Ein letzter Funke Mut war in sie gezogen, und sie versuchten, den normalen Zustand wiederherzustellen, in dem jeder in seiner eigenen Wohnung wohnt, morgens die Stube saubermacht oder seinen Angelegenheiten nachgeht. Der Postbote bringt Briefe, der Polizist steht an der Ecke, damit die Autos nicht zusammenstoßen. Gendarmen sieht man nur, wenn sie diebische Zigeuner aufs Revier bringen oder bei den Wahlen. »Es ist absurd, daß man hier festgehalten wird«, kreischte die verblödete sklerotische Alte. Sie waren es, die Alten, die lauthals auszusprechen wagten, daß es absurd sei und daß sie genug von diesem »Absurdum« hatten.

Gedemütigt wälzte ich mich auf der Matratze hin und her. Ich schämte mich, an dem Aufruhr nicht teilgenommen zu haben. Dabei hatte ich mit meinen Freunden, exzellenten Oppositionspolitikern und Journalisten, seit 1939 in Budapest die Résistance organisiert. Wir konspirierten im Hinterzimmer des Künstlerklubs »Fészek« und später, als das verdächtig wurde, planten, diskutierten, krakeelten wir und machten uns in Wohnungen wichtig: was im entscheidenden Moment zu tun sei, wer von uns mit kühlem Kopf und todesverachtendem Mut dazu bereit wäre. Wir korrespondierten mit dem Ausland über Ankara, in Rußland wollte ich hundertmal zu den Russen überlaufen. Nichts hat geklappt. Jetzt ergab sich endlich die Gelegenheit, nicht nur das Maul aufzureißen: jetzt hätte ich handeln, mich an die Spitze des Aufruhrs stellen, der Anführer sein können, der die Greise und Greisinnen zum Sturm führt, die Schwerkranken und Sterbenden mobilisiert, sich mit den Brettern und Säulen der zerlegten Bundeslade, mit Bettpfannen, Krücken und Pantoffeln an den Gendarmen vorbeischlägt. Der das Ghetto weckt, die mit siebenfachem Tod drohenden Proklamationen des Obersten der Gendarmerie von den Hauswänden fetzt, in die Stadt ausbricht, nicht um die Stadtwerke zu besetzen und Kasernen einzunehmen, sondern um nur das zu tun, wozu wir das allergrößte Recht haben: nach Hause zu gehen, uns in unser eigenes Bett zu legen, unter unsere eigene Bettdecke zu kriechen, die noch gestern unser gesetzmäßiger bürgerlicher Schild war.

Nun gut, dieser freundliche Gendarm, der unsere Revolte bereits vergessen hat und mit den Mädchen im Dialekt der Baranya herumflirtete, hätte uns den Garaus gemacht. Er hätte uns erledigt! Ich verspüre keinerlei Neigung zum Selbstmord, zum Leben allerdings auch nicht. Aber ich bin hier auf der Matratze in Deckung gegangen, während die Alten kämpften.

5.

Ich höre Pferdewagen über das Kopfsteinpflaster zum Wochenmarkt rumpeln. Die Bauern bringen »schwarze« Milch und Butter, Eier, Geflügel und Frühgemüse. Sie sind wütend, daß die Juden eingesperrt und die Preise gefallen sind. Die Zeit des Frühgemüses hat gerade angefangen. Es wird jetzt auch Maiglöckchen und Schneebälle geben. Der Morgen bricht an, die Bistumskirche schlägt mit hartem Dröhnen drei Viertel vier. Doch der Bischof hört es nicht, der Bischof schläft, und es ist gut, daß er schläft, denn wäre er wach, würde er auch des Nachts seine Gläubigen über die Großwardeiner Zeitungen aufhetzen, uns zu verschlingen, bevor die Deutschen uns abholen, ersticken und verbrennen. Die Hähne krähen im Halbkreis um die Stadt, und vom Stadtzentrum her ist das langgezogene Heulen der Pinscher, Drahthaarterrier und Pulihunde zu hören: die Spielkameraden der ins Ghetto getriebenen Bürgerkinder und die Spaziergefährten der vornehmen Damen von Großwardein laufen nun schon die dritte Nacht mit gestörtem Orientierungssinn durch die leeren Wohnungen und verlassenen Höfe.

Plötzlich setzt sich Doktor Németi auf den Rand meines Matratzenlagers. Zuerst erkenne ich ihn gar nicht: ich habe ihn immer nur mit einer dicken Brille gesehen. Jetzt schließt er mal müde die roten Lider, mal hebt er sie angestrengt. Er hat blaue Augen, sie wirken wie die eines kleinen Schuljungen. Er ist der letzte unter den Doktoren, der in seiner Rolle als Spitalarzt verharrt und formell seine Funktion noch versieht. Von Zeit zu Zeit durchschreitet er noch den Krankensaal mit ein, zwei Krankenschwestern, die sich zu ihm gesellt haben: Er hält die Visite ab. Er nimmt noch hie und da ein Handgelenk, hört hie und da ein Herz ab. Noch ist er Oberarzt und vollzieht symbolisch die Zeremonie. Vielleicht, weil er draußen leidenschaftlich Arzt war, sich ständig bildete und Schritt mit der internationalen Entwicklung hielt, die *Münchener Medizinische* und die *Lancet* las. Und weil er wohl auch jenseits der Planken ehrgeizig war und dieser Oberarzttitel sogar hier und jetzt einen gewissen Respekt und Macht verleiht.

»Es steht nun fest, daß wir fahren«, flüsterte er. »der Oberst hat es dem Verpfleger gesagt. Am Samstag geht der erste Transport ab.«

»Es stand von der ersten Minute an fest, daß wir fahren«, antwortete ich kalt.

»Hören Sie mal, wir werden siebzig in einem Waggon sein. Was soll aus den Alten und Kranken werden?«

Ich hörte auf den Ellenbogen gestützt zu. Entschlossen und gereizt zuckte ich mit den Schultern.

»Sie sind doch einer der größten moralischen Autoritäten«, sprach er immer weiter in dieser hochfahrenden, grotesk druckreifen Art. »Helfen Sie uns Ärzten bei der Entscheidung. Manche bestehen darauf, daß die Ärzte bis zum letzten Augenblick um das Leben des Patienten kämpfen, als sei nichts geschehen. Andere sprechen sich für Euthanasie aus.«

Ich wurde schrecklich wütend.

»Euthanasie? Euthanasie? Der liebe Gott soll Sie und Ihresgleichen sonstwohin stecken! Sollten wir vielleicht für heute nachmittag um sechs eine Enquete im großen Saal des Rathauses, organisiert vom Darwin-Kreis, einberufen und eine prinzipielle Diskussion führen? Benutzen wir hier doch nicht diese schönen Worte. Diese Zeiten sind ein für allemal vorüber. Können wir uns nicht einmal hier das ›Europäertum‹ abgewöhnen? Hier herrscht die Pestilenz, das ist ein Kadaverfriedhof, mein Herr!«

Ich weiß, daß er diesen groben Ausbruch nicht verdiente, aber er machte mich wild mit seinem Snobismus in diesem menschlichen Kadaverfriedhof. Als fiele jemand im Frack in die Latrine.

Er war nicht gekränkt und versuchte, mich zu beruhigen. Er war Arzt, und er wußte, daß man in einer solchen Situation nicht voraussagen konnte, wann das Nervensystem versagt.

»Wir Ärzte wollen Sie fragen«, fuhr er in einfacherem, weniger rhetorischen Tonfall fort, »ob wir versuchen sollen, die Schwerkranken und die Selbstmörder zu retten oder ob wir sie sterben lassen sollen.«

»Warum fragen Sie mich das!« wehrte ich mich.

»Sie sehen diese Frage aus philosophischer beziehungsweise literarischer Sicht freier. Uns bindet der ärztliche Eid, und...«

Ich versuchte noch immer, die Verantwortung für diese Entscheidung von mir abzuwehren. Doch er hatte recht, die Zeit drängte. Es ist Mittwoch früh, und am Samstag werden die Leute abgeholt. Bis dahin müssen wir entscheiden, ob wir sie umbringen oder ob wir es denen überlassen sollen, sie umzubringen. Am Abend hatte das schielende Mädchen mich darum gebeten zu entscheiden, ob sie dem Gendarmen ihre Unschuld schenken sollte oder nicht. Ich gab ihr keinen Rat, ich wollte nicht, ich wagte nicht, die Verantwortung zu übernehmen. Doch in dieser Ausflucht war, das steht fest, mein Protest enthalten. Ich schützte die Jungfräulichkeit einer Tochter meines Stammes vor dem Feind – na ja, das ist ein bißchen übertrieben, geschützt habe ich sie nicht gerade, doch konnte ich mich viel eher mit dem Gedanken anfreunden, daß der Gendarm ihren verkalkten Vater halb tot prügelt, als daß er dieses Mädchen, die Tochter meines Stammes, in die Arme nimmt. Nein, es geht hier nicht um diesen gewissen Stamm, es geht nicht darum, daß dieses Mädchen Jüdin ist. Wenn jetzt die lutheranische Pfarrerstochter aus Löcse, mit der ich als Student der Philosophie am Museumsring promenierte, hier bei mir wäre, auch dann... Oder die Tochter des

Polizeipräsidenten, die einen Sommer lang meine Braut auf der Margaretheninsel war und die ich jeden Morgen zur Messe begleitet habe, auch dann... Wenn bei einem Schiffbruch Eingeborene meine englischen, russischen, chinesischen oder auch deutschen Reisegefährtinnen vergewaltigen wollten, auch dann. Mein Stamm sind die, die mitgereist sind, die mit mir ein Schicksal teilen. Das ist nicht Ritterlichkeit, in Augenblicken höchster Gefahr meldete sich bei mir automatisch der Befehl des Stammesrituals: unsere Frauen nicht der lüsternen Rache des feindlichen Keilers zu überlassen. Und als ein ebensolches Stammes-Urgesetz sagte mir meine innere Stimme, wir sollten unsere Verletzten, Kranken und Elenden nicht dem Feind überlassen, denn wir kennen die Sitten des Feindes: erst foltert er, dann beschmutzt und verstümmelt er sie. Oh, ich habe in der Ukraine den Aufseher gesehen – es war ein Landarbeiter aus der Gegend von Egreskáta –, wie er meinen Kameraden Mannstein mit dem Gewehr, das er mit beiden Händen gepackt hatte, zuerst erschlug und dann gröhlend vollpinkelte. Ich habe gesehen, wie die SS und die Organisation Todt ein Dorf dem Erdboden gleichmachten, weil Partisanen in der Nähe eine Bahnschiene gesprengt hatten. Erst wurden die Häuser mit Benzin übergossen und dann angesteckt. Und als die Alten, die Frauen, die Kinder und die Hunde – wertvolleres Vieh war schon vorher weggetrieben worden – aus den lodernden Flammen und dem beißenden Qualm flohen, wurden sie allesamt erschossen. Und dann begann die freudetrunkene Leichenschändung: Kastration mit Bajonett und Taschenmesser, das Abreißen der weiblichen Brüste, Kinderköpfe wurden an die Wand geklatscht, sogar Hundegedärme herausgerissen, und die erschossenen Leichen wurden an die Bäume gehängt. Primitive Negerstämme und nomadische Zigeuner glauben, daß das Opfer nicht vor Gott kommt, nicht Anklage erheben kann, wenn der Mörder es schändet. Diese tollwütigen Gendarmen draußen in der Stadt, die aufmarschierenden und singenden Pfeilkreuzler, diese Frauen, die auf dem Weg zur Messe durch den Bretterzaun feixten – was wohl würden die mit den Augen, Ohren und Geschlechtsteilen unserer Verwundeten anstellen, wenn sie ihnen in die Hände gerieten, nur um nicht vor Gott angeklagt zu werden? Nein. Lieber Euthanasie. Bringen wir sie um!

Bevor ich meinen Entschluß noch aussprechen konnte, führte ich an mir selbst die gründlichste Kontrolle durch. Die Menschen, die ich jetzt zum Tode verurteilt habe, sind schließlich Fremde, doch was würde ich dem Doktor antworten, wenn zum Beispiel meine Mutter hier todkrank liegen würde und ärztliche Hilfe sie noch retten könnte?

Ich sprach die Worte »Man sollte sie alle schön sterben lassen!« erst aus, als der momentane Krampf, der mir das Herz zusammenzog, nachließ. Jawohl, ich bin bereit zum Muttermord – sehnlichst wünschend, daß meine Mutter hier wäre, daß ich persönlich sie umbringen könnte, bevor sie denen in die Hände fiele, bevor die ihren Körper schänden konnten.

So brachte ich mit einem einzigen Satz neunundvierzig Menschen um.

6.

Am Morgen verbreitete sich die Nachricht, in der leeren Bierbrauerei hätten sich Zivilisten mit finsteren Visagen einquartiert. Budapester Ermittler, die die untergetauchten Politischen aus dem Ghetto holen und aus ihnen herausprügeln sollen, wo die Menschen die Wertsachen versteckt haben. Davon sprach also der freundliche Gendarm, der dem schielenden Mädchen den Antrag gemacht hatte.

Im Spital weiß man auch schon über die Details der Inquisition Bescheid. Es wurden Folterkammern mit einer elektrischen Apparatur eingerichtet, die schlägt, verbrennt, betäubt und lähmt. Sie wird vor allem am Unterleib von Frauen eingesetzt. Den Männern klemmt man heiße Eier in die Achselhöhlen. Die Fußsohlen werden mit Gummiknüppeln, die Nieren mit Sandsäcken und die männlichen Geschlechtsteile mit Metallstäben geschlagen.

Die Spitalinsassen, die nicht schwer krank waren oder sich nur auf die Patientenliste hatten schummeln lassen, trösteten sich zunächst damit, daß die Kranken bestimmt nicht geprügelt würden. Dann scheint sich die Nachricht zu bestätigen, daß nur die im Ghetto untergetauchten Politischen gesucht werden. Und die wissen, wer ich bin, blinzeln mir scheinheilig zu, mit Erleichterung im Blick: in Gedanken haben sie mich schon ausgeliefert. Ich glaube nicht daran, daß sie nach den Politischen fahnden. Am Morgen des Einmarsches der Deutschen suchte mich die ungarische und die deutsche Gestapo schon einmal in meiner Wohnung auf, und wie ich höre, erwartet mich der Ermittler auch heute noch am Eingang des Hauses in der Váci Straße. Trotzdem glaube ich nicht, daß man Zivilfahnder mit einem elektrischen Foltergerät wegen Gestalten wie mir hergeschickt hat. Diese Bande, die Regierung und ihre Schinder, wollen die »Sore«. Geld wollen sie und Schmuck, diese Eingeborenen brauchen glitzernde Dinge. Als wir Anfang April erfuhren, daß alle jüdischen Häuser durchsucht werden, verbrannten wir noch unsere Bücher, vor allem linke, denn es wurde dauernd gegen sie gewettert, gegen Schund und Schmutz, der das Volk verderben würde. Wir dachten, sie betreten das Haus und fallen über den Bücherschrank her, suchen nach Marx und Gefährten oder zumindest nach für die Stampfe vorgesehenen jüdischen Werken. Aber sie kümmerten sich einen feuchten Kehricht um den Bücherschrank, sie rafften vielmehr alles zusammen, was glitzerte: die Schalen aus chinesischem Silber, die Alpacca-Obstschüssel, die Uhren aus unseren Taschen und von unserem Handgelenk und die Medaillons an dünnen Ketten von den Hälsen der Mädchen. Ich war mir sicher, daß sie höchstens zufällig, als Nebeneffekt der Aktion, auf Politische stoßen würden, da ihr Spürsinn ausschließlich auf »Werte« eingestellt war.

Ich war natürlich trotzdem darauf gefaßt, daß sie mich erwischen würden. Ich bin unter falschem Namen hier, mit den gefälschten Papieren des Kaufmanns Samu Hirschler aus Vásárosnamény. Ich ließ mir ein ungarisches Schnauzbärtchen stehen, wie ein Kaufmann vom Dorf, der auch ein wenig Land besitzt; seine Kleidung ist bürgerlich, doch sein Gesicht, sein Benehmen und seine Sprache ist die eines Bauern oder zumindest die eines Roßhändlers. Ich wählte mir einen falschen jüdischen Namen, um meinen eigenen berüchtigten zu verbergen. Ich dachte, unter fünfundzwanzigtausend ähnlichen Namen geht meiner auf der Liste unter. Vorher hatten meine Budapester politischen und persönlichen Freunde natürlich alles mögliche versucht: sie wollten mich mit falschen arischen Papieren zurück nach Budapest schleusen, dann planten sie, mich über die sechs Kilometer entfernte rumänische Grenze zu bringen. Doch meine Frau wurde nach einer schweren Operation, mit noch unverheilter Wunde ins Ghetto verschleppt, und obwohl sie mich nächtelang zu überreden versuchte, allein zu fliehen und sie mit ihrer Tochter aus erster Ehe dem Schicksal zu überlassen, tat ich das nicht – übrigens nicht nur aus Ehrenhaftigkeit, sondern auch aus Eitelkeit. Und um ganz ehrlich zu sein: Diese Solidarität war ein gutfundierter Vorwand, gar nichts tun zu müssen.

Da war ich bereits sehr, sehr erschöpft. Ich hatte nur noch wenig Kraft und Lust, mich zum Leben abzumühen. Es war gerade mal ein paar Wochen her, daß ich mich nach anderthalb Jahren unsagbarer Strapazen aus Rußland nach Hause durchgeschlagen hatte. In Rußland hatte ich ständig die zum Tode Verurteilten des Hinterlandes beneidet, die nur ein paar wenige Schritte von der Schwelle der Todeszelle bis zum Galgen tun mußten und nicht tausende und abertausende Kilometer mit einem schweren Rucksack. Und ohne getreten oder mit dem

Gewehrkolben auf den Kopf geschlagen zu werden. Der Richter und der Staatsanwalt sind kalt, aber korrekt, und auch der Henker ist emotionslos, fachmännisch. Mich ließ dort draußen eine Offiziersbande neun Tage lang von betrunkenen Bauernlandsern prügeln, mit dem Ziel, mich ohne »äußere Verletzungsspuren« zu erledigen. Diese raffinierte Methode des Totschlagens ist ausgesprochen ermüdend. Da war ich körperlich bereits so am Ende, daß ich mich am Schluß, als mit mir dasselbe geschah wie mit Dostojewski und ein Bote mit einem weißen Tuch eintraf, ein Hauptmann, den man – auf nachdrückliche Forderung meiner Freunde – schickte, um meine »Erledigung« zu verhindern, nicht einmal aus dem Stroh hochrappeln konnte. Und als ich erfuhr, daß ich wieder heimgeschickt würde nach Budapest, schreckte mich die Vorstellung: tagelang auf einem zerschossenen Bahnhof zu warten, dann zehn Kilometer in einem Viehwaggon dahinzurumpeln, bis der Zug auf eine Partisanenmine fährt. Und wenn ich am Leben bleibe, wieder zwanzig Kilometer zu Fuß, und wieder auf einen Waggon mit Diebesgut, Ölfässern und verräterischen Ukrainern, und wenn man dann zu Hause ist – falls man es überhaupt so weit schafft – hat man das Gefühl, ein Leben reiche nicht, um sich von all dem wieder zu erholen. Dann wurde ich nach Hause gebracht, geradewegs in das Gefängnis am Margarethenring. Das war gut, hier konnte ich mich endlich ausstrecken, den ganzen Tag lang herumliegen, an einem Ort bleiben, immer dieselbe weiße Wand anstarren und die Spitze immer desselben Kirchturms im Zellenfenster. Das war gut, ich begann allmählich wieder in Schwung zu kommen. Die politischen Häftlinge in der Zelle weckten nach und nach mein altes Interesse, denn auch meine politische Wut war vor Müdigkeit ermüdet. Ich zischte ein wenig wie ein nasser Docht; richtig Feuer fangen konnte ich nicht. Erschöpfung war nun mein endgültiges Grundgefühl. Und irgendwo tief drinnen hatte ich ständig das Empfinden, daß mir noch etwas bevorsteht, was viel anstrengender als alles Bisherige sein sollte. Und dann wurde ich einige Tage vor dem Einmarsch der Deutschen aus dem Gefängnis entlassen. Die Katze, die mit mir wie mit einer Maus spielte und mich zuerst laufen ließ, als ich allen Annahmen zum Trotz aus der Ukraine nach Hause kam, ließ mich nun zum zweitenmal los. Aber ich rannte vor ihr nicht so flink davon wie eine Maus, die leben will. Die Maus war müde... ich zappelte nicht, sondern schleppte mich nur dahin.

Wie gesagt, als die Deutschen kamen, war ich viel zu erschöpft, um für mein eigenes Leben zu kämpfen. Die Katze erwischte mich wieder, und diesmal endgültig. Und da draußen und am Margarethenring, wo morgens die Linken und die Flüchtlinge erhängt und erschossen wurden, gewöhnte ich mich an den Gedanken, in einer Welt und einer Zeit zu leben, in der ein Mensch wie ich aus diesem oder jenem Grund, aber früher oder später auf jeden Fall umgebracht wird. Wäre ich schwer krank gewesen, wäre ich vielleicht zu einem Arzt geeilt und hätte mich heilen lassen. Aber mich jetzt extra abzumühen, den hochmütigen Kleinadligen oder den Griechisch-Orthodoxen zu spielen, mich zu verstecken, zu reisen, zu Fuß zu gehen, zu korrumpieren, zu flehen, zu lügen, eine Rolle zu spielen, nur um am Ende doch abgeknallt, zu

Tode geprügelt oder erhängt zu werden – dazu war ich einfach nicht bereit. Ich dachte, da gehe ich lieber mit den fünfundzwanzigtausend zu Tode verurteilten Juden ins Ghetto, laß mich mit ihnen treiben. Ich meinte, der Kaufmann Samu Hirschler aus Vásárosnamény muß sich nicht extra dafür abmühen, um zu krepieren, Samu Hirschler wird mit den anderen Juden zusammen in den Waggon geschaufelt, um irgendwo in Polen zusammen mit den anderen Juden ins Feuer geworfen zu werden.

In der Brauerei plärrt schon den ganzen Tag das Grammophon, es spielte die Platten des Rundfunk-Wunschkonzertes, damit die Schreie nicht nach draußen dringen. Die Zivilfahnder prügeln die Menschen nach Herzenslust, es heißt, vor allem die großen Steuerzahler und die Hausbesitzer. Die kleinen Leute und Mieter atmen auf, ihre Mimik kündet schon fast von Desinteresse und Gleichgültigkeit, ja sie sprechen es sogar mit erbarmenswerter Arroganz aus: »Hat es sich denn für die gelohnt, ein Leben lang schlecht zu sein, alle zu überrollen – jetzt ist alles futsch.« *Pour la galerie* – sagen sie, die Unglückseligen hoffen, das käme den Zivilfahndern irgendwie zu Ohren, man würde es ihnen weitersagen, und sie würden nicht nur verschont, sondern, wer weiß, als so unvoreingenommen erhabene, ehrliche kleine Leute vielleicht sogar aus dem Ghetto entlassen. In dieser Sachlichkeit spiegelten sich nicht Klassengegensatz oder -haß wider, gehörten doch fast alle der gleichen bürgerlichen Klasse an. Aber die Erfolgloseren, die Pechvögel glaubten, sie hätten jetzt zum erstenmal jenen etwas voraus, denen da draußen alles gelungen war. Und es steckte noch mehr dahinter... So wie die elenden Geschöpfe, von den Gendarmen halb tot getrampelt, ihre eigenen Exkremente fraßen, nur damit man ihnen nichts tue, hätten sie sich auch gegenseitig aufgefressen.

Ich fühlte in ihrem Blick die eisige Bereitschaft zu allem – für eine Promille einer Lebenschance. Von Augenzeugen habe ich schon von Menschen gehört, die sich bei der Flucht aus einem brennenden Theater oder von einem sinkenden Schiff gegenseitig niedertrampeln. Hier treten sie einander noch nicht sichtbar nieder, denn die Gendarmen dulden keinen Tumult, doch in seiner Seele hat jeder seinen Nachbarn, ja vielleicht sogar seinen nächsten Angehörigen bereits geopfert. Vorläufig haben sie die Reichen und die Vornehmen aufgegeben – und tatsächlich, gegen halb neun bringen sie ein blutiges Bündel nach dem anderen ins Spital: den einst dünkelhaften Bankdirektor, den Federgroßhändler mit dem Gebaren eines amerikanischen Geschäftsmannes, den patrizischen Hausbesitzer sowie Juweliere und Goldschmiede, die stolz auf ihre zur Zeit des Ausgleichs gegründete Firma waren. Ihre Köpfe gleichen ungleichmäßig aufgeschnittenen Wassermelonen, und alle haben die schwersten Verletzungen am Unterleib erlitten. Das prähistorische wilde Vieh, das diese Zeit erweckt hatte, tobt sich in der Kastration aus. Die zermalmten Menschen wimmern nicht einmal mehr. Die Ärzte stehen ratlos vor ihren Matratzen, als müßten sie einen zerbrochenen Krug zusammensetzen. Es herrscht jetzt vollkommene Stille im Saal – als wagten nicht einmal die Sterbenden, laut zu röcheln. Die kleinen Leute, die sich kurz zuvor noch desinteressiert, gleichgültig und schadenfroh-sachlich gaben, sind betroffen und starren mit leicht schlechtem Gewissen vor sich hin: nein, also was zu viel ist, ist zu viel... Auch wenn sie den Gruß der kleinen Juden nicht erwidert, auch wenn sie immer gleich prozessiert und gepfändet haben... und wenn sie glaubten, der Obergespan oder der Domherr sei ihr Freund – das hier war ein bißchen zu viel... Es war ein bißchen zu viel, und... plötzlich erwachte in ihnen die Sorge. Noch immer war ja nicht sicher, daß nicht das ganze Ghetto durchgeprügelt würde, wenn man mit den Reichen fertig war. Als sie so deutlich vor sich sahen, was aus einem wurde, nachdem man in die Brauerei zitiert worden war, erwachte in ihnen eine Art Solidarität mit den gefolterten Notabilitäten. Und dann erfuhren sie auch, daß bei den Folterungen bisher jeder alles zugegeben hatte und die Ermittler schon in die Stadt gefahren waren, um Gold und Schmuck auszugraben. Niemand hatte die Schläge auf die Fußsohlen, die kleinen Metallstäbe und den Strom lange ausgehalten. Und die Armen erschraken noch mehr, denn sie hatten ebenso wie die Reichen etwas versteckt; irgendeinen Klunker, den die Familie seit Jahrzehnten als Wert ansah oder vielmehr das Symbol eines Wertes, des Vermögens. Wenn nichts anderes, so eine Vase vom Markt, die als edles Porzellan in der Vitrine geehrt wurde, oder irgendeinen billigen Teppich, von dem die Familienlegende besagte, die Großeltern hätten ihn in Wien von einem Afghanen erstanden.

Das Verstecken der Werte bezeugte einerseits ihren unwissenden Optimismus. Sie glaubten daran, eines Tages, wenn diese Hölle vorüber sei, hervorzuholen, was sie vergraben hatten und damit ein neues Leben zu beginnen. An diesem hoffnungslosen Versuch spielte allerdings das krampfhafte Festklammern an ihren Gegenständen eine größere Rolle, als ein bewußter praktischer Grund oder das Ziel, die erworbenen Güter selbst dann nicht anderen zu überlassen, wenn sie für sie selbst keinen Wert mehr hatten. Die primitiven Völker ließen sich wahrscheinlich auch deshalb mit ihrem Schmuck beisetzen, und aus diesem Grund fanden die Archäologen so viel Gold in den Gräbern aus der Zeit der Völkerwanderung. Diese Bürger, die manchmal immerhin den Verdacht hegten, es könnte um sie geschehen sein, konnten sich nicht mit ihren Armbändern, Boutons, Solitärs, Perlenketten, Perserteppichen und Sparbüchern begraben lassen – und so gruben sie dafür wenigstens ein Extragrab. Die Gendarmen ließen sie diese Gräber natürlich bald wieder exhumieren – und eigentlich gaben sie sich in dem Moment endgültig auf, als ihnen die letzten Dinge weggenommen worden waren. In der bürgerlichen Mythologie, in der sie lebten, hatten diese Gegenstände nicht nur materiellen Wert, sondern bedeuteten die eiserne Dekkung für das Leben, die Sicherheit, die Tapferkeit und den Rang. Und je mehr Werte sie besaßen, desto mehr fühlten sie sich in Sicherheit, desto überlegener und wichtiger fühlten sie sich denen gegenüber, die weniger hatten. Diese Dinge waren Götzen, und jetzt, da sie endgültig verloren waren, meinten sie, Gott habe sie verlassen.

Die Götter der Bürger sind die Dinge, und nimmt man sie ihnen weg, kann ihnen weder Jehova noch Christus helfen – das ist das Ende der Welt. Und da kann es ihretwegen tatsächlich zu Ende sein mit der Welt: mit ihren auf die verlorenen Dinge gehefteten, irren Augen merken sie es nicht, nehmen sie es einfach nicht zur

Kenntnis. Ich habe schon erwähnt, daß meine Frau im August 1939, eine Woche vor Kriegsausbruch, all unseren Besitz in neun Koffer packte, die wir mit nach Paris nehmen sollten. Mein Verhältnis zu den Dingen ist vollkommen kühl und locker. Wenn ich durch die Welt reiste, packte ich das Nötigste in einen kleinen Koffer, und selbst den gab ich als persönliches Gepäck auf, um ihn los zu sein und in meiner Freiheit nicht gestört zu werden. Ich reiste nie in einem Zug zusammen mit meiner Frau, die manisch darin war, mehr Koffer als notwendig mitzunehmen. Sie packte für jede Art von Wetter oder Naturkatastrophe und jeden gesellschaftlichen Anlaß und ohne jeglichen Grund auch für den Fall, daß wir nicht mehr zurückkehren würden. Jetzt, da wir vor dem faschistischen Krieg emigrieren wollten, beharrte meine Frau auf den neun Koffern, und deshalb fuhr ich zwei Tage vor ihr, ohne sie und ohne Gepäck nach Paris. Ich kam am 26. August an. Am achtundzwanzigsten vormittags ging ich auf den Gare de l'Est zum Budapester Expreß, um meine Frau abzuholen. Die Mobilmachung hatte die Stadt schon verändert, das Bahnhofsgebäude war überfüllt von einrückenden Soldaten und verängstigten Familienmitgliedern. Auch aus dem Expreßzug aus dem Osten ergoß sich eine Menge Soldaten. Mit Müh und Not fand ich meine leichenblasse, schluchzende Frau. Eine weinende Frau fiel nicht auf. Sie klammerte sich so verzweifelt an mich, daß man denken konnte, ich würde ebenfalls zur Maginot-Linie aufbrechen. Es hatte sich folgendes zugetragen: Meine Frau hatte die neun Koffer in Budapest zu sich ins Abteil stellen lassen, nicht nur um zu sparen, sondern weil sie sich auch nicht von ihren Dingen trennen wollte. Sie besetzte damit sozusagen das ganze Gepäcknetz, bis in Salzburg ein pedantischer deutscher Kontrolleur kam und ihr grob befahl, die fünf größten Koffer – ausgerechnet die mit unserer Kleidung – als persönliches Gepäck aufzugeben. Sie bettelte schluchzend, doch auch die anderen Reisenden wandten sich gegen sie, und der Kontrolleur kannte keine Gnade. In Kehl, der deutschen Grenzstation, suchte sie mit dem Gepäckschein in der Hand im Gepäckwagen nach ihren Koffern. Doch die Koffer waren nirgends. Der Eisenbahner teilte ihr mit, sie seien beim Umladen in München geblieben. Sie jammerte und tobte, ein Teil der Reisenden ermutigte sie halbherzig, ein anderer Teil versuchte sie mit der Weisheit zu beruhigen, daß morgen der Krieg ausbrechen und viel mehr verlorengehen würde als ein paar Koffer. Das trieb sie vollends zur Verzweiflung. Und tatsächlich, auf die Rheinbrücke bei Kehl-Straßburg hatten sowohl die Deutschen als auch die Franzosen schon die spanischen Reiter montiert und nur einen waggonbreiten Korridor freigelassen. Der deutsche Eisenbahner erbarmte sich schließlich doch ihrer, und nur um ihr Hoffnung zu machen, schlug er ihr vor, sie solle ihm ihre Pariser Adresse hinterlassen, und wenn bis zur Ankunft des nächsten Zuges der Krieg noch nicht ausgebrochen wäre und die Koffer mitkämen, würde er sie ihr per Nachnahme zusenden. Meine Frau schrieb ihm ungläubig ihren Namen auf einen Zettel und lamentierte und tobte dann bis Paris.

Ich verstand ihre Verzweiflung ja: Wie sie so vor mir stand auf dem Bahnsteig, in ihrem einzigen verbliebenen Kleid, der letzten Wäsche, dem einzigen Paar Schuhe.

Doch während ich sie auf der Heimfahrt im Taxi tröstete und beruhigte, dachte ich bei mir doch: *Tant de bruit,* zehn Minuten vor dem Krieg sind ein Haufen Kleidungsstücke und ähnliches verloren gegangen – na ja, dann beschaffen wir eben andere! Geld hatte ich ja, mein amerikanisches Honorar in Dollar – der war vom nahenden Krieg im Kurs gestiegen, und die Preise stagnierten. Als sie des Tobens allmählich müde wurde, wagte ich einzuwerfen, daß wir von den paar tausend Franc Gewinn, den wir am Dollar automatisch hatten, mühelos das Nötigste in den *Galeries Lafayette* einkaufen könnten.

»Ich brauche nichts«, schrie sie. »Ich will meinen roten Mantel! Und meine Schuhe! Meine Schachteln. Die Perlen von Großmutter! Alles, was ich habe, war in diesen Schachteln!«

Sie wollte *den* roten Mantel, *ihre* Schuhe und *nur* die als Großmutters Perlen bezeichneten halbfertigen japanischen Perlen von der Sorte, wie sie in Rimini für ein paar hundert Lire auf der Straße verkauft wurden, als wir dort waren. Und was war noch alles in den Schachteln: Spangen, Broschen, Kunstblumenschmuck, Handtaschen, Maniküre-Etuis, Fotos – Gehänge und Krimskrams. Na ja, der Verlust unserer Garderobe war schon ein ernsthafter Schlag. Aber wir brauchten nicht nackt herumzulaufen, und obwohl mir als Urmenschen nur wichtig ist, daß ein Kleidungsstück vor den Unbilden der Witterung schützt, konnte sie sich schließlich für die Dollardifferenz hübsche moderne Pariser Kleider kaufen.

»Das ist Ihr Schieberdenken!« brüllte sie. »Ich brauche *meine Sachen!* Und hätte ich nicht ohne Mann reisen müssen...«

Ich atmete auf, denn die *patronne*, *veuve* Duverger, kam herein und brachte das blaue Papier, damit wir die Fenster zukleben konnten. Ich dachte, dieses blaue Papier lenkt ihre Aufmerksamkeit vielleicht ab von dem roten Mantel und hin zum Krieg. Verdunkelung, Luftangriff – vielleicht kommt sie zur Besinnung, was hier alles binnen weniger Momente verloren geht. Doch Madame Duverger kannte die Koffertragödie bereits haarklein, und auch sie, die französische Bürgerin mit dem überentwickelten Sinn für Eigentum, erschütterten die verlorenen Gegenstände viel mehr als die Kriegsgefahr. »*O pauvre Madame*«, sagte sie händeringend und weinte sogar mit ihr. Was würde sie denn tun, wenn die *boches* bereits vor Paris stünden: Sie würde packen und die Koffer bis zum Umfallen schleppen und am Fuße ihrer Koffer sogar sterben. Sie gehörten der gleichen Sekte an, Gläubige des Gottes der Dinge, und ich, der ketzerische Ungläubige, sitze hier im Fauteuil mit einem schlechten Gewissen, als hätte ich die Koffer gestohlen.

Sie beschimpfte mich noch ein paarmal als Schieber, dabei war sie es, die vom ersten Tag unserer Ehe an das Geld an sich gerissen hatte. Sie machte mich glauben, nur sie könne es einteilen, sie verstehe etwas davon, denn ich sei ein infantiler Verschwender. Und wirklich, ich wußte noch nicht einmal, wie ein lebendiger Dollar aussieht – sowie sie aus Amerika zurückgekommen war, brachte sie das Geld zur Bank, auf ein Konto auf ihren eigenen Namen, so daß ich nicht mehr daran kam. Und jetzt wollte sie nicht einmal davon hören, dieses Geld anzurühren. Die Koffer, der rote Mantel – oder gar nichts. Schließlich tat sie mir leid, wie jemand, der um einen mir unsympathischen Verwandten mit echter Trauer trauert, und ich tröstete sie sogar die ganze Nacht lang. Ohne jede Überzeugung beteuerte ich ihr, daß der deutsche Eisenbahner die Koffer inzwischen bestimmt schon aufgegeben habe, schon am Morgen würden sie hier sein, wir würden zum Gare de l'Est fahren und sie holen.

Am nächsten Morgen fuhren wir auch hinaus und suchten den Bahnhofsvorsteher. Innerhalb von fünf Minuten wußte ich, daß die Franzosen den Krieg verlieren würden. Das war am 29. August morgens – ich trug dem Bahnhofsvorsteher mit starkem Akzent die Koffertragödie vor, die in ihm, dem französischen Bürger, Verständnis, ja sogar Mitgefühl erweckte. Er erlaubte uns sofort, im Keller die Gepäckdepots zu durchsuchen. Wäre ich zufällig ein faschistischer Spion gewesen, hätte ich einen Tag vor Ausbruch des Krieges die größte Sabotageaktion des Jahrzehnts durchführen können; nichts wäre leichter gewesen, als den Gare de l'Est in Brand zu stecken und damit die französische Mobilmachung unermeßlich zu erschweren. Die Koffer fanden wir natürlich nicht, aber der gute Bahnhofsvorsteher akzeptierte das nicht so leicht wie ich, denn ohne daß ich ihn darum gebeten hatte, kritzelte er mir ein Empfehlungsschreiben für den Vorsteher des Expreßgüter-Bahnhofes Gare Pajol, damit dieser uns auch im dortigen Depot wühlen ließ. Während wir suchten und die Koffer auch dort nicht fanden, dachte ich bei mir: Man kann nun mal nicht jeden Weltkrieg mit einer Marneschlacht, mit Improvisationen, die vielleicht im letzten Moment gelingen, gewinnen. Darüber grübelte ich auch auf dem Heimweg, während ich meine Frau mechanisch aufmunterte: der *Paris Soir* habe nicht die Wahrheit geschrieben, es würden bestimmt noch Züge aus Deutschland kommen.

In der Rue Linné hatte sich in der Umgebung unseres Hotels die Nachricht der Koffertragödie inzwischen herumgesprochen. Der teilnahmsvolle Blick der Krämerinnen, Bäckerinnen und Bistrofräuleins begleitete uns vom Auto bis zum Hotelportal. Die Trauer wurde für mich allmählich unerträglich. Bekannte, ja sogar unbekannte Frauen kamen schon zum Kondolieren. Ich versuchte noch ein paar Mal, meine Frau zu überreden, mit mir ins Lafayette, ins Kaufhaus Louvre oder sogar zu Lanvin oder Paquin zu gehen – dann überwand ich mich am Nachmittag schließlich, sie ein letztes Mal auf den Bahnhof zu bringen, wo tatsächlich der letzte Zug aus Deutschland einrollte. Ich dachte, sie würde in eine vernünftige Lösung einwilligen, wenn sie sich endgültig davon überzeugt hatte, daß es keine Hoffnung gab. Der Bahnhofsvorsteher entdeckte uns als erster unter den Stahlhelmen der einrückenden Soldaten. »Madame«, rief er, »ich gratuliere! Die Brücke ist vielleicht schon gesprengt, aber ihre Koffer sind mit dem letzten Zug mitgekommen!«

Der deutsche Eisenbahner hatte die Koffer in Kehl tatsächlich mit dem letzten Zug aufgegeben. Heute abend bombardieren Franzosen und Deutsche einander vielleicht schon, doch der deutsche Eisenbahner hatte aus Berufsehre und Gewohnheit die fünf »Stücke« weitergeleitet. Er war wahrscheinlich nicht nur Mitglied der Nationalsozialistischen Partei, sondern auch der Internationalen Sekte des Gottes der Dinge, deren Kult ihren Anhängern so viel Freude bereitet – doch gibt es auch fatale Situationen, da die Gottheit gnadenlos ihre Opfer fordert.

Zum Beispiel: Hätte uns der ehrbare deutsche Eisenbahner damals die Koffer nicht nachgeschickt, hätte unser Gepäck auf den Riviera-Expreß oder den Zug nach Madrid und Lissabon gepaßt. Ich wäre vielleicht nicht nach Hause gekommen und mir wäre nicht ein Auge in der Ukraine ausgeschlagen worden, und ich wäre auch nicht zu den Chassidim gekommen. Aber es kann auch sein, daß ich in Madrid eine Fischvergiftung erlitten hätte wie mein Freund Asbóth, der von der Rue Linné bis nach Madrid kam. Oder ich wäre ausgerechnet auf den Klipper in Lissabon gestiegen, der unter Hunderten unterging, wie El Melik, der arabische Mathematikprofessor, der ebenfalls aus diesem Hotel nach Amerika aufgebrochen war. Also, zerbrechen wir uns jetzt nicht den Kopf, was gewesen wäre, wenn... Doch für Dinge zu leiden, für den Fetisch zugrunde zu gehen, das ist eine Sache der Primitiven. Diese ganze Bande, die sich hier auf uns gestürzt hat – es sind ebenfalls Sektenanhänger, die sich zu Inquisitoren des Gottes der Dinge aufgestachelt haben: Sie haben sich den Haß auf uns ausgedacht, um einen Vorwand für die Entwendung unserer Dinge zu haben; sie haben sich ausgedacht, daß wir diese auf unrechtem Wege erworben haben, um die Aneignung dieser Gegenstände vor der Gottheit auf sündhafte Weise zu legitimieren. Sie bringen uns für die Gegenstände um.

7.

Die aus der Bierbrauerei schallende Grammophonmusik hat alle grünlich-bleich werden lassen. Der anfängliche Optimismus der kleinen Leute ist auch zerronnen: Warum zum Beispiel wurde denn der Krämer Klein aus der Pável Straße halb totgeschlagen, der doch nur Schulden und fünf häßliche Töchter hat? Der Kreis schloß sich immer enger. Der auf die Brauerei konzentrierten Aufmerksamkeit entgeht, daß die Eisenbahner seit dem Morgengrauen ununterbrochen auf den Industriegleisen des Ghettos rangieren. Die ungeölten Bremsen quietschen, die rutschenden Räder geben einen klagenden Ton von sich, wie das mitternächtliche Bühnengewitter in einem Melodrama. Ja, auf den Industriegleisen herrscht reger Betrieb. Es ist Donnerstagmorgen. Am Samstag geht der erste Transport ab. Vielleicht kann man es bis Samstag hinziehen – lieber abtransportiert als wieder geprügelt werden...

Die schielende Krankenschwester bleibt bei den Matratzen stehen, beugt sich vor und sagt:

»Papa ist, Gott sei Dank, nichts geschehen! Man hat seinen Namen übersprungen, als B dran war.«

Ist sie gekommen, um mir zu verstehen zu geben, daß sie getan hat, was der Gendarm wollte? Leicht angewidert schaue ich zu ihr hoch. Nicht als ob es mich überrascht hätte – sprach ich doch gerade darüber, wozu Menschen alles fähig sind. Doch warum muß ich davon wissen, was geht es mich an?

»Also ist es passiert?« frage ich roh.

»Was denken Sie denn, niemals«, wehrt sie verstört ab, und eine Blutwelle steigt ihr ins Gesicht. »Er ist nur so ein anständiger Kerl. Er hat Papa geholfen, und er hilft auch weiter. Und er hat gesagt, wenn es noch ein paar anständige Leute gibt, will er ihnen auch helfen. Wenn er Dienst am Tor hat, kann man was machen. Ich dachte, so ein rechtschaffener Mann wie Sie...«

»Ich denke gar nicht an so etwas. Komme, was da wolle.«

»Ich war oben bei Ihrer Frau«, flüsterte sie weiter, »und sie sagte, ich solle mit Ihnen sprechen. Die Arme ist in sehr schlechtem Zustand. Man muß natürlich was opfern dafür. Ihre Frau hat gesagt, Sie hätten draußen Quellen. Aber reden wir jetzt nicht weiter darüber. Ich habe heute abend Dienst, dann...« Sie ging, jemand von der übernächsten Matratze verlangte nach ihr.

Bestimmt hat das Mädchen heute nacht mit dem freundlichen Gendarmen geschlafen, der jetzt vielleicht milde gestimmt und ein bißchen berauscht von diesem schönen, vornehmen Judenmädchen ist. Ein klein wenig ist er zum Philosemiten geworden. Und wie er in der Brauerei die jüdischen Schätze, die Alpacca-Schalen, die Silberlöffel, die Ringe und bündelweise Hunderter sah, dachte er bei sich, warum sollte er diesen anständigen Juden nicht helfen, die man schlimmer behandelt als Vieh und die er plötzlich so gut leiden mochte? Und warum sollte er sich nicht auch etwas von diesem herrenlosen

Vermögen beschaffen – ein Sümmchen für eine Kuh für seine Alten oder für ein Motorrad für sich selbst? Heute abend werde ich mit dem Mädchen sprechen. Es überrascht mich ein wenig, daß meine Frau diese Möglichkeit interessiert: bisher war sie apathisch, und wir haben das schon besprochen, als wir beschlossen, nicht zu fliehen. Wir freuen uns nicht, daß das Leben zu Ende ist, wir hätten noch ein paar schöne Jahre zusammen gehabt, aber wir waren beide viel zu erschöpft, um uns anzustrengen, um die Unbequemlichkeiten des Abenteuers für das Weiterleben in Kauf zu nehmen. Und im übrigen liegt sie mit unverheilter Wunde oben auf der Entbindungsstation. Die Ärzte hatten auch sie unter falschem Namen versteckt, damit die Gendarmen nicht herausbekamen, wessen Frau sie ist. Ihre Eltern und ihr Kind aus erster Ehe durfte sie nur heimlich sehen, denn sie lebten hier in Großwardein und jeder kannte sie und wußte um ihre Verbindung zu mir. Stünde meine Frau offen mit ihnen in Kontakt, könnte das die Gendarmen auf meine Spur führen. Aber vielleicht will die Arme jetzt doch leben und will, daß auch ich lebe.

Heute abend werde ich mit dem Mädchen sprechen. Vorläufig höre ich die Melodie der quietschenden Bremsen und klagenden Räder und die Grammophonmusik. Und natürlich höre ich allerlei geflüsterte gute Nachrichten: die Russen stehen schon vor Klausenburg, die Amerikaner sind in Portugal an Land gegangen…

Doch auch ich wurde rege, als ich plötzlich ganz deutlich laute Rufe hörte:

»Nieder mit dem Ghetto! Laßt die Juden raus… Laßt unsere Mitarbeiter und Arbeitgeber frei!«

Nein, ich glaubte keinen Augenblick lang, daß da draußen die Revolution ausgebrochen ist. Doch dieser Ausruf war seit dem 19. März die erste ungarische Stimme, in der ich einen menschlichen Ton wiederfand. Seitdem habe ich nur das feige, unterwürfige Gestammel der Freunde von gestern gehört: Geh, ich werde auch beobachtet, bring kein Unglück über meine Familie! Und die Stimme der niederträchtigen Schmähungen, des Hohns und Gelächters, als wir ins Ghetto einzogen. Da standen die feinen Herrschaften am Straßenrand, spielten akrobatisch mit ihren Spazierstöcken und die blonde nuttenhafte Lehrerin mit ihrem Tennisracket. Sie grinsten uns an oder sahen naserümpfend über uns hinweg, als wären Müllwagen angerückt, um allen Abfall der Stadt wegzubringen. Auf der Terrasse der Konditorei schlürften Journalisten, Schauspieler, Prostituierte und ihre Betrachter mit Strohhalmen ihre Erfrischungsgetränke oder tranken Bier und stießen klirrend miteinander an. Ein sanftgesichtiger, blondgelockter katholischer Priester mit dem Aussehen eines Päderasten – so eine Art Pfadfinderführer, der auch außerhalb der Schule stets mit kleinen Jungen herumspaziert – stand mit fünf kurzgeschorenen Knaben in sauberen Hemden und Kniehosen an der Ecke, wies mit seinem Stock auf den neunundsiebzigjährigen Schneider Grünzweig und höhnte: »Seht mal den Juden, der sieht aus wie ein Ohrenmaki.« An der Ecke rief der luetische Zeitungsjunge mit heiserer Stimme die *headline* des offiziellen Blattes des Katholischen Bischofs von Großwardein aus: »Die Juden erhalten ihre gerechte Strafe! Ein christliches Großwardein bleibt nicht länger nur ein Traum!«

Es war die Hauptstraße, durch die wir zogen, die Promenade des gänzlich verkommenen Kleinadels mit seinen Herrschaftsallüren und seinem Lakaientum, des einfältigen und versteinerten Offizierskorps, der falschen, verräterischen, hochmütigen und korrupten Beamten und der die lockere Geschäftsmoral der Juden verhöhnenden Kaufleute, der Korso der eleganten Damen. Diese Damen der vornehmen Gesellschaft hatten das dreckigste Mundwerk: Als sie die paar Jüdinnen erblickten, die ihre Garderobe aus Budapest bezogen, ausländische Bäder besuchten, englische Bücher lasen und sich einen Liebhaber hielten, die sie aber weder um ihr Vermögen noch um ihre Eleganz, sondern vielmehr um ihre Fähigkeit zur Lebensfreude beneideten, da übergossen sie sie mit dem seelischen Abwaschkübel ihrer langen freudlosen Ehejahre. Die scheinbar so weltmännischen Jüdinnen unter den vielen armen jüdischen Frauen mit ihren Kopftüchern, unter den Krämerinnen, Handwerksfrauen und Arbeiterinnen aus Großwardein waren in der Tat durch ihre schillernde Lebensweise berüchtigt. Als sie nun in der Hauptstraße von den gutbürgerlichen Frauen besudelt wurden, spielten sie ihre Rolle mit solch reglosen Marmorgesichtern, mit einer so erschütternden Würde, als seien sie Märtyrer irgendeiner Idee und hätten das elende Los bewußt auf sich genommen.

Seit dem unvergeßlichen Lärm dieses politischen Umzuges waren nur noch Befehle und Flüche der Gendarmen zu hören gewesen. Jetzt erklang seit Monaten zum erstenmal die vox humana, die vox populi – die Stimme des Volkes, der Arbeiter, die sicherlich wissen, daß ihre

Stimme unwirksam gegen Waffen und Panzer ist, daß sie aber zumindest signalisiert: es gibt doch einige in der Stadt, die sich an verblichene Lehren, an verbotene und beschmutzte Ideen erinnern, die in Großwardein in den letzten fünfzig Jahren gerade von den besten Köpfen gelehrt worden waren. Auf der Hauptstraße wirkten Vorbild und Erziehung der Großgrundbesitzer, des Kleinadels und der Priester – die Gelehrten und Schriftsteller übten ihren Einfluß in der Vorstadt aus. Und jetzt ertönte die Stimme der Vorstadt, es können kaum mehr als fünfhundert Kehlen gewesen sein – aber sogleich krachten auch die Waffen der Gendarmen.

Solange die Schießerei anhält, duckt sich das Ghetto, denn es fürchtet, die Waffen könnten sich, sobald sie draußen fertig sind, gleich nach innen wenden. Dann stundenlange angespannte Ereignislosigkeit. Es trifft keine Nachricht ein. Und wieder beginnt das Grammophon zu plärren, es spielt bis zum späten Abend »Lili Marlen«. Wieder werden Menschen auf Tragen gebracht, die Männer ins Erdgeschoß, mit gebrochenen Schädeln und zermalmten Hoden, mit offenen Leistenbrüchen, blutenden Mündern und verschluckten Zähnen – und ins Obergeschoß die Frauen, mit blau geprügelten Brüsten und angesengten Leisten. Und als der Abend hereinbricht, ist das schon wieder so gewohnt wie der Tod auf der Nachbarmatratze und in der Leichenkammer.

Dann tauchte am späten Abend mit grünem Gesicht und vom Weinen verquollenen Augen das schielende Mädchen auf. Der freundliche Gendarm, der am Morgen ihren Vater vor Prügel bewahrt und angeboten hatte, für etwas Sore ein paar anständige Juden zu retten, hat sich gründlich verändert. Als das Mädchen sich gegen Abend an ihn wandte, um alles mit ihm zu besprechen, griff er zur Waffe und brüllte: »Verschwinde, du jüdisches Miststück, ich werd's dir zeigen, von wegen Juden retten!« Das Mädchen verstand diese Veränderung nicht, denn in der Nacht noch war er ganz offensichtlich nett zu ihr gewesen. Und sie verstand nicht, warum er, nun plötzlich so in Wut geraten, ihren Vater nachträglich in die Brauerei schleifen ließ, damit aus ihm herausgeprügelt werde, was er versteckt hat. Und man prügelte ihn auch, bis man ihn schließlich sterbend hierher brachte, wo er nun zwischen den anderen blutigen Fetzen liegt. »Der da mit dem blauen Hemd ist Papa«, schluchzte sie und zeigte auf ihn. Sie verstand es nicht, aber sie hatte gehört, daß der freundliche Gendarm gerade am Tor Wache stand, als die Sozialisten demonstrierten. Zuerst wußte er nicht, was er tun sollte. Doch dann kam der Oberleutnant mit anderen Gendarmen herbeigelaufen und schrie ihn noch im Laufen an: »Du Rindvieh, warum schießt du nicht!« Und das Rindvieh schoß, solange die Munition reichte. Von den sechs Leuten, die dageblieben waren, erschoß er zwei. Und er gebrauchte sicher zum erstenmal eine Waffe gegen Menschen, denn er war nicht an der Front gewesen, er war ein junger Gendarm auf Probezeit und hatte noch keinen Menschen getötet. Jetzt tat er es zum erstenmal, und er merkte, welch erhabenes Gefühl es ist, wenn ein Mensch einen anderen umbringt. Das stieg ihm zu Kopf, und wie er nun den Rausch der Gewalt die Lust der Grausamkeit spürte, wollte er im Hochmut seiner plötzlichen Begeisterung die unbequeme, verschwommene Erinnerung an seine männliche Zärtlichkeit und seine korrupte kleine Menschlichkeit von sich schütteln. Er mußte es vor sich selbst wettmachen, daß er noch in der Nacht das schielende Mädchen liebkost und daran gedacht hatte, Menschen zu retten, wo man Menschen doch auch töten konnte.

Das schielende Mädchen pflegte die ganze Nacht lang ihren Vater, doch der Jude mit dem Buchstaben B und dem hohen Blutdruck, der alles in allem eine silberne Taschenuhr und böhmischen Stoff für einen Herrenanzug vor den Gendarmen versteckt hatte, starb am Morgen an der Prügelfolter. Nachts gab es mehrmals Fliegeralarm, aber erneut keinen Angriff. Die Waggons quietschten seit dem Morgengrauen wieder, und am Vormittag wurde verkündet, daß das Ghetto in Abschnitte unterteilt würde und die Menschen nach Abschnitten weggebracht würden. »Wohin?« fragte eine einfältige, verzweifelte Stimme. »Nach Siófok zur Sommerfrische«, antwortete der Oberleutnant und war fast beleidigt wie ein Lehrer, weil die Klasse nicht mit schallendem Streberlachen auf seinen Witz reagiert.

8.

Die meisten glaubten wundersamerweise das Gerücht, das die Ghettokommandantur mit heimtückischer Boshaftigkeit verbreitete: Man würde uns in die Gegend des Plattensees bringen, in Arbeitslager, um Sümpfe trockenzulegen und bei der Ernte zu helfen. Hier wissen nur wenige, wo wir tatsächlich hingehen. Jetzt fiel mir zum Beispiel erst der Name der Stadt Oswieçim ein, über die ich 1942 einen Bericht von einem Kurier aus London erhalten hatte. Jetzt, da unsere Deportation, an die bisher nur wenige geglaubt hatten, Gewißheit wurde, machte sich im Ghetto seltsamerweise eine Art Optimismus breit. »Man kann alles aushalten! Wir werden arbeiten, hacken und mähen! Das haben schon andere ausgehalten, also halten wir es auch aus!« – das waren die Losungen. Allein die Hoffnung, aus dieser Stadt weggebracht zu werden, wo ihre Nachbarn, Duzfreunde, Kollegen und Bridgepartner, ja sogar ihre Liebhaber sie so abscheulich verraten hatten, die Brauerei hinter sich zu lassen, in der bereits Haus für Haus jeder, ungeachtet seines Alters, Geschlechts oder Vermögens, halb totgeprügelt wurde, munterte sie auf, stimmte sie heiterer. Und gleich meldeten sich auch typisch bürgerliche Manien; die Autoritäten, die Organisatoren, die anfingen, Gruppen zu bilden und zu selektieren; mit wem man bereit sei und mit wem nicht, in einem Waggon zu reisen. Gleichgestellte und Gleichrangige möglichst zusammen – und schon hatte man alle weggeekelt, die man draußen nicht zu sich eingeladen, mit denen man sich nicht öffentlich gezeigt hätte, außerdem die Häßlichen, die Unpopulären, die Langweiligen. Und es zeigte sich auch die Mäkeligkeit der Reichen, die nun keinen Heller mehr hatten: die *première juiverie* verstieß nicht nur die Armen aus ihren Reihen, sondern auch die suspekten Spekulanten und Neureichen. Und wirklich, es gab so hoffnungslose Außenseiter, nie ganz akzeptierte Parvenüs, die wenigstens hier etwas tilgen und Einlaß in die Gesellschaft finden wollten, gesellschaftlich »ankommen« bei den zwar mit schlechtem Ruf behafteten, aber vornehmen schönen Frauen, den verdrießlichen, aber distinguierten Bankier- und Fabrikantengattinnen und ihren jungen, mittellosen, gebildeten und amüsanten Liebhabern. Und sie zeigten sich noch auf eine andere Art wählerisch: Die fortschrittlichen Juden mit europäischem Aussehen wollten die Gelockten nicht in ihre Reihen lassen. »Wegen denen gibt es immer Ärger!« konnte man hören. »Wegen denen sind wir hier, von denen bekommt man Läuse und Wanzen.« Und die Gelockten schauten sie aus dem Felldickicht ihres Gesichts angewidert an, ohne eine Miene zu verziehen, sie verachteten dieses Gestrampel, diese fremden, extremen Stimmungsschwankungen. Sie standen nur dicht beieinander, die Hände in die Taschen ihrer schmutzigen Kaftane versenkt, und sobald sich ihnen irgendein Jude im Sakko näherte, verstummten sie. Da standen sie, mit so geheimnisvollen, entschlossenen Gesichtern, wie Menschen, die einen Plan haben und auf die kommenden Ereignisse vorbereitet sind. Diese Gelassenheit verlieh ihnen offenbar ihr Glaube: sie waren überzeugt davon, daß Jehova ihnen helfen würde. Der Wunderrabbiner hatte vom ersten Augenblick an ein Wunder versprochen – allerdings vollbrachte er bisher nur an sich ein Wunder, denn in der letzten Nacht ist er mit seiner Familie abgehauen –, doch wenn die erste Hälfte des Wunders gelungen ist, wird auch die zweite gelingen. Und schließlich sind diese Gelockten keine Anfänger, sie sind nicht zum erstenmal in einer solchen Lage: aus Gomel waren sie vor dem Zaren geflohen, aus Berditschew vor Petljura, aus Kowno vor den Litauern, aus Warschau vor den Polen, aus Lemberg vor den ukrainischen Weißgardisten – bis nach Sighatul Marmatirei, doch von dort flüchteten sie nicht, sondern brachten Ware nach Großwardein. Sie waren routiniert, und obwohl sie wußten, daß von den vielen Hunderttausenden, die in diesem ständig mobilen Zustand der Flucht waren, Zehntausende durch Kugeln, Eisenstangen, Hunger, Seuchen oder auch nur durch Frost auf der Landstraße krepierten, waren sie sich gewiß, daß es immer ein Gros geben würde, das irgendwo hingelangte. In ihnen steckte japanischer Fanatismus und alttürkischer Fatalismus – allerdings ohne die soldatischen Tugenden, denn nichts fürchteten und verachteten sie mehr als den Soldaten. Sie vertrauten Gott und mindestens ebenso vertrauten sie dem Gold, das sie weder draußen vergraben noch einem arischen Bekannten zur Aufbewahrung gegeben, sondern wer weiß wie ins Ghetto mitgebracht hatten. Auch sie wurden in der Brauerei geprügelt, aber nur, weil sie Schläfenlocken trugen – den Zivilfahndern kam es gar nicht in den Sinn, sie ernsthaft nach Sore auszufragen: diese Nichtsnutze in ihren drei Nummern zu großen, schiefgetretenen Schuhen mit den gebogenen Spitzen, in den schmutzigen, zerschlissenen Hemden und den verdreckten langen Hosen – die haben doch wirklich nichts anderes als ihre Läuse. An ihnen trainierten die Ermittler: sie schliffen ihren Humor und amüsierten sich gegenseitig über sie – zum Sprechen konnte man sie sowieso nicht bringen, denn sie wollten weder ungarisch noch deutsch oder rumänisch verstehen, sondern schwiegen nur idiotisch und gafften sie mit glupschäugiger Unterwürfigkeit an – in Wirklichkeit mit unermeßlich hochmütiger Abscheu: Drecksvieh, Schweinefleischfresser! Unwissende, die nie in den heiligen und geheimen Bücher gelesen haben! Und schadenfroh stellten sie sich vor, welche sieben Sühnen ihr Gott über sie schicken würde.

Auch mich hielten sie für einen unreinen Schweinefleischesser und für unwissend, aber sie haßten mich nicht, sondern bemitleideten mich nur, habe ich doch die Wahrheit der Lehre nicht erkannt und mich dem Gebot nicht unterworfen. Über ihren geheimnisvollen Nachrichtendienst hatten sie als erste erfahren, wer ich war, und da sie gehört hatten, daß ich in meinen Schriften häufig das Wort gegen die Feinde der Unterdrückten und Juden erhob, ließen sie mir gegenüber eine gewisse Nachsicht walten. Einem von ihnen – er liegt drei Matratzen entfernt von mir – stellte ich die Frage, wie er sich erkläre, daß die englischen Juden, die sich von ihrem Glauben entfernt hatten, in verhältnismäßiger Freiheit und Sicherheit lebten, während im Osten gerade Millionen von denen vernichtet wurden, die Gott am treuesten waren und seine Gebote wortwörtlich einhielten. Er antwortete: »Er weiß, was er tut. Wenn es im Osten schlecht geht, geht es im Westen gut und umgekehrt. Jetzt sind wir dran. Aber schon morgen ist Neumond, und damit kommt vielleicht die Wende!« Sie glaubten an die Wende und an das Gold, das sie hier bei sich hatten. Sie hatten es vor den Gendarmen, Ermittlern und den täglichen Hausdurchsuchungen im Ghetto in Sicherheit gebracht. Wie, das wissen nur sie – das hat sie der geschärfte Selbsterhaltungstrieb des seit Jahrhunderten flüchtenden Tieres gelehrt. Sie sind mir so fremd wie die Philippinen – ich hasse mich, daß ich auch jetzt noch sage: dieser wildgewordene, freundliche Gendarm ist für mich ein viel näherer Bekannter, hat mehr Gemeinsames mit mir. Mit so einem Bauernjungen habe ich als kleines Kind gespielt, in der Grundschule habe ich neben ihm in der Bank gesessen, und mit ihm zog ich im Ersten Weltkrieg an die Front. Wie gesagt, diese Gelockten sind mir mit der Beschränktheit ihres einseitig geschliffenen Verstandes, ihrer körperlichen Ungepflegtheit und ihren Eingeborenen-Zeremonien fremd – und sie sind nach meinem Moralempfinden sogar amoralisch. Am allerwenigsten empfinde ich rassische Solidarität mit ihnen – und doch fühle ich mich zu ihnen hingezogen, weil sie mit ihrer Verstocktheit Widerstand leisten, weil sie sich mit ihrer geduldigen, erfinderischen Passivität schützen, und weil sie hundertmal so weit gelaufen sind wie ich und trotzdem nicht erschöpft sind. Ich fühle mich zu ihnen hingezogen als der Schwache zum Starken, ich beneide sie um ihren Fanatismus, und ich beneide sie um die Fähigkeit, jemanden so hassen zu können, nur weil er Schweinefleisch ißt, wie ich noch nicht einmal heute Hitler und diese Banditen hassen kann. Ich beneide sie um die hinter ihrer weichen Maske verborgene Härte, die ihnen ihre Beschränktheit verleiht, und vielleicht um ihren amoralischen, doch moralisch gerade jetzt bestätigten Standpunkt, es sei berechtigt, sich mit allen verbrecherischen und niederen Mitteln gegen jene zu wehren, von denen sie seit Jahrhunderten gehetzt werden. Vor allem natürlich mit Gold. Denn dieses schmutzige Metall hat sich bisher gegen Stöcke, Waffen, Scheiterhaufen, staatliche Gesetze, ja sogar gegen das Gesindel am besten bewährt.

Sicherlich hängen sie auch an dem Gold, horten es aber vor allem gegen die Waffen.

Mit denen wollen also die schönen Frauen, die Bankiers und Intellektuellen nicht zusammenreisen. Diese Gesellschaftsreise in die Gaskammern hätte man Cook anvertrauen sollen, damit er die Reisenden mit dem nötigen Taktgefühl gruppierte. Was wissen die meisten von ihnen schon über Viehwaggons: Ich war erst vor ein paar Wochen aus einem gestiegen. Eigentlich war der Viehwaggon das maßgeschneiderte Verkehrsmittel meiner Generation, wenn ich mich auch vorübergehend irreführen ließ von Expreßzügen, den *trains bleus* – schließlich war ich nicht nur gezwungenermaßen wegen der neun Koffer, sondern auch dünkelhaft, aus Hedonismus und Größenwahn, mit dem Expreß gereist. Im Schlafwagen rauschte ich durch nächtliche Länder und zog morgens den Vorhang beiseite: wir sind in Bologna oder in Amiens – es wird Zeit, sich anzukleiden. Ich war auch auf Luxusschiffen unterwegs, bis zu den Kanarischen Inseln, mit dem Auto kurvte ich durch die Schweiz, Österreich und Deutschland, und mit der Gondel schwebte ich aufs Jungfraujoch. Mit der Fähre setzte ich samt Zug nach Kopenhagen über und dreimal landete ich mit dem Hydroplan auf dem Flugplatz in Venedig.

Diese Fahrzeuge ließen mich zeitweise vergessen, daß ich meine erste größere Auslandsreise im Viehwaggon gemacht hatte. Bis dahin war ich nur zwischen Komárom und Budapest hin- und hergefahren. Ich war neunzehn, und sechs Tage lang zuckelten wir, vierzig mit Bändern geschmückte Soldaten, zwischen grünen Zweigen im Viehwaggon dahin, im fürchterlichen Gestank von Waffenöl und Soldaten in Richtung russische Grenze. Als Lyriker und Ästhet war ich Pazifist, ich haßte den Krieg, aber dies war meine erste Reise, und sie machte mir Spaß. Die ganze Zeit saß ich auf den Stufen: Endlich lernte ich meine Heimat kennen, ich sah zum erstenmal die Theiß bei Szolnok, suchte bei Debrecen die Fata Morgana, dann tauchten in azurblau die Karpaten auf, die ruhmreichen Gipfel, auf die ich stolz war, denn es sind die höchsten in Osteuropa. Wir zuckelten über den Uzsoki-Paß, und obgleich ich eine gemeine Darmgrippe bekam, war es ein erschütterndes Erlebnis, als ich zum ersten Mal die Grenze meines Heimatlandes überquerte: Wir erreichten Österreich, und für mich, den Ungarn, war Österreich ausländischer als Rußland. Vierundzwanzig Stunden später stiegen wir in Stary Sambor aus, und obwohl ich den Krieg haßte, suchte ich mit dem Vorrecht des Soldaten, des Kämpfers sogleich eine Frau. Dann wieder im Waggon, der wie ein Zookäfig stank. Mir taten zwar alle Glieder vom Kauern auf den Brettern weh, doch meine Jugend ließ sich von dem Waggon nicht unterkriegen. Dann ging es hinaus an die Frontlinie, und elf Monate später wurde ich wieder verladen: Ein großer Granatensplitter hatte mich im Gesicht erwischt, mir die Nase breitgequetscht und mich meine Zähne verschlucken lassen, und obzwar ich bei Bewußtsein war, konnte ich dreiundzwanzig Tage lang nicht sprechen. Man legte mich in einen Viehwaggon, auf das jauchige Stroh, und neben mich, gestapelt wie Holzscheite, quittengelbe, blutverkrustete, zerzauste, bärtige Soldaten. Mein Nachbar hatte einen Bauchschuß und zappelte wie ein Huhn, dem die Köchin daheim den Hals umgedreht und es dann auf den

Hof geworfen hat. Und es wurden immer mehr Verwundete in den Waggon geladen, die Lokomotive schnaufte und pfiff die ganze Nacht, fuhr hin und her, sinnlos, als spielten Kinder mit ihr – nur losfahren wollte sie nicht. Im Morgengrauen hörte der mit dem Bauchschuß mit dem Zappeln auf, er war neben mir gestorben – ich dachte, ich sage mal den Sanitätern Bescheid: wir werden den Toten doch nicht etwa mit auf die Heimreise nehmen. Aber ich konnte nichts sagen, weil ich stumm war. Die Tür des Waggons wurde zugeschoben. Es war heller Tag, als wir losfuhren. So reiste ich mit dem Toten bis Sátoraljaújhely.

Ich bin kein Anfänger, ich liege nicht zum ersten Mal zwischen Toten, hier in dem Tempel des Wunderrabbiners. So begann meine Jugend, und im Reisen in Viehwaggons bin ich Experte. Die Fahrzeuge, die ich zwischendurch benutzte, dienten nur zum Pendeln zwischen zwei Viehwaggons. 1942 wurde ich wieder verladen und Richtung russische Grenze gebracht. Diesmal war ich in Zivil, in meiner eigenen Kleidung, die ich bis dahin nur im Kaffeehaus und in der Redaktion getragen hatte, nur die Stiefel und die Soldatenmütze gehörten dem Militär, außerdem noch die gelbe Armbinde, die ich ebenfalls von meinem Vaterland bekam. Dieses Vaterland schickte mich an die Front, nicht, damit ich es schütze, sondern um meine Treue und Lebenskraft mit Zwangsarbeit, Brandmal, Grausamkeit und den zu Fleischerhunden gedrillten Soldaten so lange auf die Probe zu stellen, bis ich entweder krepiere oder es hasse und verrate. Ich bin fast verreckt, aber ich habe es nicht verraten, weil ich nichts und niemanden verraten kann. Ich haßte es auch nicht wirklich, ich stehe nur in einem schrecklichen Krieg mit ihm; als wäre meine Mutter niederträchtig zu mir und würde mir Gift in die Suppe mischen und trunkenen, ausgehaltenen Liebhabern geben, was eigentlich mir zusteht. Dennoch konnte ich mir selbst jetzt nicht, nicht einmal theoretisch, eine andere Heimat vorstellen als diese. Die Juden hier träumen immer noch von Palästina, der neuen Heimat! – nun, diese Frage ist sowieso nur noch von akademischer Bedeutung –, doch auch wenn ich diese Heimat, die mich hier in diesen chassidischen Tempel gebracht hat und ins Gas schicken wird, nicht mehr brauche, so brauche ich doch keine andere. Schon deshalb nicht, weil eine andere Heimat mich nicht wirklich interessiert. Und nun transportiert man mich zum dritten Mal in einem Viehwaggon aus meiner Heimat. Der Kreis schließt sich, wie die Abergläubischen sagen. Die Sache wird ernster, auf den Gleisen rangiert bereits die Lokomotive – wir reisen! Wohin eigentlich? Wie lautete noch mal der Text auf dem deutschen Fremdenverkehrsplakat in Paris? Noch Wochen nach Ausbruch des Krieges konnte ich ihn an der Wand der Metrostation lesen: *Visitez l'Allemagne joyeuse!* Besuchen Sie das fröhliche Deutschland!

9.

Vormittags um zehn kam Kelepecz, der Standesbeamte, ins Ghetto, um die Toten aufzuschreiben. Der Oberst protestierte bereits am Tor.

»Was machen Sie sich hier wichtig, Herr Standesbeamter? Sie können in Ihrem Buch gleich alle Zwanzigtausend durchstreichen! Für die verschwenden wir doch keine Akten mehr.«

Der Standesbeamte war ein hinkender alter Mann mit einem unbehaarten Birnenkopf – ein erstaunliches Ebenbild Voltaires. Vierzig Jahre lang hat er Paare in demselben grünlich verblaßten Redingote mit der nationalfarbenen Schärpe darüber getraut, und ebenso lange hat er das Tagebuch des Lebens und des Todes der Bevölkerung in Großwardein geführt. Er war ledig, trank seit Jahrzehnten am rotgedeckten Stammtisch der Junggesellen und Witwer, lustlos und abgestumpft unter den lustigen und aufgedrehten Christen und Juden, den verspießerten Lateinern und gelehrt tuenden Industriellen, die sich unter dem Vorwand von Kinderwohlfahrt oder Stadtentwicklung allabendlich an immer dem gleichen Tisch im Restaurant Zur Blauen Katze zusammensetzten, ihre Ration zur Brühwurst oder zur sauren Lunge tranken und sich über stadtpolitische Fragen, öffentliche Speditionsausschreibungen, über Diebstähle, Betrügereien und den Reiz von breithüftigen Frauen unterhielten. Der

Standesbeamte war, wie das bei Alkoholikern, die mit gleichmäßiger Langsamkeit trinken, eben so ist, immer etwas angeheitert, aber am Stammtisch auch nicht mehr als tagsüber im Amt. Er war weder ein guter noch ein schlechter Mensch, eine auch im steten Alkoholnebel genaue und präzise Maschine, doch wenn man ihn in seinem amtlichen Procedere störte, wurde er störrisch. Jetzt ist er ins Ghetto gekommen, der Unteroffizier mit der Polizeimütze trug ihm das Stammbuch hinterher. Er wollte den Rückstand aufholen. Ein Toter gehört ins Standesregister – so schreibt es das Gesetz vor, und vierzig Jahre lang mußte auch ein am Straßenrand aufgefundener unbekannter Toter registriert werden. Und wie ihn nun der Offizier daran hindern wollte, erwiderte er in hartem, offiziellen Ton:

»Ich mache Sie darauf aufmerksam, Herr Oberst, daß ich meine Amtspflicht erfülle. Sollte mich daran irgend jemand hindern, so ist es meine Pflicht, dies meinen Vorgesetzten zu melden.«

Der Oberst gab nicht nach:

»Auf dem Gebiet des Ghettos bin ich die übergeordnete Behörde! Und ich befehle Ihnen...«

»Mir befiehlt der Bürgermeister und der Rat der Stadt...«

Es entfachte sich eine heiße Diskussion zwischen den beiden. Die duckmäuserischen Juden hörten durchs Fenster zu, und binnen Minuten verbreitete sich die Nachricht, der Standesbeamte habe sich dem Oberst widersetzt und ihm ordentlich die Meinung gesagt. Endlich ein Mann unter diesen Schurken vom Rathaus, die den jüdischen Frauen vor gar nicht so langer Zeit noch die Hand geküßt und Geld für Schweinereien angenommen haben und die nun die niederträchtigsten, die größten Räuber sind... Und sie erinnerten sich jetzt daran, daß dieser Standesbeamte eigentlich immer ein anständiger Mann gewesen war, die ganze Stadt hatte er getraut, und sie vergaßen nicht zu erwähnen, wie freundlich er immer Braut und Bräutigam die Hände geschüttelt hatte. Innerhalb weniger Minuten wurde der Standesbeamte zu einem großen Mann, einem großen Menschenfreund, dem erbitterten Widersacher der Deutschen und dem Beschützer der Verfolgten, dabei ging es in Wirklichkeit nur darum, daß der besessene Bürokrat seine Kompetenz, die fachliche Maschinerie, die rotieren wollte, ihren Rohstoff einforderte – zwar außerhalb des Amtes, aber doch innerhalb der Amtszeiten. Er hätte dasselbe getan, wenn der Engel des Todes persönlich gekommen wäre – auch ihm wäre er mit dem Stammbuch gefolgt. Wer nicht im Standesregister steht, ist weder tot noch lebendig. Die Rubriken müssen ausgefüllt werden! Die Daten der Eltern, ja neuerdings sogar der Großeltern und der Urgroßeltern, Religion, Beruf, Todesart! Der Offizier vertrat wiederum den Standpunkt, daß für Juden nur eine Angabe nötig sei: daß sie Juden sind. Alles andere sei uninteressant.

»Schluß mit dieser liberalen, bürokratischen Zeitverschwendung, Herr Standesbeamter!« belehrte ihn der Offizier. »Verlassen Sie das Gelände des Ghettos!«

Eine Weile noch kämpfte er heldenhaft um seine Rubriken, und als korrekter Beamter ergab er sich erst, als sein richtiger Vorgesetzter, der Bürgermeister, ihn telefonisch anwies, dem Befehl ohne Widerrede Folge zu leisten.

»Wir befinden uns in Etappengebiet«, brüllte der Bürgermeister in den Hörer, »wer sich militärischen Anweisungen widersetzt, ist ein Aufrührer.« Der Bürgermeister hatte recht. Dieser Standesbeamte war schließlich der einzige aus dem Mittelstand, der sich ihnen widersetzte, wenn auch nur wegen irgendwelchen Rubriken. Für ihn war die Rubrik das Symbol für die zivilisiert organisierte Nation und Gesellschaft. Doch auch dieser Aufruhr wurde niedergeschlagen, wie der der alten Frauen. So trollte er sich, gefolgt von dem Unteroffizier mit dem Stammbuch, zurück zum Rathaus. Seine verschrobene Rebellion wurde nicht nur von den Juden zum tapferen Widerstand verklärt – auch die Militär- und Zivilbeamten beäugten diese Widerspenstigkeit mit Mißtrauen, und eine der Zeitungen, die ins Ghetto gelangte, fragte tadelnd, was er mit dieser Rechthaberei wolle? Etwa den Russen Daten liefern, wenn sie ins Land kämen? Sie würden natürlich nicht kommen – doch dieser Standesbeamte mit dem Birnenkopf hatte doch schon immer jüdische Freunde gehabt...

10.

Die Toten kamen also nicht ins Stammbuch, und sie kamen auch immer noch nicht unter die Erde. Und da auf die regnerische, kühle Nacht stickige Wärme folgte, wuchs der Leichengestank ins Unermeßliche. Das Ghetto nahm das zwar kaum zur Kenntnis – wir hatten uns unglaublich an den typischen Geruch gewöhnt, der sich aus der Verwesung der Leichen, den grauenhaften Latrinen, der überlaufenden Kanalisation und dem süßlichen Gestank aus dem nahegelegenen Melasselager zusammensetzte. Doch die Stadt jenseits des Bretterzauns hatte eine empfindlichere Nase, denn kurz nach dem schmachvollen Abzug des Standesbeamten erschien im Spital der blonde, dicke banatdeutsche Oberamtsarzt, der schlechteste Arzt und der schlechteste Schachspieler der ganzen Stadt, mit dem seine Kollegen nur aus Erbarmen im Café Elite, am nachmittäglichen Ärztestammtisch, gespielt hatten. Jetzt rief er seine nachsichtigsten Schachpartner, die jüdischen Ärzte des Ghettos, mit künstlich knarrender, militärischer Stimme herbei. Er befahl ihnen, sofort für das Wegräumen der Leichen zu sorgen. Es ist eine psychologische Besonderheit, daß alle zivilen Beamten und Despoten von draußen, mit denen wir zu tun hatten, sich als Militärs aufspielten, seit die Deutschen hier waren. Es wäre noch verständlich, wollten sie am Ansehen und Nimbus des siegreichen Heeres Anteil haben und deshalb dessen Manieren annehmen. Ich habe aber nicht nur gesehen, wie unsere Soldaten gemeinsam mit den deutschen zweitausend Kilometer geflohen sind, sondern lief auch selbst wohl oder übel mit. Die Sache ist auch deshalb seltsam, weil diese Lakaienbande sich sonst nicht einmal unbewußt hinter eine verlorene Sache stellt. Die Idioten – sollten sie immer noch nicht wissen, daß wir geschlagen sind? Aber dann begann ich doch zu verstehen, wozu diese militärische Heuchelei gut war: einerseits eignet sie sich dazu, unbequem gewordene alte persönliche Beziehungen, Freundschaften und kollegiale Verbindungen mit dieser kalten, rauhen, jede Diskussion ausschließenden Formalität zu neutralisieren und andererseits ahmten sie die grimmige Art der Soldaten und Gendarmen auch nach, um überzeugender furchterregend zu sein, falls doch mal jemand auf die Idee käme, die Berechtigung für ihre willkürliche und sporadische Herrschsucht und ihre privaten Raubzüge in Frage zu stellen. Draußen wurden die Zivilisten immer noch von einem Rest an Gesetzen gebremst, doch hier drinnen haben Soldat und Gendarm die Gesetze selbst erlassen und auch vollstreckt.

Doktor Németi teilte dem Oberamtsarzt mit, daß der bisherige Ghettokommandant das Bestatten der Leichen noch nicht genehmigt habe. Der Oberamtsarzt heftete die Augen auf den Davidstern der Bundeslade und sagte in belehrendem, tadelnden Ton, als hätte er die Erklärung gar nicht gehört: »Sie sind Ärzte, Sie müssen wissen, welche Gefahr der Stadt dadurch droht. Sie wollen doch nicht die Pest über die Stadt schicken, die...« Ich hätte ihn gern gefragt, was auf das »die...« folgen sollte. Aber es war Neumond, und wie es schien, Zeit für die Wende. Eine gewaltige Explosion erschütterte die Kirche, auf das Stichwort »die...« fiel die erste Bombe auf Großwardein. Der stramme Oberamtsarzt sackte in sich zusammen, lief grün an, drehte sich um die eigene Achse, von seinen hellblauen Augen war nur noch das molkefarbene Weiß zu sehen und fragte Doktor Németi stammelnd, fast flehend: »Wo ist hier der Luftschutzraum, Herr Kollege?« – »Es gibt keinen Luftschutzraum«, antwortete Doktor Németi mit sichtbarem Vergnügen, »wir können nirgends hingehen, Herr Oberamtsarzt.« Die Sirene begann erst jetzt zu heulen, obwohl die Bomben schon seit einer Weile auf die Stadt hagelten. Die Leute sprangen von den Matratzen auf und betrachteten mit eifrigem, neugierigen Entsetzen die Zerstörung. Durch das große Fenster konnte man am Himmel deutlich den steigenden und fallenden, auseinandergehenden und sich schließenden Keil der weißen Flieger sehen. Die Mauern zitterten grummelnd, die Scheiben klirrten unentwegt. Die Stadt, aus der man uns hierher verschleppt hat, stand mit ihren teilnahmslosen Kirchtürmen, ihrem schurkigen Komitatssitz, ihrem diebischen Rathaus, ihrer Wucher-Kuppel-Bank und ihren gefängnisartigen Kasernen bereits in Schutt und Asche. Wir glaubten, es würde in wenigen Augenblicken nichts mehr von ihr übrig sein. Wir waren glücklich, daß aus den Häusern, die die unseren waren und aus denen man uns vertrieben hatte, nun die Besetzer ausgeräuchert wurden, und daß die Kleider, das Spielzeug der Kinder, die Familienfotos, der Trog in der Waschküche, das Fahrrad, der Laden, die Dinge – daß alles, was man uns geraubt hatte, nun zu Asche wurde, bevor sich die Diebe so recht daran erfreuen konnten. Nun erfüllte uns alle die grimmige alttestamentarische Erleuchtung: Wenn Jehova schon aus seinem unergründlichen Willen Verdienste auf dieser Erde nicht belohnt, so soll er wenigstens Rache nehmen! Jetzt würden diese Frauen, Lümmel und bösen Greise, die bisher nur dem unbewaffneten inneren Feind begegnet sind, endlich lernen, daß man nicht endlos einen einseitigen Krieg führen kann – daß auch die andere Seite schießt. Man kann nicht ewig umsonst zechen! Mit uns ist es zu Ende, aber mit der Stadt auch.

Mit der Stadt war es natürlich nicht zu Ende. Der Luftangriff ging mit viel Schall und Rauch einher, doch die Kirchtürme und Kuppeln blieben unversehrt. Nur in der Nähe des Bahnhofes war eine Arbeiterkolonie getroffen worden, und auch das städtische Spital hatte etwas abbekommen, vielleicht gerade jene, die gestern für uns demonstriert und von denen die Gendarmen dafür sechs erschossen hatten. Es hat nicht geklappt, der böse Zauber ist noch immer nicht zu Ende. Der Rauch verzog sich: die in der Sonne gleißenden Ziegel- und Schieferdächer der bösartigen Hauptstraße grinsten uns an.

Das Ghetto verbreitete aber in seinem auflebenden Optimismus sofort Gerüchte: tausend Tote, zehntausend Verletzte. Dies gibt es nicht mehr und das gibt es nicht mehr – der Bahnhof ist dem Erdboden gleichgemacht, mit der Deportation kann nicht begonnen werden. Dieser Optimismus wurde zweifellos auch dadurch genährt, daß die Hilfsgendarmen zum erstenmal einen Luftangriff erlebt hatten und dadurch verstört, unentschlossen und stiller geworden waren. Und da zufällig keine Bombe auf das Ghetto gefallen war, glaubten sie, die Juden seien ein guter Schutz vor Luftangriffen. Und dieser Glaube stimmte sie milder. Sie ließen sich sogar auf Unterhaltungen mit den Menschen ein, um zu besprechen, was eigentlich geschehen war, wer den Angriff zuerst gehört oder gesehen hatte, ob er aus der Richtung Fugyi oder Debrecen gekommen war, ob er zehn Minuten oder eine halbe Stunde gedauert hatte und so weiter.

Die Emotionen des Luftangriffs beherrschten den ganzen Tag. Die Juden sind etwas selbstsicherer geworden, als hätten sie da oben außer dem treulosen Gott auch andere Verbündete. Dann wurde es Abend mit einem klaren Himmel und Neumond. Mitten ins Ghetto wurden dreißig Waggons geschoben. Die Lokomotive wurde abgekoppelt und ließ alle dreißig zurück. Die blaue Lampe im Saal brannte bereits, als der Befehl kam, am nächsten Morgen sollten fünfzig Juden auf den Friedhof gehen und die Toten begraben.

11.

Morgens um sechs waren die Totengräber, die jüngeren männlichen Verwandten der Toten, angetreten. Vor dem Abmarsch ließ man sie noch die Leichen in zwei kleinere, rauchfarbene Transporter laden. Die Leichen mußten im wahrsten Sinne des Wortes hineingestopft werden. Es schien unmöglich, die letzten drei Toten noch unterzubekommen, doch der Gendarm trieb drohend zur Eile an. In ihrem Schreck falteten die Totengräber die Leichen einfach zusammen. Es war ein Wunder, daß sie die Tür verriegeln konnten.

Das war das einzige aufregende Ereignis an diesem hitzestarren Tag, der dem Einwaggonieren des ersten Abschnitts, des ersten Transports voranging. Das einzige, was noch passierte, war, daß gegen Mittag der Befehl kam, die Bewohner des ersten Abschnitts sollten aus allen Häusern die Schlüssel einsammeln und in einem Bund abgeben: die Haus-, die Zimmer- und die Schrankschlüssel. Diese Anordnung hatte keinerlei praktischen Sinn.

Ich weiß bis heute nicht, was damit bezweckt wurde. Wahrscheinlich war von den Deutschen eine allgemeingültige, in Punkten aufgelistete Gebrauchsanweisung für Deportationen gekommen, und einer der Punkte war wohl das Beschlagnahmen der Schlüssel. Die Deutschen ordnen so etwas gewiß nicht ohne Grund an, unter bestimmten Umständen braucht man die Schlüssel vielleicht. Aber die hier ahmten sie aus lauter Bewunderung für deutsche Gründlichkeit und Organisationstalent einfach stumpf, ohne Sinn und Verstand wie das Gebot eines liturgischen Textes nach. Mit ihrer billigen historischen Phantasie betrachteten sie diese Schlüsselabgabe wohl als eine Art symbolischen Akt: so kapitulieren die Juden, so übergeben sie ihre Häuser symbolisch den Siegern, wie der Burghauptmann den Schlüssel der Festung.

Als weiteres Ereignis des Tages wurden uns, als höhnische Anspielung auf das jüdische Volksessen am Sabbat, die Bohnen, unsere einzigen Nahrungsmittel, weggenommen. Der schwerfällige Gendarmerieoberst, Sohn eines Handwerkers, und der Leiter des städtischen Lebensmittelamtes, Bankert einer Pfarrershaushälterin, die den Humor in ihrer Kindheit wahrscheinlich aus klerikalen Kalendern erlernt hatten, fanden offensichtlich einen irrsinnigen Spaß daran, die »Itzigs« und »Jordans« mit Bohnen zu füttern, den Säugling ebenso wie den Greis mit dem Magengeschwür – sollen sie sich doch an Bohneneintopf satt fressen, bevor sie krepieren! Doch jetzt stellte sich heraus, daß die Bohnen ein zu wichtiger Bestandteil des Nationalvermögens waren, um sie für einen rituellen Spaß zu verschwenden. »Die Bohnen werden für unsere heldenhaften Soldaten gebraucht«, erklärte der

Stadtverpfleger dem Vorsitzenden der Glaubensgemeinde. »Die Regierung hat gestern mit einem Sondererlaß alle Bohnen für die Front beschlagnahmt. Für Sie, die Sie nicht kämpfen, reichen auch Rüben.« Die Nachricht, daß die Bohnen aus dem Ghetto an die Front gebracht werden, erweckte keinerlei Aufregung, nicht einmal Interesse. Dem Ghetto war es eigentlich egal, welcher Fraß in den von der Stadt aufgestellten Judenküchen gekocht wurde – das Ghetto aß einfach nichts. Den Menschen war ein Kloß im Hals gewachsen, der Bissen ging einfach nicht hinunter, und je länger sie nicht aßen, desto weniger Hunger hatten sie. Ich erinnere mich auch nicht, seit Tagen etwas anderes gegessen zu haben als diese trockenen, ranzigen Kekse – mir ist gar nicht mehr eingefallen, daß man etwas essen müßte. Die vielerlei Beklemmungen – Angst vor Prügel und Entdeckung, die Selbstzerfleischung, ob man etwas falsch gemacht hat, wie man all das doch hätte umgehen können und trotz aller Hoffnungslosigkeit das hartnäckige Warten auf ein Wunder: die einen glaubten an das Einschreiten Gottes, die anderen an ein Eingreifen der Zivilisation des zwanzigsten Jahrhunderts oder an eine unausbleibliche Aktion arischer Verwandter oder einflußreicher christlicher Freunde – hielten uns in so extremer, auf einen Punkt konzentrierter seelischer Anspannung, daß der Körper mit seinen Ansprüchen gar nicht zu Wort kam und sich unsere Reflexe so gut wie abgeschaltet hatten. Der eine erklärte errötend, er sei Irredentist gewesen und habe unter den Rumänen dauernd die nichtvereidigten Beamten bestochen. Der andere hatte 1919 gegen die Kommunisten gekämpft – und nun warteten sie auf eine telegraphische

Nachricht über ihre Begünstigung, die von der Kommandantur kommen müßte. Ein spindeldürrer Religionslehrer, hatte sogar drei Telegramme an den Adelsstuhl aufgegeben, bevor er ins Ghetto zog: Er habe im Jahre achtzehn bei Nagybicse gegen die Böhmen gekämpft, habe sämtliche Bescheinigungen darüber, nun müsse eine Antwort kommen, die Begünstigung! »Beim Adelsstuhl schätzt man mich!« Und unterdessen brachte man immer noch die blutigen Bündel aus der Brauerei. Nun stand fest, daß keiner ausgelassen wurde. Es wurden bereits die Wohlhabenden, die Lateiner, geprügelt, und das Grammophon spielte den ganzen Tag. – Wen kümmerten hier schon Bohnen? Wer nicht auf eine Begünstigung wartete, vertraute auf seine arische Ehefrau, die da draußen bestimmt alles in Bewegung setzte, ein anderer baute auf seinen halbarischen Sohn, der als Motorradkurier an der Front war. Und wer sich auf nichts berufen konnte, erwartete das Wunder, daß in letzter Minute russische oder angelsächsische Fallschirmspringer vom Himmel fallen, die Stadt besetzen und die Juden nach Hause gehen lassen würden. Und wer nicht so hoffnungsvoll und optimistisch war, erwartete die weißen Flieger zurück, damit sie die Stadt endgültig zerbombten, notfalls auch mit ihnen. Und wer zuvor in einem der vier Kaffeehäuser am Bémer Platz nachmittags ein halbes Stündchen bei einem Mokka politisiert hatte, erwartete, daß die Regierung doch noch an diesem Unding scheitern würde – einer hatte auch in einem eingeschmuggelten Blatt gelesen, Imrédy würde Ministerpräsident, Imrédy sei ein Finanzgenie, Imrédy würde wissen, was es für das Land hieße, wenn die Juden nicht mehr Handel und Industrie betreiben würden. Jeder erwartete etwas. Wer verschwendete hier einen Gedanken an Bohnen oder Rüben?

Die Kinder hatten natürlich Tag und Nacht Hunger, und sie bereiteten viel Sorgen, vor allem die unter vierzehn Jahren. Sie quengelten, heulten, tobten und stellten Forderungen, und sie schnatterten gefährlich über Politik, auch über den englischen Sender. Die Mütter gaben ihnen den Fraß von der Volksküche und die hundert Gramm Brot – auch ihre eigene Ration –, und tief unten in ihren Bündeln vergraben fand sich auch immer noch versteckt Marmelade, Käse, Hartwurst oder Pogatschen – doch die Kinder waren unersättlich. Sie waren den ganzen Tag draußen auf dem Hof der Ghettohäuser, an der Luft – der Befehl, um fünf Uhr aufzustehen, galt für sie ebenso wie für die Erwachsenen –, sie waren ständig im Weg und stellten unmögliche Streiche an in dieser großen Freiheit, die im Ghetto plötzlich über sie gekommen war, vor allem über die wohlhabenderen Bürgerkinder, die draußen unter strengerer schulischer und erzieherischer Aufsicht gestanden hatten. Die Erwachsenen, abgelenkt durch Angst, Warten auf ein Wunder und Hunger nach Nachrichten, kümmerten sich nur um die Kinder, wenn diese etwas von ihnen wollten: gnadenlos fordernd, wie Gläubiger, die es nicht interessiert, aus welchem vis major der Schuldner seiner Verpflichtung nicht nachkommen kann. Kaum hatten sie gegessen, waren sie schon wieder hungrig, und die Eltern kratzten verzweifelt etwas Eßbares zusammen, und wenn sie nichts hatten, erbettelten oder borgten sie etwas oder tauschten ihre letzten Fetzen gegen ein Stück Brot – nur um den drohend verlangenden Blick zu entschärfen. Oh, die Kinder waren sehr boshaft – mittags zitterten die Erwachsenen, wenn es ihnen nicht gelungen war, sie zu sättigen, mehr vor ihnen als vor den Gendarmen. Vor ihrem aggressiven Lebensinstinkt, der mit vollem Mund und anklagend seine Rechte einforderte und sie für alles verantwortlich machte, was geschah. Die zwölfjährige, schlaksige, ältlich wirkende Tochter eines Textilfabrikanten, die zuvor von den Nonnen von Notre-Dame de Sion im Kloster erzogen worden war, klagte ihre Mutter in der Nähe des Bahnhofs haareraufend und kreischend an: »Warum seid ihr Juden? Warum? Und wenn ihr schon Juden seid, wie konntet ihr es dann wagen, mich zu machen?« Aber auch in weniger extremen Fällen konnte man spüren, daß diese frühreifen, verzogenen, verhunzten, neurotischen Judenkinder ihre Eltern für schuldig hielten, denn nur Schuldige werden so entsetzlich bestraft! Die Eltern, in die Ecke gedrängt und hilflos, konnten sich nicht wehren: Wieso trifft uns das, draußen, jenseits des Bretterzauns, gehen die anderen Kinder ins Schwimmbad, schlecken Eis aus der Waffeltüte und fahren im Park Fahrrad – und uns hat man hier hinter den Bretterverschlag geschleppt, man hat uns die Kleider und unser Spielzeug weggenommen, man gibt uns nichts zu essen, und all das wegen der Schuld unserer Väter! Es ist ja noch die geringste Rache für all das, daß sie schreien und stampfen, daß sie sich nicht waschen und kämmen, daß Jungen und Mädchen in die Büsche kriechen oder auf den Dachboden, gemeinsam auf die Toilette gehen, während bei den Frauen die Periode wegbleibt und die erwachsenen Männer wie kastriert sind. Die Eltern treten noch hin und wieder mit mechanischem Entsetzen und starrer Zerstreutheit dazwischen, geben es aber auf halbem Wege wieder auf, weil sie zum Tor rennen, um von einem Ankömmling die neuesten Nachrichten zu erfahren – angeblich werden wir geimpft, was bedeutet, daß wir doch nicht umgebracht werden, denn wozu braucht ein Toter eine Impfung gegen Typhus, Cholera, Ruhr oder Diphterie?

Die Kinder werden also die Bohnen einfordern, aber sie futtern auch rote Bete und Rüben. Und wenn es die auch nicht gibt, braucht man sich keine Sorgen zu machen: sie werden eben uns Alte auffressen. Über die Kinder im Ghetto müßte man ein Extrabuch schreiben – über die *giovinezza*, die auch hier die gnadenloseste ist. Über die unglücklichen *balilli* der Gaskammern, die die Erwachsenen ständig in Schach hielten. Natürlich gab es auch liebe, gute, traurige und kranke Kinder, aber sie waren nicht typisch. In der zum Lager und Sammelplatz ernannten anderen Synagoge waren da noch die blinden, taubstummen und verkrüppelten Kinder, die auf Regierungsbeschluß aus den Heimen geholt worden sind. Und auch die psychiatrische Klinik hat ihre kleinen Idioten abgeliefert.

Und nicht nur die Kinder, sondern auch die blinden, taubstummen, verkrüppelten und irren Erwachsenen. Die Verrückten sprachen höchstens viel und fuchtelten herum, störten aber nicht: sie verhielten sich, als wäre alles, was geschah, die normalste Sache der Welt – die im Vergleich zu ihnen verrückt war. Und obwohl es jüdische Irre waren, gab es gleich drei Hitler und keinen einzigen Einstein, Bergson oder Marx unter ihnen. Auch die jüdischen Gefängnisinsassen wurden ins Ghetto gebracht –

dreien von ihnen glückte bereits in der ersten Nacht die Flucht. Man schleppte auch einen als Juden geltenden katholischen Priesterschüler aus dem Priesterseminar an – er ließ sich mit niemandem ein, war ein grimmiger Antisemit und betete den ganzen Tag laut für den deutschen Sieg. Und zwei Prostituierte von der venerischen Abteilung des städtischen Krankenhauses kamen ins Ghetto, weil sie bei der Sittenpolizei für fünfzig Pengö die Rubrik Religion in ihrer Registration fälschen ließen.

12.

Am Abend kehrten die Totengräber ins Ghetto zurück. Auf ihren sterbensmüden Gesichtern spiegelten sich Niedergeschlagenheit und Ärger wider, als könnten sie sich nicht damit abfinden, eine Chance – vielleicht die beste, die letzte – verpaßt zu haben. Sie waren also auf dem langen Weg zum Friedhof, die Schaufeln geschultert, hinter den Transportern hergetrabt. Zunächst war es erschreckend für sie gewesen, wieder hinter dem Bretterzaun hervorzutreten. Jetzt zeigte sich, daß der Zaun nicht nur eine Gefängnismauer, sondern auch ein Schutzwall war. Innerhalb dieser Planken waren sie eine Menge mit dem gleichen Schicksal, wenn auch in den Händen des Feindes, der aber in Uniform und deshalb von weitem erkennbar und schließlich nicht immer und überall präsent war. Jenseits der Planken aber waren alle Feinde – die ganze Stadt, die ganze Welt. Die Totengräber wagten weder nach rechts noch nach links zu schauen, fürchteten Bekannte wie Verbrecher den Augenzeugen, der sie erkennt und gegen sie aussagt. Die meisten Erniedrigungen mußten sie wieder von Frauen einstecken, und die Kinder warfen ihnen nicht nur grobe Beschimpfungen an den Kopf, sondern auch Steine. Sie hefteten sich ihnen an die Fersen wie den Blasmusikanten oder dem Zirkus, und sie blieben erst zurück, als der Gendarm sie anschnauzte, doch von weitem folgten sie ihnen noch lange. Die Totengräber überquerten den Marktplatz, die Bauersleute vom Wochenmarkt hockten auf ihren Fuhrwerken oder schliefen im Schatten: sie betrachteten sie mit nur mäßiger Neugier aus den Augenwinkeln, wie Leute, denen diese Angelegenheit egal ist, die es nicht wirklich angeht, die nicht verantwortlich dafür sind und sich auch nicht einmischen. Es ist eine Sache der Herrschaften und Gendarmen, ist also auch ein wenig unsympathisch – andererseits tragen auch diese Totengräber Beinkleider, sind also auch solche Behosten, und außerdem sind sie Juden, die den Herrn Jesus Christus ans Kreuz genagelt haben und die sogar noch unter der Haut Geld hatten, während den armen Leuten der Gerichtsvollzieher sogar das Fell abzog. Es ist Sache der Deutschen und der Herrschaften, nicht die ihre. Schließlich sind auch ihre Söhne draußen im Krieg, auch sie sterben. Die Bauersleute zuckten mit den Schultern.

Nur am anderen Ende des Marktes, vor dem Eisenwarenladen, geschah etwas Ermutigendes: ein kaum zwanzigjähriger Arbeiter in zerlumpter Kleidung stand entschlossen, die Hände in den Hosentaschen, da und flüsterte: »Geduld, Herr Friedländer, es dauert nicht mehr lange. Budapest hat diese Nacht wieder eine Ladung abbekommen, und die Russen stehen schon bei Rahó.« Also vielleicht doch noch? – das Rennen blieb bis zum letzten Moment unentschieden. Vielleicht gelangten die russische Armee oder die Alliierten doch noch eine Nasenlänge eher ins Ziel. Oder die Regierung kommt doch noch zur Vernunft und sieht ein, daß man sein Konto zu Kriegsende nicht mehr so irrsinnig belasten sollte. In dieser nachdenklichen, hoffnungsvollen Stimmung trotteten sie weiter in Richtung Friedhof.

Sie breiteten neunundvierzig Tote – in welch furchtbarem Zustand und Gestank – auf dem dreckigen, unkrautübersäten Rasen aus, und als hätten alle Schmeißfliegen der Welt im voraus gewußt, daß es eine große Bestattung geben würde, hatten sie sich allesamt auf dem Friedhof von Großwardein-Velence versammelt. Auf die Nachricht von der Massenbeerdigung kamen auch die fünf angestellten Totengräber des jüdischen Friedhofs aus den umliegenden Kneipen hinzu, die diese vornehmen Gelegenheits-Totengräber schon lange kannten, denn die meisten hatten ihre Eltern oder Verwandten schon früher einmal hierher begleitet. Der Gendarm, der im Ghetto beim Aufladen der Leichen noch knarrende Befehle ausgegeben hatte, verhielt sich nun draußen anders, war seltsam und verdächtig still geworden. Es hatte die Totengräber schon überrascht – den einen von ihnen angenehm, bei dem anderen eher Argwohn erwekkend –, als er die spottenden und Steine werfenden Kinder mit einem Rucken an seinem Gewehr verscheucht hatte. Als er jetzt die Berufstotengräber sah, forderte er sie auf:

»Hört mal, Leute, ihr seid doch Experten, helft ihnen!«

Sie machten sich auch sogleich daran und steckten fachmännisch das Massengrab ab. Sie holten ihre alten, abgewetzten Spaten aus dem Geräteschuppen, und schon gewann die Grube zusehends an Tiefe. Auch die Juden gruben, und nur am Anfang gab es eine größere Aufregung, als jemand einen der Seinen unter den Toten erkannte. Dann gruben sie nur noch düster, schwitzend und mühsam, wobei sie immer wieder ängstlich und eilfertig zu dem Gendarmen lugten. Es waren Rechtsanwälte, Dozenten und Beamte, doch die meisten verstanden sich auf Erdarbeit, denn sie alle waren in den letzten vier Jahren per Eilbescheid einberufen worden, um Heeresstraßen oder in den Karpaten Befestigungen gegen die Russen oder Bunker am Don zu bauen oder um einfach nur in der Erde herumzuwühlen, nur um nicht zu Hause zu sein, ihren Beruf auszuüben und den Ariern Konkurrenz zu machen. Aber auch wenn sie etwas davon verstanden, wären sie ohne Hilfe der Profis bis zum nächsten Morgen nicht mit dem Grab fertig geworden. Erst hier stellte sich heraus, wie erschöpft die Männer aus dem Ghetto vor Hunger, Durst und Schlaflosigkeit waren, und einige unter ihnen waren auch schon in der Brauerei zusammengeschlagen worden. Einer nach dem anderen machte schlapp. Der Gendarm sah sie nur an, sagte kein Wort, wandte sich ab und spazierte zwischen den Gräbern auf und ab. Er sagte auch nichts, als die Frauen der richtigen Totengräber Wasser in Krügen anschleppten und Angestellte, flüchtige Bekannte, Nachbarn und Kunden – die Außenseiter, mit denen man einst keine näheren Kontakte unterhalten hatte, und jetzt waren es ausgerechnet sie, die Wind davon bekommen hatten, daß Friedländer und fünfzig andere auf dem Friedhof arbeiteten – Lebensmittelpakete, Zigaretten und Zeitungen brachten. Sie waren es, die anstelle der Freunde, der Schuldner, der einstigen Freimaurer- und Stammtischbrüder kamen, und als sie sahen, daß der Polizist keine Schwierigkeiten machte, wagten sie sich auch näher heran – bis sie schließlich zusammen mit den Juden auf den alten Gräbern hockten, Instruktionen und Botschaften in ihre Notizbücher schrieben, mit dem Fahrrad in die Stadt eilten und zurückkamen, weil sie irgendeinen wichtigen Auftrag erledigt hatten. Da die Juden den echten Totengräbern kein Trinkgeld zahlen konnten, waren die es, die ihnen Schnaps und Speck brachten. Dann kamen auch ein paar ältere Dienstmädchen aus der Stadt herbeigelaufen, die erfahren hatten, daß ihr ehemaliger Brotgeber in Velence ein Grab schaufelte. Sie weinten ein wenig mit ihnen, brachten ein paar hastig zusammengestellte Speisen und erkundigten sich mit zittriger Stimme nach den Kindern. So verstrich der Tag, und das Massengrab wurde allmählich fertig. Der Gendarm war jetzt aus dem Friedhof hinaus spaziert, vor dem Tor betrachtete er ausgiebig den Weinberg und darauf die Villen mit den roten Ziegeldächern, die weißgetünchten Kelterhäuser und den Kreuzweg mit der roten Kuppel. Er stammte aus einem anderen Landstrich, aus der Tiefebene, und musterte nun aufmerksam diese andersartige Gegend, diese Landschaft am Rande Siebenbürgens, von wo aus die Berge zu schneebedeckten Gipfeln wachsen. Dann kam er gemächlich zurück, und die herumsitzenden Leute sprangen erschrocken und gehorsam von den Grabsteinen auf. Der Gendarm aber sagte: »Bleiben Sie ruhig sitzen. Wem gehören denn diese Kelterhäuser dort?«

Vier von den fünfzig Totengräbern waren Besitzer von Weinbergen mit hübschen Sommerhäusern gewesen. Wenn die Schule vorbei war, zogen die Familien hinauf, und die Väter spazierten nach Geschäfts- oder Büroschluß auch auf den Berg oder nahmen bei schlechtem Wetter jeweils zu viert ein Taxi. Die Luft dort oben ist herrlich, und wissen Sie, fünfzig Kilometer von hier sind die Berge bereits zweitausend Meter hoch. Und der Wein ist auch gut – erklärten sie dem Gendarmen, den sie für einen Saufbruder hielten, voller streberhaftem Fachwissen –, er hat das Bukett von Sand- und Bergwein. Und einer nannte sogar den Säuregehalt des Weines...

Der Gendarm hörte sich alles ernsthaft und interessiert an, verschwand dann wieder und kam erst eine halbe Stunde später zurück. Er war um die vierzig, hatte ein kluges Tatarengesicht, einen roten Schnurrbart und ergrauendes Haar. Der Mann sah seine Truppe an, als läge ihm etwas auf der Zunge, was er aber nicht ausspricht, weil er es sich anders überlegt hat. Dann ging er wieder weg und kam wieder. Es wurde drei, dann vier Uhr. Außer den Friedhofsangestellten arbeitete nun niemand mehr. Die Väter, Geschwister, Freunde und Kinder gelangten nacheinander ins Grab. Die Arbeit war fast getan, es mußte nur noch Erde über sie geworfen und der Hügel aufgeschüttet werden.

Da deutete der Gendarm auf Friedländer:

»Sie mit dem blonden Schnurrbart, kommen Sie mal her!«

Und dann sagte der Gendarm mit normaler Stimme, von Mensch zu Mensch:

»Hören Sie mal, mein Herr... Sagen Sie diesen Leuten... wer verschwinden will, soll verschwinden... Sie werden sowieso nicht gezählt. Sie sind jetzt wie Heu. Es gibt keine Namenslisten. Der Wagen wird nicht angehalten, wenn unterwegs etwas herunterfällt. Es sollten aber nur gewiefte Leute abhauen, denn wer erwischt wird, für den ist Schluß.«

»Ist das Ihr Ernst, Herr Feldwebel?«

»Die rumänische Grenze ist fünf Kilometer entfernt. Wer es wagt, soll es versuchen!«

Friedländer taumelte zu den Leuten zurück. Stammelnd erklärte er ihnen, was der Gendarm ihnen vorschlug. Sie standen auf und konnten sich nicht von der Stelle rühren, sie blieben wie angewurzelt stehen. Sie berieten sich flüsternd und mißtrauisch. Vielleicht ist das eine Falle – sie laufen los, und er knallt sie von hinten ab. Und selbst, wenn er es gut meinte... wo sollten sie denn hingehen? Auf der Landstraße wimmelte es von Soldaten und Gendarmen, es könnten ihnen Bekannte begegnen... Schon nach zehn Schritten würde man sie wieder festnehmen. Hinter jedem Weinbergzaun lauerten bekannte Winzer, Sommerfrischler aus der Stadt und bösartige Frauenzimmer. Und selbst, wenn sie es bis zur Grenze schafften, die tatsächlich nur fünf Kilometer entfernt war, wie umgehen sie die Grenzer? Und sollten sie es dann über die ungarische Grenze geschafft haben, würde sie nicht der erste rumänische Grenzbeamte abknallen? Auch da drüben sind ja die Deutschen, die eiserne Garde, Antonescu... auch die hatten ihre Juden an den

Dnjestr deportiert… Aber selbst wenn die Rumänen sie doch nicht abknallten – was würde aus der zurückgebliebenen Familie im Ghetto? Man kann doch die Familie, die Eltern, die Kinder und die Frau nicht einfach ohne Mann zurücklassen. Sollten sie deportiert werden, wären sie ohne Männer doch verloren. Auch wenn sie davon gehört hatten, daß man die Familien auseinanderriß, daß es getrennte Frauen- und Männerlager gab – was würde die Familie im Ghetto sagen, wenn der Mann und Vater davonliefe?

Es fand sich nur ein einziger Totengräber, der rothaarige Grosz, der bereit war zur Flucht. Der rote Grosz war erst vor kurzem aus der Ukraine zurückgekehrt. Während ihn dort die Flöhe aufgefressen hatten, hatte sich seine Frau mit einem arischen Hilfsnotar eingelassen und all sein Geld beim Rommé verspielt. Dem rothaarigen Grosz war es jetzt egal: schlimmstenfalls würde ihn der Gendarm eben erschießen. Hinter den Büschen riß er sich den gelben Stern von der Brust – dann trat er hinaus auf die Landstraße. Er ging die Straße entlang, erst etwas taumelnd, dann sicherer, langsam, dann immer schneller, fast im Laufschritt. Der Gendarm drehte ihm den Rücken zu, und die Totengräber starrten ihm gebannt nach. Dann verschwand der rothaarige Grosz in der Staubwolke einer Wegbiegung. Unterdessen war das Massengrab mit einem kleinen Buckel von einem halben Meter fertig. Die richtigen Totengräber glätteten ihn noch ein paar Minuten lang mit dem Spatenrücken.

»Leute, Abmarsch!« kommandierte der Gendarm barsch. Dann winkte er Friedländer erneut zu sich:

»Was seid ihr doch für feige Menschen! Was soll ich

bloß mit euch machen? Ich weiß, daß meine Familie in einem halben Jahr dafür ausgerottet wird, was die Gendarmerie hier macht. Aber wer von euch am Leben bleibt, soll nicht vergessen: Korporal Sándor Torma aus Kaposmér wollte euch helfen. Die Spaten schultern!« brüllte er, und die Totengräber stellten sich in Reih und Glied auf. Der im Sonnenuntergang rot glitzernde Staub beleuchtete sie wie ein bengalisches Feuer. In der Stadt herrschte eine schmierige, stickige Hitze, und es schien, als seien die Menschen in dieser Hitze selbst zum Hassen zu erschöpft. Niemand schien sie diesmal zu bemerken – Männer in Hemdsärmeln lasen am Fenster Zeitung und schauten nicht einmal auf, spärlich bekleidete Frauen gossen die Pflanzen und verbargen ihre Gesichter in den Blumentöpfen. Aus den Rundfunkgeräten, die wegen der Luftangriffe ständig liefen, drangen Schimpftiraden auf die Russen, die Engländer, diese Luftgangster. Weder von den Straßenbahnplattformen noch von den Ladentüren schaute sie jemand an. Als seien sie unsichtbar geworden.

Bei der Löwenapotheke, in der Nähe des Ghettos, hörten sie plötzlich, daß ihnen jemand hinterherlief, und erschrocken wandten sie sich um. Es war der rothaarige Grosz, der ihnen, weiß vom Staub, nachrannte. Selbst sein unbedeckter roter Kopf war weiß. Auch der Gendarm drehte sich scharf um. Er blieb stehen, stampfte mit dem Fuß auf und spuckte aus. Der rothaarige Grosz reihte sich schnurstracks ein, mischte sich unter die anderen und lief im Gleichschritt mit, als sei er niemals aus der Reihe getreten. Folgendes war geschehen: Er war ein Stück gelaufen, dann gerannt, bis ihn ein Bauernfuhrwerk einholte. Die Bauern hatten ihn nicht einmal beachtet. Ein Auto voller Offiziere und Frauen war an ihm vorbeigefahren – man würdigte ihn keines Blickes. Hundert Schritte weiter kam ihm ein Gendarm auf einem Fahrrad entgegen. »Jetzt ist es aus mit mir«, dachte er bei sich. Doch der Gendarm auf dem Fahrrad fragte ihn nur: »Wie spät ist es Bruder?« – »Ich habe keine Uhr, aber es ist wohl Viertel sechs.« Er ging weiter, mit kalten Füßen, Menschen begegneten ihm, Fuhrwerke, Autos und Lastwagen fuhren an ihm vorüber, und kein Schwein fragte ihn, was er auf der Landstraße suche. Er war schon am Wald, nur noch drei Kilometer von der rumänischen Grenze entfernt, als er plötzlich das Gefühl hatte, nicht mehr weiter zu können... die nervliche Anspannung nicht mehr auszuhalten... Da kam ihm ein düster aussehender Mann mit grünem Hut und weißem Schnurrbart entgegen. Er sah aus wie ein Vorsitzender der Pfeilkreuzlerpartei. Er sah Grosz nur an und sagte: »Nur zu, mein Freund, nehmen Sie die Abkürzung zum Freibad, gehen sie außen herum und dann links!« Hinter dem Park des schönen Bischofsbades lag nämlich bereits die rumänische Grenze. Er hat mich erkannt, schauderte es Grosz, er wird gleich jemandem Bescheid sagen!

Zwei ältere Landsturmmänner kamen aus dem Gebüsch. Sie nestelten an ihren Hosenriemen, nachdem sie wohl ihr Bedürfnis verrichtet hatten. Der rothaarige Grosz schlug soldatisch die Hacken zusammen, wie er es beim Arbeitsdienst gelernt hatte, und salutierte:

»Herren Soldaten, ich bin aus dem Ghetto geflüchtet. Bitte begleiten Sie mich dorthin zurück!«

»Der Teufel wird Sie begleiten. Fliehen Sie von mir

aus, wohin Sie wollen!« wimmelte ihn einer von ihnen ab. Sie gingen befremdet weiter.

Da stand er nun mitten auf der Landstraße wie angewurzelt und wartete bereitwillig, daß ihn jemand festnehmen würde. Leute gingen an ihm vorüber, aber niemand wollte etwas von ihm. Er riß sich noch einmal zusammen und versteckte sich wieder im Wald. Nun gut, aber zu wem sollte er in Rumänien gehen? Er kannte niemanden, er hatte weder eine Adresse in Arad noch in Belényes. Und er hatte keinen Heller... kein Stück Wäsche zum Wechseln... So ging das einfach nicht. Er hätte es vorher mit irgendwelchen Schmugglern planen müssen... So sammelte er im Kopf die Gegenargumente. Ohne Plan ging es nicht, das wäre der sichere Tod! Und da drehte er sich plötzlich um und rannte los. Wäre er angehalten worden, hätte er sich gewehrt, hätte vielleicht sogar jemanden niedergeschlagen und würde jetzt blindlings in die Welt hinauslaufen. Da er jedoch nichts verbrochen hatte, bat er die Obrigkeit, die Macht auch schon um Verzeihung – er habe nur ein bißchen gebummelt, sei nur ein wenig hinter den anderen zurückgeblieben. Dafür kann er doch keine große Strafe kriegen, und überhaupt... Der Gendarm war auch mit schuld... Der hat ihn doch sozusagen reingelegt... Er wird den Vorfall ja auch nicht melden, er kann froh sein, wenn er vertuscht wird... Und so rannte und rannte er, wie ein Abgehängter hinter dem Fuhrwerk herhechelt, und nun fürchtete er nur noch, bei der »Rückflucht« aufgehalten zu werden und die Gruppe nicht mehr zu erreichen, bevor sie das Ghetto betrat. Er hatte Angst, allein um Einlaß bitten zu müssen. Er rannte und ließ sich sogar ein Stück mit dem

Sodawasserwagen mitnehmen – dem Kutscher gab er seine letzte Zigarette, die er aus seinem Mantelfutter hervorpulte. Und bei der Löwenapotheke holte er sie endlich ein. Als er sich einreihte, streifte er mit einem erleichterten Seufzer Angst und Aufregung ab, die ihn zu sprengen drohten. Auf seinem Gesicht die Büßermiene eines Menschen, der eine Befehlsverweigerung zugibt, seinen Fehler aber sogleich wieder gutgemacht hat. Er warf dem Gendarmen einen flehenden streberhaften Blick zu: Sehen Sie, Herr Feldwebel, hier bin ich, ich mache keine Unannehmlichkeiten.

Der Gendarm musterte ihn verächtlich aus den Augenwinkeln und brüllte:

»Ein bißchen dalli, verflucht noch mal, ihr Saujuden!« Und er salutierte stramm einem entgegenkommenden Oberstleutnant, der die Ehrenbezeugung mit großem Behagen entgegennahm.

Vor den Totengräbern öffnete sich das Ghettotor. Der rothaarige Grosz schlüpfte drängelnd und selbstvergessen hinein, wie die hypnotisierte Antilope in den Rachen der Riesenschlange.

13.

All das erzählte mir Friedländer, als er bei mir auf der Matratze saß. Mich überraschte es nicht, daß der rothaarige Grosz erst versucht hatte zu fliehen und dann zurückgeflohen war. Wie oft hatte ich so etwas draußen in der Ukraine gesehen. Irgendeiner der Jungs, den man an einem Hitzetag halbtot gehetzt oder bei eisigem Wetter durch den Schnee hüpfen oder kriechen lassen hatte, beschloß, das nicht länger mitzumachen. »Morgen haue ich ab, es reicht!« Er verschwand auch im Morgengrauen oder in der Abenddämmerung, als wir am Wald vorbeimarschierten. Er huschte zwischen die Bäume und lief Richtung Osten los – denn die Russen waren im Osten, und der Wald war voller Partisanen. Da lief er nun ein, zwei Stunden durch den Wald, durch Gestrüpp und Disteln oder Schneewehen, stolperte hier über einen Baumstumpf, sank dort in Bülten ein, trat in meterhohe Ameisenhaufen, in eine schneeverwehte Uferaushöhlung – das ganze Gebiet eine einzige Falle! Dann klapperte irgend etwas; Schritte, Raunen, Geräusche und Echos, von weitem ein Schuß – dann nahmen alle Baumstümpfe und Panzerwracks menschliche Gestalt an und verwandelten sich in bewaffnete Aufseher, in deutsche Feldgendarmen. Und dann stellte sich heraus, daß der Weg, der bisher konsequent durch hohes Moos führte, im Nichts endete. Und die durch die Bäume scheinende Sonne oder der Mond, die bisher vor ihm waren, standen ihm unversehens im Rücken. Und da stand er nun allein, ohne Landkarte, Kompaß und felsenfeste Entschlossenheit, und in seinem Brotsack nur ein Stück Brot und ein wenig Marmelade. Ein Wahnsinn, so aufzubrechen! Und der Abend, der phantastische russische Abend – hier geht die Sonne nicht so unter wie bei uns. Wenn sie den Horizont erreicht, stürzt sie plötzlich ab, als hätte sie bis dahin an einer Schnur gehangen, und jemand hätte die Schnur mit einem Taschenmesser durchtrennt. Ohne

Übergang kommt die dichte, schwarze Dunkelheit, und als sei durch diese plötzliche Nacht alles, was einen Laut von sich geben kann, zu Tode erschrocken, wird es vollkommen still. Nachtkäfer und Vögel schweigen. Das Wild war dem Krieg erlegen oder hatte sich irgendwohin nach Osten verzogen, wo man keine Angst vor den Menschen haben mußte. Das ganze ist, als sei man in einen tiefen Brunnen gefallen, in den kein Ton von oben herabdringt und von wo man auch den Himmel nicht sehen kann. Und nun steht der geflohene Zwangsarbeiter in der Dunkelheit, in der Stille und der Ausweglosigkeit – und beginnt verzweifelt, sich mit allen Mitteln aus dem Brunnen nach oben zu kämpfen. Nur irgendwie herauskommen, wenigstens auf die Landstraße zurückfinden, von wo er zurücktaumeln kann in die niedrigste Sklavenschaft, wo er – ob er nun totgeschlagen wird oder nicht – wenigstens mit den anderen, den unterwürfig und hinterhältig hassenden Häftlingen, zusammen ist. Wo er den Gegenständen, Schatten und eigenartigen Geräuschen wenigstens nicht allein gegenübersteht, wo er sich nicht allein zurechtfinden muß, denn alles ist leichter, was einem nicht allein zustößt. So kamen fast alle Flüchtlinge wieder zurück, sie flohen aus der erschreckenden Freiheit zurück in die zum Tode verurteilte Sklavengemeinschaft. Der Hund, der von seinem Besitzer erbarmungslos verprügelt wird, trottet von zu Hause fort, doch selbst, wenn er in den Wald flieht, bleibt er nicht dort, obwohl er doch vom Wolf abstammt. Der Hund schleicht zurück ins Haus und kann es kaum erwarten, endlich seine Prügel zu bekommen, wieder an die Kette gelegt zu werden und seinen Knochen zu bekommen.

Es gab immerhin schon einige unter uns, in denen für einen Moment die Wolfsnatur aufblitzte. Und dieses Aufblitzen war ein Wunder, denn nach Ende des Ersten Weltkrieges hatten auch diese Jungs faschistische Schulen besucht, die zu Haß gegen die Revolutionen und jegliche Freiheit erzogen. Die meisten von ihnen dienten vor ein paar Jahren noch in der Horthy-Armee, wo ihnen eingetrichtert worden war, alles zu hassen, und wenn nötig, gegen alles aufzutreten, was mit Freiheit zu tun hat – gegen Liberalismus, Demokratie, westliche Kultur und Bolschewismus, und man brachte ihnen sogar bei, sich selbst zu hassen, weil sie Juden waren. Und in der konterrevolutionären Armee Horthys, die eigentlich die ganze Zeit die Weiße Garde des Weißen Terrors war, versuchten diese Kleinbürgersöhne ständig, mühsam zu beweisen, daß sie bessere Patrioten, exzellentere, härtere und gleichzeitig gehorsamere Soldaten waren als die christlichen Ungarn. Der Präfaschismus ließ den loyalen und politischen Juden eine Nische, in der sie ihren Geschäften nachgehen konnten, vorausgesetzt, keiner der Machthabenden hatte es auf dieses Geschäft abgesehen. Und es blieb ihnen sogar die Möglichkeit, sich auf ihre Weise des Lebens zu freuen. Sie empfanden es nicht als Verletzung ihrer Würde, daß ihre Söhne nicht auf die Universität durften. Wenn sie wollten, konnten sie sie nach Prag, Brünn oder Paris schicken, am liebsten aber nach Bologna, Genua oder Rom, denn der italienische Faschismus gefiel ihnen, sie bewunderten Mussolini, der kein Antisemit war, Ordnung schuf, Autobahnen baute, deren Kurven die Budapester fast so gut kannten wie die zwischen Budapest und Siófok. Und obzwar es in Budapest Antisemitismus gab, konnten Hochzeitsreisende auch jetzt noch nach Vendig fahren und sich immer noch vor der Fahnenstange von San Marco fotografieren lassen wie ihre Eltern zur Zeit des Liberalismus. Und wenn sie nach Hause kamen, erzählten sie den Budapestern begeistert, daß Roms Militärkommandant ein Jude sei, daß es keine Bettler gebe und die Milizen in ihren schwarzen Hemden höflich seien – und natürlich, daß die Züge auf die Minute pünktlich verkehrten.

So wurden sie Soldat in der konterrevolutionären Armee, geehrt, daß das antisemitische System ihnen als Juden doch ermöglichte, Soldat zu sein, ja sogar einen Rang zu tragen. Und so standen sie mit Herz und Seele auf seiten der Staatsmacht und hielten eine strengere Disziplin ein als die aktiven Offiziere. Dabei litten sie aber unter ihrem Judentum – ihnen erging es wie Mr. Georges, dem schwarzen Anwalt aus Dakar, der bei Ausbruch des Krieges als Leutnant in die französische Armee einrückte. Als er ins Hotel kam, um sich von seiner weißen blonden Freundin zu verabschieden, die unsere Zimmernachbarin war, schlossen wir Bekanntschaft. Der Neger legte dar, daß er Faschist, Nürnberger Rassenschützer sei, Daladier, Blum, Cachin, doch am meisten Diagne hasse, den schwarzen Vizepräsidenten des Abgeordnetenhauses, der ein genauso verkommener und korrupter Demokrat sei wie die ganze Bande, die Frankreich jetzt ins Verderben stürze. »Aber Mr. Georges«, warf ich empört ein, »wenn es diese Herren nicht gäbe, würde man Sie und die Ihren noch jetzt im Hafen von Dakar als Sklaven verkaufen!« – »Das wäre auch richtiger! Ich kenne die Neger, die verdienen nichts Besseres.« So formte die Erziehung und der Zwang des Vierteljahrhunderts einen nicht geringen Teil der bürgerlichen Jugend der ungarischen Juden. Und als man ihnen plötzlich die Uniform auszog und ihnen den gelben Stern aufnähte und sie auf die niedrigste Stufe der menschlichen Existenz stieß, konnten viele immer noch nicht vergessen, daß sie als Juden an der Macht des antisemitischen Vaterlandes teilgehabt hatten. Auch während der schlimmsten Heimsuchungen gab ihnen diese stolze Erinnerung innere Haltung, und das verlieh ihnen die Kraft, es zu ertragen, wenn ein rangloser Soldat auf ihnen herumtrampelte. »Letztes Jahr noch stand der Hund stramm vor mir wie ein Pfahl!« zischten Leutnants und Kadetten vom letzten Jahr, wenn sie in ihren zerschlissenen Lumpen, verdreckt und verlaust mit der Nase im Staub über die Erde krochen. Von dieser Heimat, von diesem System, das ihr Henker geworden war, erwarteten sie noch immer die Rehabilitation. Und wer weder Offizier noch Soldat war, erinnerte sich daran, daß man im vergangenen Vierteljahrhundert mit ein wenig Opportunismus, Korruption und Geschick ganz gut hatte leben können, wenn man weder Revolutionär noch ein Bolschewik war und den Mund nicht zu weit aufriß. Der Jude soll nicht politisieren, das ist nicht Sache des Juden, sondern die der Christen, denn die sind in der Mehrheit! Der Jude soll sich nur um seine Familie kümmern und Geld verdienen. Daß der deutsche Nazismus für sie persönlich gefährlich war, merkten sie erst, als Hitler in Österreich einmarschierte. Doch als die Deutschen in Europa einen Sieg nach dem anderen errangen, erklärten sie einander mit beängstigendem Optimismus: Wenn Hitler den Krieg gewinnt, wird er aufhören mit dem Antisemitismus, denn dann hat er ihn nicht mehr nötig. Und selbst draußen im russischen Winter mit seinen 35 Minusgraden oder in der verzehrenden Hitze fanden sie noch Erklärungen und mildernde Umstände für die Grausamkeit, die ihnen zugefügt wurde. »Es ist schließlich verständlich«, erklärten sie einander, »daß jüdische Wehrpflichtige nicht zu Hause herumhängen können, wenn die Christen eingezogen werden! Das würde böses Blut machen und den Antisemitismus verstärken.« Oder eine andere Version: »Die Deutschen haben die Juden von der Regierung gefordert. Man hat uns hierher in die Ukraine gebracht, damit wir nicht ausgeliefert werden müssen. Hier sind wir in ungarischer Hand. Hauptsache, wir überleben, bis die ›Ablösung‹ kommt.« Daran glaubten sie selbst noch, als die Räuberhauptmänner von Kompanieführern ihnen grinsend mitteilten, daß sie hergebracht worden sind, um hier zu verrecken – für sie würden die Regeln und Begünstigungen für Soldaten genauso gelten, in einem halben Jahr würde die »Ablösung« kommen, sie würden in den Waggons wieder heimfahren, in ihrem Quartier ausgemustert, und dann würden sie sich im Rudas-Bad die Ukraine aus dem Körper massieren lassen. Eine Woche lang keine Arbeit, nur Kaffeehäuser und abends Lokale – na, und dann würde man sehen müssen, wovon man lebte. Auch, wenn sie häufig Rache gegen ihre Peiniger schworen, dachten sie dabei vor allem an Einzelaktionen: Sie würden dem Aufseher – einem Schaffner bei der Stadt- oder Fernbahn, einem Amtsdiener beim Magistrat oder einem Pedell aus der Berufsschule – auf dem Heimweg auf der Straße auflauern und ihm tüchtig das Leder gerben. Sie haßten die Aufseher, aber mit Ambivalenz, denn gleichzeitig hatten sie auch den Ehrgeiz, von diesem oder jenem freundlich angesprochen zu werden. Sie freuten sich, wenn der Aufseher zu einem blöden Witz aufgelegt war oder sie mit einem persönlichen Auftrag auszeichnete. Und die meisten leisteten harte Arbeit, erledigten die immer furchtbar schwere und meistens sinnlose Tätigkeit im Wetteifer miteinander und waren stolz darauf, so gute Arbeiter zu sein. Die Unbeholfeneren, die der Aufseher gnadenlos verhöhnte, lachten sie ebenfalls aus und verachteten sie, ja sie herrschten die grotesken Schwachen sogar an, die mit der Hacke so gar nicht umgehen konnten und unter dem zentnerschweren Hafersack zusammenbrachen.

Ich war der Älteste unter ihnen, und man war, weniger aus Rücksicht auf meine Tätigkeit daheim als vielmehr auf meinen Offiziersrang aus dem Ersten Weltkrieg, mit mir zumeist solidarisch und zuvorkommend und half mir bei der Arbeit, die meine körperlichen Kräfte überstiegen.

Als ich während eines Luftangriffs und Minenexplosionen tief in den Pripjat-Sümpfen in einer Holzbaracke vors Kriegsgericht gestellt wurde, machte man für mich mit echter Zivilcourage entlastende Zeugenaussagen vor dem Kommandanten, der mich – da er es nicht geschafft hatte, mich kurzerhand von den Soldaten erschlagen zu lassen – gern legal wegen Aufwiegelung hätte erschießen lassen. Wie gesagt, in schweren Momenten gab es unter ihnen Solidarität und Mut, mir gegenüber sogar Zuneigung. Es kam aber auch vor, daß sie der ständigen Rücksichtnahme überdrüssig waren und einer von ihnen mich anfuhr: »Damit du es weißt, du bist auch nur so ein Sch... jude wie ich.« Mich kränkte das nicht, da ich wußte: wäre Einstein hier gewesen, hätte früher oder später selbst er das gleiche von ihnen zu hören bekommen. Die kleinbürgerlichen Juden sind stolz darauf, wenn sich jemand unter ihnen hervorhebt, doch sie dulden nicht, daß er diesen Unterschied selbst betont. Sie betrachten es als Angeberei, Aufschneiderei, ja fast als Fahnenflucht, wenn jemand nicht auf die gleiche Weise Jude ist wie sie. Aber vielleicht war ich auch nicht anders als sie. Dennoch war ich verblüfft, als einer meiner Gefährten nach Beginn der russischen Offensive, während ich fieberhaft auf den nahenden Kanonendonner lauschte, verzweifelt sagte: »Entsetzlich, jetzt kriegen wir die Russen an den Hals! Sollen die meinetwegen im Westen den Krieg gewinnen, aber hier sollen sie stillhalten. Was wird denn beim Rückzug? Die erledigen uns alle!«

In ihren Brieftaschen trugen sie die Fotografien ihrer Frauen und Kinder bei sich, die holten sie jetzt hervor, zeigten sie herum, küßten sie, und die militärischen und politischen Nachrichten bewerteten sie nur danach, ob diese sie der Heimkehr näherbrachten oder nicht. Sie rackerten, marschierten, apportierten, und all das nur, um nach Hause zu kommen.

Es gab unter ihnen brillante Jungs, Männer mit hervorragendem Charakter, intelligent, gebildet und begabt, doch die meisten sind durch die fast überall mißglückte Menschenmassenproduktion der Zwischenkriegszeit so geworden, wie sie sind. Sie konnten nichts dafür, sie waren in der Fabrik der Zeit gefertigt worden.

Mich, der ich bislang in meiner eigenen literarischen,

politischen und intellektuellen Umgebung gelebt hatte, überraschte und bedrückte dieser trostlose Bildungszustand des jüdischen Kleinbürgertums. Na klar, die Schule, der Numerus clausus, verhinderte seit 1920, daß diese lernwillige Schicht sich bildete und einen zuverlässigeren Geschmack entwickelte. Aber es erfüllte mich geradezu mit Scham, wenn ich sie nach den schrecklichen Arbeitstagen auf den Strohlagern von Stücken und Filmen schwärmen hörte, die gespielt wurden, nachdem die jüdischen Leiter, Dramatiker und Schauspieler bereits aus den Theatern und von den Leinwänden verjagt worden waren. Zwar habe ich es immer für übertrieben gehalten, dem Theater eine besondere politische Bedeutung zuzuschreiben – doch diese Schauspieler hatten tatsächlich jeden Tag eine politische Äußerung gemacht, und irgendein politischer Hanswurst erklärte in den Zeitungen, man müsse Juden, Engländer und Franzosen von der Bühne jagen. Ein Fagottist aus dem Orchestergraben vertrieb Meyerbeer, Mendelssohn, Offenbach und Halévy, ja sogar Bizet, wegen seiner jüdischen Frau. Diese Dinge berührten in der Vergangenheit gerade die jüdischen Kleinbürger besonders empfindlich – ich dachte, sie würden keinen Fuß mehr in die Theater setzen. Und nun hörte ich vor dem Einschlafen, wie sie diese Irredentisten- und Soldatenoperetten und Filme besprachen und für Schauspieler und Schauspielerinnen schwärmten, deren Namen ich nie gehört hatte. Allerdings war ich auch zu der Zeit kein regelmäßiger Theaterbesucher gewesen, als die Schauspieler noch nicht täglich das jüdische Publikum beschimpften. Aber sie waren weiter hingegangen, bis sie zur Zwangsarbeit einberufen wurden, und bis zum letzten Abend gelang es ihnen nicht, sich aus dem Bann des kleinbürgerlichen Paradieses zu befreien, zu dem bereits die vorangegangene Epoche das Theater hatte verkommen lassen. Diese Jungs ließen sich auch weiterhin vom Theater zum Lachen bringen und rühren, als das Theater sie bereits offiziell verabscheute und der Politik als ein Mittel diente, den Haß gegen sie zu schüren.

Sie waren durch so viele Fäden mit diesem System verbunden, von dem doch ein Blinder sah, daß es sie schließlich hierher, zu den Chassidim, in die Gaskammer oder in die Donau führen würde – sie gehörten auch mit ihrem Geschmack und ihren Vorlieben eng dazu. War es also verwunderlich, daß sie sich einerseits aus Angst vor grausamer Vergeltung, andererseits, weil sie sich in diesem System am heimischsten fühlten, nicht davon losreißen, ja selbst dann nicht davor fliehen konnten, als es lebensbedrohlich für sie wurde? Ich war damals nicht bei den Jungs, sondern war mit dem »Abfall des Jahrhunderts«, den verrufenen »Proleten« und einigen jüdischen Dieben und Einbrechern aus Friedenszeiten als Minenräumer nach Unieca »versetzt«, in der Annahme, binnen weniger Tage würde uns eine Mine in Stücke reißen. Wir lachten uns aber ins Fäustchen, weil es das Schicksal nie besser mit uns gemeint hatte; unser Kommandant war ein rechtschaffener älterer Pionieroffizier, und auch die Pioniere, lauter Familienväter, waren uns gegenüber recht duldsam. Der Wald war, wie überall, voller Partisanen, wir konnten nur am Rand Bäume fällen. Es trafen Nachrichten aus Jeljonka ein, die Aufseher seien den ganzen Tag betrunken, würden ein unmögliches Arbeitspensum fordern, alle in Fesseln legen, die Verpflegung stehlen und sich den Jungs gegenüber zu ungewöhnlichen Niederträchtigkeiten hinreißen lassen. Hier mußten sie sich nicht einmal vor dem seltenen Stabsoffizier oder Oberstabsarzt fürchten, dem es in einer größeren Garnison doch aufgefallen wäre, wenn ihre Unmenschlichkeit die Grenze überschritt, die jeder für selbstverständlich hielt. Hier, allein mit den Jungs, konnten sie wie im Traum alles tun: sie wurden von keiner Zensur, von keinem tatsächlichen oder moralischen Hindernis gehemmt. Die Partisanen beobachteten dieses tollwütige Treiben eine Woche lang aus dem Wald, und am Sonntagmorgen mischten sie sich dann ein: sie überrumpelten die Aufseher, erschossen zwei, die anderen liefen davon. »Na, ihr Juden, jetzt seid ihr frei. Kommt uns nach!« riefen die Partisanen russisch, ungarisch und jiddisch. Für wen es reichte, der bekam ein Pferd, sie erhielten auch zu essen, Speck und Brot, und so gingen sie durch den Wald, viele Kilometer, bis sie den Lagerplatz der Partisanen erreichten. Dort fragte der Kommandant, wer ein Gewehr wolle, um damit zu kämpfen. Es entstand eine alarmierende Stille. Dann sagte einer von ihnen, sie verstünden nichts von Waffen, sie wollten lieber arbeiten. Der Kommandant antwortete, sie bräuchten keine Zwangsarbeiter, sie könnten selbst Bäume fällen oder Bunker ausheben. Da begann der Zwangsarbeiter zu erklären, sie seien körperlich und seelisch ruinierte Männer, die seit anderthalb Jahren wie Vieh lebten und seit anderthalb Jahren ihre Familien nicht gesehen hätten. Der Kommandant antwortete, auch sie müßten unter großen Entbehrungen leben, und manche unter ihnen hätten Frau und Kinder nicht seit anderthalb Jahren, sondern seit drei Jahren nicht mehr gesehen.

So ging die Diskussion hin und her, und sie kamen auf keinen grünen Zweig. Da plötzlich eröffneten die Deutschen ein Feuer auf den Wald, und obendrein begann es stark zu regnen. Die Partisanen kümmerten sich nicht darum, daß die Jungs zurückblieben. Sollten sie gehen, wohin sie wollten. So trudelten sie aus fünfzig Kilometer Entfernung wieder im Hauptquartier der Kompanie ein, wie der rothaarige Grosz in Großwardein hinter die Ghettoplanken.

Einige unter ihnen hätten natürlich gerne gekämpft, doch eine Einzelaktion war in der von der Mehrheit geschaffenen Atmosphäre unmöglich. Und was hätten sie denn tun sollen? Was hätte ich tun können, wäre ich dabei gewesen. Wie gesagt, ich selbst war nicht besser, auch mich hatten die anderthalb Jahre zu einem exaltierten Gerippe gemacht, und wenn auch nicht vor dem Kampf, so wäre ich doch gewiß vor den unheimlichen Strapazen eines Nomadentums im Wald zurückgeschreckt. Ich habe oft darüber nachgedacht, ob mich meine Eitelkeit davor bewahrt hätte, aus einer ermüdenden und riskanten Freiheit in die ermüdende, erniedrigende und nicht weniger riskante Sklaverei zurückzufliehen. Ich glaube, wenn ich dort geblieben wäre, dann vor allem, weil ich es nicht ertragen hätte, mir mein ganzes restliches Leben vorwerfen zu lassen, daß alles, was ich bis dahin zusammengekritzelt habe, verlogenes Gerede gewesen sei. Aber was weiß ich schon? Vielleicht wäre ich mit den anderen zurückgegangen.

Sicher gab es unter uns ein Dutzend Jungs, die – wäre es dazu gekommen – die Veranlagung zum Helden oder Abenteurer gehabt hätten, doch auch sie mußten erstmal von den Russen gefangen genommen werden oder beim Rückzug hinter der aufgelösten Armee zurückbleiben. Denn so sehr sie sich auch aus der Sklaverei auf die andere, freie Seite wünschten, die Fäden zur Vergangenheit und zur Gemeinschaft Gleichgesinnter mußten erst einmal von einer äußeren Kraft mit Gewalt durchtrennt werden, damit sie es wagten und schafften, ihre Wünsche zu erfüllen. Es ist nun einmal so, daß nicht das Leid, nicht der aufgestaute Haß, sondern nur die Revolution selbst Revolutionäre aus der Masse macht.

14.

Friedländer sitzt noch immer auf dem Rand meiner Matratze. Die blaue Lampe wirft bleigraue Leichenflecken auf sein Gesicht. Er stützt sich, das Kinn auf die Faust gepreßt, auf seinem Knie auf und atmet schwer. Er mußte seinen älteren Sohn beerdigen, deshalb hat er sich als Totengräber gemeldet. Er spricht nicht über ihn, und ich erwähne ihn auch nicht. Es gibt nichts zu sagen. Sein Sohn war siebenundzwanzig Jahre alt, Maschinenbauingenieur, hatte vor einigen Monaten in den Karpaten, im Arbeitslager die Galoppierende bekommen und lag in Agonie im Lungensanatorium von Großwardein, als die Anordnung kam, auch Sterbende müßten ins Ghetto gebracht werden. Man brachte ihn also, und drei Stunden später war er tot.

»Morgen melde ich mich wieder als Totengräber«, sagt

Friedländer. »Ich nehme meinen anderen Sohn mit, vielleicht klappt es...«

Der tote Sohn beunruhigt ihn nicht mehr, und er versucht, dem einen über das Grab des anderen hinweg zur Flucht zu verhelfen. Aber wird es morgen überhaupt eine Beerdigung, wird es genug Tote geben? Ja, reichlich, denn alle zehn Minuten wird ein Selbstmörder auf einer Trage gebracht. Die falsche Aufbruchstimmung, die das Ghetto bei der Nachricht der Deportation elektrisiert hatte, war in sich zusammengesunken. Nicht einmal, weil die Leute ahnten, daß sie dort, wo es hingeht, umgebracht werden... Doch die Erschöpften, die Bequemen, die Empfindsamen, die Zimperlichen und diejenigen, die sich ein Bild davon machen konnten, was ihnen anderntags passieren würde, haben es sich anders überlegt und das Zyankali genommen. Die haben sich ganz genau vorgestellt, wie sie zu siebzig in einem Waggon verstaut werden. Und wie sie das graue Gesicht der anderen und ihr eigenes in den plötzlich größer gewordenen, stark glänzenden funkelnden Augen mit den tiefen Rändern erblicken. Dann eng aneinandergepreßt drängeln und stoßen für einen besseren Platz, näher am Fenster, zur frischen Luft. Näher zur Kanne, zum Wasser, das in einer Viertelstunde sowieso alle ist, weil es die Stärkeren und Gewalttätigeren gleich austrinken und einer von ihnen sogar die Kanne umstößt. Die Eltern erpressen mit ihren Kindern einen besseren Platz, Luft und Wasser für sich. Wasser – das ist das schlimmste. Die Zunge klebt einem am Gaumen. Dann näher an den Kübel drängeln, um sich zu erleichtern – der Kübel ist binnen weniger Minuten voll, schwappt über –, wieder Streit oder gar eine Schlägerei mit einem, der sich auch hier auf das Prinzip der Gleichheit beruft, der einem auch hier ins Gesicht sagt, daß alle Sch...juden gleich seien...! Ungewaschen, mit stoppeligem Kinn, mit unerträglichem Juckreiz, den Gestank der anderen einzuatmen, den furchtbaren Körpergeruch. Und dann gibt es welche, die plötzlich einfach sterben, ohne sich noch ans Herz zu fassen, weil sie die Arme gar nicht bewegen können, und ohne umzufallen, weil dafür kein Platz ist. Und manch einer wird wahnsinnig. Und auch Frühgeburten wird es geben. Der Zug steht dann auf einem Abstellgleis herum, in Szajol oder Csap und beim Rangieren hört man in der eigenartigen Akustik des nächtlichen Bahnhofs das regelmäßige Pfeifen der Eisenbahner und ihre Unterhaltung: »Meine Frau hat eine Ziege vom Kelemen-Gehöft gebracht, aber die gibt nur so viel Milch...!« sagt die eine Stimme episch. Und die andere ruft sachlich dazwischen: »Dreihundertvierzig ist geblieben, Bahnsteig drei ist leer!« So reden sie in ihrer unverständlichen Fachgaunersprache, zwischen zwei Gespritzten, die sie im Stehen, mit dem roten Wimpel unter dem Arm, in der Bahnhofskneipe hinunterschütten. Der friedliche Reisende hörte solche Dialoge, als er mit dem Nachtzug heim nach Großwardein fuhr... Am Ostbahnhof hat er sich noch die Abendblätter besorgt, eine Schinkensemmel verschlungen, Kragen und Schlips abgelegt, sich noch mal auf die Toilette begeben und dabei in jedes Abteil geguckt, ob er nicht einen Bekannten trifft. Er las noch eine Weile, bis ihm vom Rattern des Zuges die Lider schwer wurden und war schon bei Rákosrendező eingeschlafen. Und als ihn dann das Gespräch der Eisenbahner weckte, bekam er plötzlich Durst: In Szolnok und in Ladány gab es gekühltes Mineralwasser, er stieg aus, kaufte eine Flasche aus grünem Glas und dazu einen Pappbecher... »Nein, nein, wir fahren nicht«, beschlossen die Selbstmörder, die plötzlich von quälendem Durst gepackt wurden, und noch einmal, zum letzten Mal in ihrem Leben, füllten sie ihr Glas bis zum Rand mit Großwardeiner Leitungswasser und trennten dann aus ihrem Mantelfutter die kleine Phiole mit dem graubraunen Pulver. Der Stöpsel schloß das Gläschen luftdicht ab, der Flaschenhals war in Gaze gehüllt. Sie wickelten die Gaze ab, zogen den Stöpsel mit dem Taschenmesser ab, wichen zuerst vor dem fürchterlichen Geruch zurück, der ihnen aus der Flasche entgegenschlug, und wurden unsicher. Dann ermannten sie sich. Nein, selbst wenn alles gutginge, würde es sich für das ganze noch übrige Leben nicht lohnen, das durchzumachen. Sie schütteten das graubraune Pulver in das Wasser... der Geruch ist grauenvoll, aber es hat keinen Geschmack, und gleich hat es auch keinen Geruch mehr. Fünf Sekunden, und sie fielen um, das Gesicht zur Unkenntlichkeit verzerrt, der Körper von einem Krampf auf die Hälfte geschrumpft. Und der Nachbar meldete es sogleich dem wachhabenden Gendarmen. Der Gendarm herrschte sie gereizt an, ihn auf eine Trage zu legen und ins Spital zu bringen. Im spärlichen Licht des Neumondes schleppten aus allen Richtungen Männer Tragbahren durch das dunkle Ghetto – wie in den Florentiner Pestnächten –, es fehlte nur die Kapuze und das Bimmeln der Pestglocke...

Friedländer hat morgen genug Beerdigungen, und er wird versuchen, seinem Sohn zur Flucht zu verhelfen.

Das Ghetto ist in sechs Abschnitte unterteilt worden. Der erste geht morgen los. Das Spital, der letzte Abschnitt, bricht am sechsten Tag auf. In sechs Tagen kann alles passieren. Man kann fliehen, man kann sterben – und auch die Wundergläubigen können recht bekommen.

So wie der dürre Religionslehrer schon recht bekommen hat.

Ein Gendarm stößt die Tür auf und sucht Jakob Leuchtturm, geboren 1879 in Felsvisó. Er kriecht aus dem anderen Ende des Saals, zwischen den Matratzen der männlichen Patienten aus dem Armenhaus hervor. In dem blauen Licht ist auch sein rötlicher Ziegenbart blau, und in seiner unvorstellbaren Magerkeit wirkt er wie eine Figur aus einem deutschen Märchen. Der Gendarm sagt soldatisch, aber ermunternd:

»Bei der Kommandantur ist Ihre Begünstigung angekommen. Ziehen Sie sich sofort an, Sie können das Gebiet des Ghettos verlassen!«

Der Religionslehrer steht einen Moment lang starr, wankt dann und fällt nur deshalb nicht um, weil sein Körper so leicht ist, daß ihn nichts zu Boden ziehen kann. Dann bricht aus seinem schmächtigen Körper ein gewaltiger Ton hervor. Nicht der Ton der unbändigen Freude, nicht des unartikulierten Glücks und auch nicht des Hallelujah an seinen Gott, der ein Wunder für ihn vollbracht hat, sondern der exaltierten Prahlerei:

»Habe ich es Ihnen nicht gesagt?« brüllte er mit unartikulierter Sirenenstimme lachend und weinend zugleich. »Ich habe es doch gesagt, daß ich beim Adelsstuhl geschätzt werde. Sie haben es nicht geglaubt, ist ja auch kein

Wunder. Aber ich habe in Nagybicse gegen die Böhmen gekämpft, Herr Gendarm! Ich war immer der größte Ungar, Herr Gendarm! Der größte Ungar!« brüstete er sich und schlug sich mit der sommersprossigen roten Faust auf die Brust.

Alle erhoben sich von ihren Matratzen, die Menschen lauschten ihm mit bleichem, verblüfften Neid, und stumm haßten sie ihn.

Tatsächlich, wie er sich da hin- und herhüpfend wie eine Heuschrecke linkisch auf den Weg machte, wie vor siegreicher Schadenfreude das Gesicht leuchtete und uns, die niederen, dem Untergang geweihten zurückgebliebenen Kreaturen mit selbstgerechter Miene verachtete, war er auch mir verhaßt. Die Großwardeiner hatten ihn, wie sie jetzt sagten, noch nie leiden können. Er war vor fünfzehn Jahren aus der Gegend von Ruszinszkó hierher geraten, unterrichtete in der Schule Religion, aber schlecht, denn die Kinder lernten bei ihm nicht einmal die hebräische Schrift. Er war immer mit seinen eigenen Angelegenheiten beschäftigt, ein hinterhältiger, unterwürfiger Kerl, der der Gemeinde ständig zur Last fiel. Mal mußte seine Frau von Steuergeldern bestattet, mal das Schulgeld für seine Kinder zusammengebettelt werden – sein Sohn und seine Tochter besuchten in Frankreich die Universität, und auch sie mußten natürlich von den wohlhabenderen Juden unterstützt werden. Und mit seiner Wohnung war auch ständig etwas los; mal regnete es durchs Dach, mal mußte das Schamottfutter des Ofens repariert werden, und er wollte um jeden Preis einen Keller, weil seine Kartoffeln sonst verfaulten – dauernd belästigte er den Vorstand der Glaubensgemeinde und wollte etwas von ihnen. Wenn sie ihn abschüttelten, kam er am anderen Tag wieder: er bettelte hartnäckig, aufdringlich und fordernd, er ging ihnen auf die Nerven, bis er schließlich alles bekam, nur damit sie ihn loswurden. Dann war er widerlich dankbar, doch die Dankbarkeit hinderte ihn nicht, die Schulkinder, die ihn in der Religionsstunde gerne foppten, grün und blau zu schlagen. Die Eltern forderten dann vom Vorsitzenden der Glaubensgemeinde, ihn hinauszuwerfen – doch am Abend erschien er bei dem Vater des verprügelten Kindes, bat schluchzend um Verzeihung, klagte sich an, er käme nicht gegen seine schlechte Natur an. Nie erwähnte er die Heldentat von Nagybicse, doch die Leute glaubten, er würde seine unterdrückte Kampfeslust ausleben, wenn er die Kinder zusammenschlug. Zu biblischen Zeiten wäre Leuchtturm vielleicht ein berühmter Feldherr gewesen – doch abgesehen davon hätten die Juden, die die Szene von ihren Matratzen aus beobachteten, ihm am liebsten einen Tritt versetzt und ihn angespuckt. Und sie hätten ihn auch getötet – zumindest mit ihren Blicken.

Er war bereits fertig mit dem Ankleiden, als er sich auf die Stirn schlug und sagte:

»Verzeihung, Herr Gendarm, ich hatte doch auch einen Stock!« Und er wandte sich nach hinten und griff in Richtung der Patienten aus dem Armenhaus. Dann drehte er sich vollends zu ihnen um und fragte frech und fordernd: »Wo ist mein Stock, der Stock muß hier sein.« Und er griff zwischen die Matratzen. Die Armenhäusler, die vor der herrischen Stimme erschraken, suchten in den Ritzen nach dem Stock.

»Los, los«, trieb ihn der Gendarm an. »Sie sind doch nicht lahm, Sie können auch ohne Stock laufen.«

»Entschuldigen Sie bitte«, antwortete er selbstbewußt, »diesen Stock habe ich seit zwanzig Jahren. Ich habe ihn schon nach Großwardein mitgebracht. Diesen Stock kennt hier jedes Kind!« schnitt er blutrünstig auf. Und er stocherte und wühlte so lange, bis der Stock in einer Ecke zum Vorschein kam.

»Na los jetzt, sonst lasse ich Sie hier«, drohte der Gendarm, und der Religionslehrer eilte schnellen Schrittes in Richtung Tür und schlug dabei mit seinem Stock im Staccato auf den Boden. Und das Klopfen drang auch noch aus der Vorhalle und von draußen herein, als er über den asphaltierten Bürgersteig vor der Synagoge hämmerte. Und die Menschen, die auf ihren Matratzen saßen und ihren Blick noch lange auf die hinter Leuchtturm zugeschlagene Tür hefteten, hörten und verfolgten den pochenden Rhythmus auch noch, als er mit dem Ohr bereits nicht mehr zu hören war: jetzt klopft er am Ghettotor... gleichmäßig immer weiter, keiner kann ihn aufhalten... Jetzt pocht er über die ungleichmäßigen Pflastersteine am großen Marktplatz, jetzt über den Granit der Kappuzinerstraße, über den Asphalt des kleinen Marktes! Über die großen und kleinen Straßen, bis er zu Hause ist... Die Menschen auf der Matratze kennen jeden Fußbreit, jede Delle und jede Erhebung, jede Blessur und jeden Fleck dieser Großwardeiner Straßen, über die der Stock klopft... Und er kann seelenruhig klopfen! Kein Polizist, kein Gendarm hält ihn auf... Und wenn er zu Hause in der Szacsvay Straße ankommt, kann er das amtliche Siegel abreißen, das an seiner Wohnung angebracht wurde...

Der Nachbar kann die Polizei nicht rufen und schreibt vergebens einen anonymen Brief – den wird er allerdings ganz gewiß schreiben. Dieser Niemand, dieser Bettler, dieser Taugenichts – zischelten und hetzten sie –, der auf Kosten der Gemeinde lebte und nicht einmal Kenner der Heiligen Schrift war! Der geht nach Hause und lebt weiter! Während sie, die ihr ganzes Leben lang gearbeitet, etwas geschaffen, ihre Kinder aufgezogen und im Militär gedient und eine Menge Steuern an den Staat gezahlt haben, in den Waggon steigen dürfen. Auch sie waren gute Ungarn, auch sie waren in den Weltkrieg gezogen, auch sie konnten die Böhmen, die Rumänen und die Bolschewiken nicht leiden – aber wer kann das schon beweisen? Wer dachte einst daran, daß es einmal bewiesen werden müßte!

In jener Nacht war es eigenartig still da draußen. Das Grammophon in der Brauerei schwieg, die dreißig Waggons, die hereingeschoben worden waren, wurden bis zum Morgen nicht bewegt. Und nicht einmal Störflüge gab es. Und in der Stille klopfte der Stock noch lange in den Trommelfellen, wie das Pochen des Pulses bei Fieber. Und dann sprach jemand:

»Welche Arroganz! Andere wären glücklich gewesen, so schnell wie möglich hier wegzukommen! Und der suchte noch eine Viertelstunde lang seinen Stock!« Eine andere Stimme: »Ich beneide ihn nicht, da draußen unter denen! Der kann keinen Fuß vor die Wohnung setzen.« Eine dritte Stimme: »Er wird vor Hunger krepieren! In der Kneipe bekommt er nichts zu fressen und auf dem Markt kann er sich nichts kaufen! Einen Keller hat er nicht, und in die Luftschutzräume lassen sie ihn nicht mit hinein!«

So trösteten sie sich, so verurteilten sie ihn zum Hunger- und zum Bombentod. Dann ließen sie sich erschöpft auf ihre Matratzen zurückfallen und gingen fast zugrunde an ihrem ohnmächtigen, neiderfüllten Haß.

15.

Auch andere kamen an diesem Abend frei. Doktor Németi brachte die Nachricht, zwei Prostituierte hätten das Ghetto verlassen dürfen.

Am Abend war eine puritanisch und dunkelgekleidete, große, von der Hüfte abwärts korpulente Frau, die sich nur durch ihre rotgefärbten Haare von den Damen der Altar-, Frauen- sowie Kinderwohlfahrtsverbände unterschied, am Tor erschienen. Jeder kannte sie, vor allem die Herren der besseren Stadtbevölkerung, da ihr Salon nun schon von der zweiten Generation besucht wurde. Die Dame besaß das größte und schönste Bordell in der Vitéz Straße, wo sich die Häuser mit den roten Lichtern aneinanderreihten. Ihr Haus hatte die meisten Spiegel, das meiste Personal, einmal waren für vier Monate sogar vier Negermädchen bei ihr, was für eine ungarische Kleinstadt einmalig war. In den letzten Jahren bekam das Haus auch politischen Charakter: Seit die Ungarn Großwardein von den Rumänen zurückgeholt hatten und der Haß gegen die Juden von Tag zu Tag heftiger wurde, war das Haus Treffpunkt der Offiziere und Staatsbeamten geworden. Zuerst piesakten diese Herren die Juden, die sich in den Salon wagten, später ekelten sie sie hinaus oder setzten sie gleich vor die Tür. Schließlich ließ der Portier sie gar nicht mehr hinein. Damals kam es in Mode, Kaffeehäuser und Geschäfte mit den Schildern »Christliches Geschäft« oder »Juden werden nicht bedient« zu versehen, und in der Stadt war allgemein bekannt, daß das Haus von Madame Szilassy auch ein solches »Arierhaus« war. Die Dame selbst, die durch das y, das sie zu Recht in ihrem Namen trug, dem historischen Mittelstand angehörte, hatte eigentlich nichts gegen Juden, vor allem, seit das Gesetz ihren jüdischen Konkurrenten im Interesse eines besseren wirtschaftlichen Vorankommens der Christen die Gewerbekonzession entzogen hatte. Doch sie wurde von hochrangigen Stabsoffizieren, Stadt-, Komitats- und Finanzhoheiten, also von »hohen Tieren«, besucht, die schon zum Frühstück gern Juden verschlangen, und erst recht am Abend im Salon! Und der Stabsarzt, der die Mädchen zweimal wöchentlich untersuchte und von dem so viel abhing, wurde geradezu besessen, lief im grünen Hemd herum, wurde Pfeilkreuzler und beschimpfte sogar während der Visite, mit der Pinzette in der Hand, die Juden. Die Herren erzählten sich im Salon meistens Schweinereien oder redeten über Politik, und das endete und gipfelte immer in Judenhetze. Die Dame störte das nicht, das Haus war nun einmal zum christlichen Haus geworden, und die Geschäfte gingen nie besser. Die Juden zählten als Gäste schon lange nicht mehr und waren seit ihrer Behelligung auch ausgeblieben. Trotzdem war es ihr eigentlich egal, ob jemand Jude oder Griechisch-Orthodoxer war. Und unter den Mädchen gab es auch zwei, Vilcsi und Sári, von denen nur sie wußte, daß sie Jüdinnen waren – die eine aus Beregszász, die andere aus Beszterce, beides hübsche und nette Mädchen, die einen guten Umsatz machten. Die anderen Mädchen ahnten nichts davon, und die Gäste hätten sich das nicht einmal träumen lassen. Die mollige und forsche Vilcsi wurde vor allem von der Jugend und der Kaufmannsclique bevorzugt, Sári mit dem prächtigen Mundwerk war dünn und platt wie ein Junge und Liebling der Alten, der Journalisten und der Budapester Offiziere. Als nun die Deutschen kamen, meldete die Dame zuerst nicht, daß die Mädchen Jüdinnen waren, wagte es aber dann doch nicht, sie die ganze Zeit zu verstecken. Für einen Hunderter erreichte sie bei der Krankenschwester der venerischen Station des Stadtkrankenhauses, daß sie auf die Station geschleust wurden – dort würden die Dummköpfe sie schon nicht suchen. Die Mädchen sollten, kurz gesagt, Zeit gewinnen. Inzwischen ließ sie beim Polizeischreiber, dem Morphinisten Danci Kovács, für zwei Fünfziger die Rubrik Religion in den Gewerbescheinen der Mädchen fälschen. Nur Gott weiß, wie der Polizeireferent, der Leiter der Sittenabteilung, dahinter gekommen ist. Die Bestie begann zu ermitteln und erfuhr, daß die Mädchen in der venerischen Station untergetaucht waren. Vorgestern ließ er sie dann ins Ghetto bringen.

Natürlich bekamen weder Danci noch Madame Szilassy Ärger wegen der Sache. Die Arier sind nie wirklich schuldig, sie werden nur von den Juden mit Geld und gemeiner Irreführung verleitet – und überhaupt, Madame Szilassy zahlt dem Leiter der Sittenabteilung seit anderthalb Jahren, seit er hierher versetzt wurde, ein ordentliches Monatsgehalt. Dem Polizeibeamten tat es auch gleich hinterher leid, daß er sich mit dieser Dame angelegt hatte. Aber was sollte er tun – als er davon gehört hatte, war er plötzlich wütend geworden –, wie kommen diese beiden jüdischen Huren dazu, die gute ungarische Luft weiter zu verpesten, wo doch endlich das ganze Land gesäubert wird?

Als ihn dann Madame Szilassy drohend zur Rechenschaft zog, rechtfertigte er sich schuldbewußt: was soll ich machen, jetzt ist es zu spät, ich kann sie nicht herausholen! Wenn überhaupt jemand, dann kannst du es! Madame Szilassy eilte von der Polizei geradewegs zum Ghetto und befahl dem Torwächter barsch: »Melden Sie dem Gendarmerieoberst, Madame Szilassy ist da!« Sie kannte den Gendarmerieoberst gut, er besuchte zweimal wöchentlich ihren Salon – ihm gefiel die große Magda. Magda sagte, der Gendarmerieoberst sei gar kein schlechter Kerl, er meine nur, ein Gendarm müsse immer Angst einjagen, auch im Bett! »Na, ich habe keine Angst vor ihm«, sprach sich Madame Szilassy Mut zu. Und als der Oberst auf der anderen Seite des drahtvergitterten Tores auftauchte, baute sie sich sehr gerade und kampfbereit vor ihm auf.

Das verbiesterte Gesicht des Oberst hellte sich auf. Er warf sich in eine legere, joviale, galante Pose, und sprach sie großspurig, in süßlich-kameradschaftlichem Ton an:

»Na, was ist denn, Madame? Was suchst du hier?«

»Ich muß dringend mit Ihnen sprechen!«

»Na, komm ruhig herein, Madame! Laß die Dame herein!« zwinkerte er dem Torwächter zu, der ihn unterwürfig, doch komplizenhaft, von Mann zu Mann, anlächelte.

»Na, heraus mit der Sprache, Madame, was ist los?«

»Sind Sie denn alle nicht bei Trost, meine Herren?« brüllte sie gleich los, allerdings mit einem heiter-aggressiven Unterton. »Da holt ihr meine beiden besten Mädchen, die Vilcsi und die Sári, ab?«

»Wen zum Teufel?«

»Die Mädchen wurden von der venerischen Station abgeholt. Was wollt Ihr von ihnen?«

»Sind sie krank?«

»Von wegen krank!«

»Juden?« fragte der Oberst nun finsterer und runzelte die Stirn.

»Juden, Juden!« krakeelte Madame Szilassy. »Es sind Ps... P wie Prostituierte. Ps haben keine Rasse. Sie sind Ps!«

Inzwischen waren auch die beiden untergebenen Gendarmerieoffiziere, der Oberleutnant und der Hauptmann dazugekommen. Noch wußten sie nicht, was dabei herauskommen würde, noch wagten sie nicht zu lachen, sie beobachteten die Miene des Obersten. Doch als sie sahen, daß es den Obersten vor Lachen schüttelte, stimmten sie schallend ein.

»P bleibt P! Aber Gesetz bleibt Gesetz!«

»Gesetz!« winkte Madame ab. »So oft, wie ihr das Gesetz brecht! So oft, wie ihr getrunken habt, als noch Alkoholverbot bestand. Außerdem dürfen verheiratete Männer nicht außer Haus herumbuhlen, das verbietet auch die Religion, und ihr tut es trotzdem!«

Wieder Gelächter.

»Also bitte, meine Herren!« wandte sich der Oberst an die Offiziere. »Was sagt Ihr zu der Person?«

Madame Szilassy spürte, daß es nicht schlecht um ihre Sache stand.

»Was habt ihr davon, wenn ihr die auch wegbringt? Die werden den Deutschen fehlen«, begann sie den Obersten zu betteln.

»Seid doch nicht so, Jungs, laßt die beiden Ps nach Hause! Ich werde mich dankbar zeigen! Dafür wird uns Hitler nicht den Krieg erklären!«

Die Herren amüsierten sich prächtig am Tor, ihr Gelächter schallte durchs Ghetto, das davon sonderbar erbebte, denn es hatte schon lange kein Lachen mehr gehört. Und wenn die lachen, dann haben die Ghettobewohner allen Grund, noch mehr zu weinen. Doch Madame siegte.

»Na, wo sind denn diese...« fragte der Oberst den diensthabenden Gendarm, der in steifer Habachtstellung neben ihnen stand.

»Melde untertänigst, in der großen Synagoge.«

»Na, führt die beiden jüdischen Ps her!«

Und sie wurden auch schon gebracht. Die Mädchen waren müde, blaß und schmutzig, benahmen sich aber schon wieder ganz professionell. Ihren wippenden Gang und ihren herausfordernden Blick hatten sie auch in der Synagoge nicht ganz abgelegt. Und als sie Madame Szilassy erblickten, rannten sie auf sie los, umarmten sie und kreischten los:

»Mama, Mama, da bist du ja! Ich hab's doch gesagt, daß uns die Mama nicht im Stich lassen würde.«

Die Offiziere standen belustigt, breitbeinig und die Hände in den Hosentaschen, um sie herum. Überlegen grinsend musterten sie die Mädchen, wie Pferde auf dem

Pferdemarkt, und sie hatten das Gefühl, großzügig gewesen zu sein und eine gute Tat vollbracht zu haben, und vielleicht erweichte sie diese ihnen zusagende Szene der »Mutterliebe« auch ein wenig. Und gutmütig machten sie noch eine Viertelstunde lang schlüpfrige Späße mit ihnen, bis dem Obersten einfiel, daß sie am frühen Morgen den ersten Transport auf den Weg schicken mußten, siebzig Juden, Väter, ja auch Mütter und Kinder alle in einen Waggon! Er konnte seine teure Zeit hier nicht mit dieser Art von Idyll verschwenden. Mit freundlicher Strenge fuhr er die Dame an:

»Na, nimm deine Mädchen mit, Madame!«

Das Tor öffnete sich vor ihnen, Madame Szilassy und ihre Mädchen gingen davon. Zurück ins Geschäft, ins »Arierhaus«. Ja, die Madame war eine brave Frau. Sie hat ihre Mädchen abgeholt. Doch die ehrwürdigen Schwestern kamen nicht, um die Mädchen zu holen, die sie im Notre-Dame de Sion zu Christinnen erzogen hatten, und auch die Priester der Premonstratenser in ihren weißen Kutten holten ihre Zöglinge nicht ab. Es besteht kein Zweifel, daß Madame Szilassy in erster Linie »Geschäftsfrau« war, doch ihr war es nicht nur aus Gewinnsucht eingefallen, ihre Mädchen herauszuholen. Das Haus wäre auch ohne Vilcsi und Sári zurecht gekommen, vor allem jetzt im Krieg. Den Soldaten war es schließlich ganz egal, mit wem sie ins Bett stiegen, Hauptsache, es war eine Frau.

16.

Wie gesagt, herrschte in jener Nacht eine unvorstellbar vollkommene Stille. Eine ungreifbare Stille, als hielte selbst die Nacht den Atem an. Eine beinahe festnächtliche Stille, die zu Frömmigkeit oder Blasphemie inspiriert. Eine hinterhältige Stille, leicht zu verwechseln mit Milde und Gefahrlosigkeit – als hätte eine Regie, die auf Effekthascherei aus war, selbst den geringsten Laut und das Muschelraunen der Stille verboten, um im notwendigen Augenblick den Tönen einen umso größeren Effekt zu verleihen, die in in einem brüllenden Chor einer bislang beispiellosen Schicksalstragödie gipfelten. Morgen früh beginnt in der Zivilisation eine einzigartige Szene: Weiße Menschen mit einer Wohnanschrift, mit Meldeschein und staatsbürgerlichen Papieren ausgestattet, in europäischer Kleidung, werden in Waggons gestopft. So viele nur hineinpassen – dann werden sie irgendwohin verschleppt, in eine ebenfalls von weißen Menschen bewohnte Gegend, wo der freiwillige Rettungsdienst, wenn jemand von der Straßenbahn überfahren worden war, noch vor kurzem die Sirenen der Rotkreuzwagen heulen ließ, die gute Menschen gespendet hatten und wo die Regierung dem zerlumpten Wandergesellen, der einen Ertrinkenden aus dem Strudel der Bug oder Wistula gerettet hatte, einen Orden verlieh. Sie werden also irgendwohin in

Europa gebracht, wo auf den Landstraßen alle hundert Schritte Tafeln des Internationalen Automobilklubs auf Huckel und Kurven, auf die Gefahren von rasenden Schnellzügen hinweisen und wo die zivilisierte Natur schon längst Pumas, Hyänen und Giftschlangen aus den Wäldern vertrieben haben. Sie werden hinter Stacheldraht getrieben, das Haar wird ihnen abgeschnitten und in Säcken gesammelt, dann werden ihnen die Kleider ausgezogen und in apothekenartig angeordneten Fächern von Depots einsortiert – nichts von diesen Menschen geht verloren, nicht einmal ihre Fingernägel, ihr Fleisch oder ihre Knochen. Es werden ihnen Handtücher in die Hand gedrückt, sie werden in Baracken getrieben, die wie Bäder aussehen, und in ihrer hartnäckigen jüdischen Germanophilie murmeln sie sogar anerkennend, wie hygienisch die Deutschen doch seien. Dann wird hinter ihnen die Tür zugesperrt und Gas über sie geblasen. Und wenn sie davon erstickt sind, beginnen die vom Müßiggang weichen, dicken Finger, vollgesteckt mit von Leichen entwendeten Ringen, ihre Kiefer auseinanderzustemmen und in den blaugeränderten Mündern herumzunesteln, bis sie die Gold- oder Platinzähne finden. Die werden routiniert herausgebrochen und in extra für diesen Zweck hergestellten Tüten gesammelt. Auf diesen Tüten ist folgender Text aufgedruckt: *»Metallabfallsammelstelle Nr. 17. Auschwitz, Gewicht: – Packung 1«.*

Die Fotokopie einer solchen Tüte habe ich schon im Frühjahr 1942 in einer schwedischen Illustrierten gesehen, die auch darüber schrieb, daß die SS-Soldaten die Goldzähne österreichischer, polnischer, slowakischer und jugoslawischer Juden in solchen Tüten sammeln.

Irgendwann vor dem Ersten Weltkrieg hatte die Oberaufsicht für Seidenzucht ähnliche, bedruckte Tüten an die Kinder in den Dörfern verschickt, um darin Seidenraupenlarven zu sammeln. Auch ich hatte eine bekommen und Larven gesammelt, und ich weiß noch, daß man keine Briefmarke auf den Umschlag zu kleben brauchte, denn er wurde portofrei befördert – ich gab ihn provokativ am Postschalter ab, voller Schadenfreude, daß der grobe Postmeister ihn gratis nach Szekszárd schicken mußte, das damals die Stadt der Seidenraupen war. Und in dieser niederträchtig arangierten, hinterhältigen Stille sah ich jetzt viele tausend Millionen Seidenkokons in dem sprudelnden Wasser des Kessels der Komáromer Seidenfabrik kochen – Millionen Seidenraupen waren hier getötet worden, damit die Unterröcke der Frauen Anfang des Jahrhunderts auf den Bällen raschelten. Aber werden wir nicht sentimental, philosophieren wir nicht herum, verlieren wir uns nicht in Gemeinplätzen der tierschützenden Franziskaner: Jawohl, die Seidenraupe soll ruhig krepieren, es gibt Schlimmeres. Doch mir fällt der Basar in Paris ein, am Trinité, wo es selbst noch 1925 für wenige Franken Galanteriewaren aus der Haut von Kongonegern zu kaufen gab. Gegerbte Haut, dank König Leopold und dem französischen und belgischen kolonialen Großkapital, galante Gedichtbände, obszöne Stichkollektionen und bibliophile Ausgaben von Rabelais, Choderlos de Laclos oder die »Contes drôlatiques« in Leder gebunden, aus der gegerbten Brusthaut einer Schwarzen. Und für besondere Kenner gab es auch kokette Brieftaschen aus der Haut vom Geschlechtsorgan von Negermädchen, wobei der Hersteller der Authentizität zuliebe und aus Jux sogar das drahtige Schamhaar darauf gelassen hatte. Der Basar war auch nachts geöffnet, damit man nicht in Verlegenheit kam, wenn einem kurz vor Mitternacht oder im Morgengrauen auf dem Weg zum oder vom Montmartre in spontanem Eifer einfiel, ein ganz besonderes Souvenir für die Frau zu erstehen, die man beim Diner im Café Weber aufgelesen und am Morgen, nachdem sie sich im Spiegel des Hotelzimmers noch geschminkt hatte, für immer verabschiedet hat. Nein, was mit uns geschieht, ähnelt nicht einmal dem Fall der Kongoneger, und es mindert auch nicht das kuriose Grauen. Aber ich frage mich trotzdem: Wie viele Nächte hatte ich wegen der behaarten Geldbörse am Trinité nicht schlafen können? Und interessierte mich an jenem Abend *Amphitryon* von Giraudoux an der Comédie des Champs Elysées weniger, weil ich in der Pause flüchtig die achtzeilige Nachricht im Abendblatt las, daß die Überschwemmung des Jangtse sechs Millionen Todesopfer gefordert hatte? In China kann man jetzt vielleicht in acht Zeilen lesen, daß wir vergast werden, aber kann ich denn von den Mandarinen oder Kulis verlangen, daß sie sich deshalb unruhig auf ihren Matten herumwälzen? Und auch, als ich von davongekommenen Flüchtlingen die Nachricht hörte, daß die slowakischen Juden und Antifaschisten in Polen ins Gas geschickt werden – also meine unmittelbaren Nachbarn, mit denen ich zu Beginn meiner Jugend noch in ein und demselben Land gelebt hatte –, ja, schmeckte mir das auf dem Schwarzmarkt erstandene Huhn zum Abendbrot deshalb weniger? Und an jenem Tag, als Ossietzky im Internierungslager starb, verlangte ich da etwa nicht vom Kellner, er solle Bohnenkaffee auftreiben, egal wie, weil Zichorienkaffee etwas für Hunde sei?

Und darum, genau darum erwartete ich keinerlei Wunder – die Menschen, die der Gefahr entfernter oder auch näher standen, versuchten – solange sie ihr nicht unmittelbar ins Antlitz sehen mußten –, mit pathologischer Gleichgültigkeit all jene abzuschreiben, die schon für die Vernichtung präpariert waren. Nicht nur aus Euphorie – nicht nur, weil man das Leben in Zeiten wie dieser wirklich nur für Stunden ertragen kann, wenn man bis zum letzten Moment, so lange es nur geht, die Wirklichkeit nicht konkretisiert –, sondern weil wir in den religiösen Seelenzustand vorbiblischer Zeiten zurückgefallen sind: in den Ritus des Menschenopfers, der davon ausgeht, daß die menschenfressenden Dämone und Demiurgen, die mein Leben fordern, nur durch das Opfern eines anderen Menschenlebens gesättigt und beschwichtigt werden können. Damit ich leben kann, muß ein anderer sterben – und seit 1933 war ganz Westeuropa, die gesamte zivilisierte Welt außerhalb Deutschlands Verkünder und Anhänger dieses Ritus. Damit die westliche Zivilisation in der gewohnten Weise weiterleben konnte, sollen die osteuropäischen Juden, Sozialisten, Wissenschaftler und Dichter doch aufgefressen, ins Gas oder auf den Scheiterhaufen geschickt werden. Um in London, Paris, Boston oder Sidney Christ in Christi bleiben zu können, mußte im Osten mit der passiven Unterstützung dieser Christen die Gottheit des Kretischen Stiers, die perversen ägyptischen Götter, der säuglingsfressenden und Jungfernblut trinkenden Fellachen und Negergötzen wiederhergestellt werden. Nun, es hat doch nicht ganz so geklappt, wie es sich meine stolzen und sachlichen integral-pazifistischen Freunde in Paris vorgestellt haben – vielleicht mußten in den Lagern von Maisons-Laffitte, Drancy und Argelès und draußen, in ukrainischer Deportation, inzwischen auch sie lernen, daß sie doch nicht ganz recht hatten, als sie auf meine Klagen und Anklagen antworteten: »Nehmen Sie es nicht übel, so traurig das auch ist, aber für das osteuropäische Judentum können wir doch nicht die ganze Zivilisation riskieren!« Seither weiß man vielleicht auch in Paris, und vielleicht merkt es auch in den Londoner Luftschutzkellern dieser oder jener, daß er sich mit dem pauschalen Menschenopfer des prähistorischen Ritus nicht freikaufen kann, daß die Götzen von uns Osteuropäern nicht satt geworden sind und jetzt bereits an ihren Knochen nagen.

All das ändert natürlich nichts an der Unerträglichkeit der hartnäckigen Stille, die dem morgigen Transport vorangeht. Ich bin wütend auf das Wetter – wenn doch nur ein schwacher Wind ginge oder Regen ans Fenster klopfte, oder wenn die Waggons rangiert, Flugzeuge dröhnen oder wenigstens die Gendarmen herumpoltern würden. Doch welches Geräuschphänomen auch immer – jeder und alles wird sabotiert, nicht einmal die Kranken wälzen sich herum, die Sterbenden röcheln nicht, und auch die vor Beklemmung nervösen Krankenschwestern kichern nicht in der Dunkelheit. Es herrscht eine Stille, wie nach dem Zünden der Zündschnur – bis zu der furchtbaren Explosion. Arrangiert Gott diese Stille mit hinterhältiger Effekthascherei oder in seiner Ohnmacht, weil ihm keine Rettung, keine Abwehr einfällt? Deshalb diese schreckliche Pause? Ist es Gott, der dieses teuflische Stück dirigiert? Diese Stille verleitet, wie gesagt, zu Blasphemie – sollte man nicht die Bundeslade öffnen und nachschauen, ob Titus, der Jerusalem vernichtete und die Juden bezichtigte, einen Gott mit Eselskopf anzubeten, nicht doch recht hatte? Dieser Gott ist wirklich verdächtig – er terrorisiert eine Menschengruppe mit allen möglichen rätselhaften prähistorischen Drohungen, Steinigungen und anderen Grausamkeiten, damit sie fünftausend Jahre lang geistig, moralisch, körperlich und gesellschaftlich daran festhalten, was sie von anderen unterscheidet, was bei den anderen Mißtrauen und Antipathie erweckt – Äußerlichkeiten, Zeremonien und Faxen, an denen der Mörder den Juden sogleich erkennen kann – um es auch dem Dümmsten leicht zu machen, läßt er die Männer beschneiden, damit der Mörder sogleich weiß, wen er niedermetzeln muß. Jetzt, in dieser grauenhaften Stille, hadere ich aufsässig mit diesem bornierten Gott: Was soll denn daran witzig sein, daß ausgerechnet die Juden, die das Christentum geschaffen haben, das die größte und am kältesten berechnende Macht der Welt wurde, aus dem Christentum und jeglicher Macht ausgeschlossen blieben? Was ist der Witz daran, daß gerade die Juden, die im 19. Jahrhundert das Christentum in verbesserter Ausgabe – in menschennäherer, praktikablerer Variante –, noch einmal schufen, wiederum davon ausgeschlossen blieben, denn wo werden wir sein, wenn der Sozialismus kommt – und der wird bald kommen –, keine Spur wird es von den Juden mehr geben! Was ist der Witz daran – *großer allmächtiger Gott*, wie die Juden auf deutsch immer beten –, daß eine überwiegend aus unbedeutenden, beschränkten, strebsamen und um ihre Existenz bemühten Kaufleuten bestehende Menschengruppe, die genauso lebt und stirbt wie alle anderen, nur weil ein Bruchteil von ihnen an ihren uralten fixen Ideen hängt, konsequent für Ideen sterben muß, mit denen ihre Mehrheit überhaupt nichts zu tun hat, und wenn die obsiegen und sich auf das Herrschaftssystem und Geschäft besinnen, gerade das Leben derer verbessern, die die Juden vernichtet haben.

Vom Christentum profitierten nicht nur die bis zur Kreuzabnahme treuen zerlumpten Jünger, es nützte auch dem römischen Imperialismus mit seinen Pogromen.

Was für ein beschränkter Gott, der von seinen Anhängern entgegen dieser Lehren fordert, der Metaphysik eines naiven Epos und allen möglichen nomadischen Völkern abgeguckten Gesetzen, Bräuchen und Aberglauben treu zu bleiben. Das soll die Grundlage des Monotheismus sein? Darauf soll ich stolz sein, dafür soll ich mich im Ghetto von Großwardein begeistern? Wenn überhaupt, dann hat es sich jetzt herausgestellt, daß ein einziger Gott nichts taugt.

Tausend, ja Millionen Götter würden nicht ausreichen, man bräuchte mindestens so viele Götter wie es Gendarmen gibt. Jeder Mensch bräuchte einen Gott, um dem Menschen wenigstens einen Bruchteil von dem aufzuzwingen, was nicht Gott, aber zumindest dem Menschen vor 1914 ähnelt – nicht etwa einem Propheten, Priester, Rabbiner, Gelehrten oder Dichter, sondern nur einem Luden oder Raubmörder des 19. Jahrhunderts. Der Lude wurde damals wenigstens noch rot, wenn man ihm vorwarf, er lebe von der Ausbeutung anderer, und der Raubmörder wußte doch, auch wenn er keine Zerknirschung empfand, daß es nicht legitim und normal war, einen Menschen umzubringen, daß die Geschworenen und die Zuhörer der Hauptverhandlung nicht mordeten, daß Morden kein öffentliches Amt, keine patriotische Tat war.

So haderte ich mit Gott in dieser unerträglichen Stille, und da ich mich ihm gegenüber zu solch schamloser Offenheit hinreißen ließ, erschrak ich plötzlich. Vor ihm – denn der Tod war mir zu nah, und ich fühlte Gott zu nahe bei mir, als säße er auf dem Rand meiner Lagerstätte, mit dieser sturen, sektiererischen Unbeugsamkeit, wie ein fanatischer Parteiführer, von dem jedes Argument abprallt. Wie ein besessener Realpolitiker, der nicht weich werden und seine Entscheidung ändern kann: der meint, der Idee könne etwas von Nutzen sein, was für alle schlecht ist. Doch während die Franzosen, Engländer, Amerikaner und die anderen essen, trinken, lieben, Bücher schreiben, in Fabriken und Laboren arbeiten und den kleinen und großen Dingen des Lebens nachgehen, kommt es ihnen gar nicht in den Sinn, daß sie gezeichnet, für etwas bestimmt und auserkoren sind. Es war abstoßend großartig, was ich im Ersten Weltkrieg sah: auf den Trümmern eines in Schutt und Asche gelegten Dorfes gab ein achtzigjähriger Greis mit Schläfenlocken und einem Stock in der Hand vier-, fünfjährigen Kindern die Bibel, den Talmud, die Lehre weiter – es war im Morgengrauen, und wenn die Kinder beim Lernen einnickten, versetzte ihnen der alte zottelige Weise einen Hieb mit dem Stock und forderte sie auf: *Sag schön!* Und die müden Vierjährigen mit ihren verklebten Augen sagten auf den morgendlichen Trümmern die Lehre, die Idee weiter auf. Zum Teufel mit den Lehren, Ideen und Zielen – die Franzosen wollten, als sie die große Revolution machten, nur sich selbst helfen; sie wollten mehr essen, weniger Zehnte, Steuern abliefern, weniger Schikanen von den Herren und Beamten ertragen – und aus diesem puren Egoismus wurde nicht nur das Leben der Menschheit besser, auch das künstlerische und geistige Leben blühte auf, und die Grobheit des immer schon bestialischen Zusammenlebens der Menschen wurde durch so viel Sanftheit und Toleranz gemildert, wie wohl noch nie zuvor. Nicht anhand von Lehren, Ideen, Idealismus, sondern aus logischem, intelligenten und elenden Egoismus! Zum Teufel mit den Ideen – würden die Menschen immer tun, was nach nüchterner Erwägung ihr eigennützigstes Interesse ist, wäre die Welt in Ordnung. Wer will sterben und hungern? Niemand. Würden die Menschen nicht von ihren Ideen oder ihrem Gott verrückt gemacht, zöge keiner in den Krieg, wo man hungern und krepieren muß.

17.

So haderte ich mit Gott in der Stille, die nun in der Tat überspannt war und jede Minute eine Enttäuschung brachte, denn ich harrte immer noch der nie gehörten Detonation, der nie gesehenen Wende. Die Stille nahm nicht ab, doch Gott vermochte ich durch meine Lästerei zu verscheuchen – ob er mir nun vergab oder nicht, ich hatte ihm gehörig die Meinung gesagt, bevor er mich für immer verließ. Nun hockte nur noch Friedländer auf dem Rand meiner Matratze. Sein Gesicht war bläulich rot, der Kopf hing zur Seite wie bei dem gehenkten Partisanen in der Ukraine. Ich hielt diese Stille nicht länger wortlos aus. Ich setzte mich auf und stieß den schlafenden Mann an:

»Wäre es nicht gescheiter, wenn Sie sich irgendwo hinlegen würden?« fragte ich gekünstelt sanft.

Friedländer öffnete mühsam, fast verschämt seine blutunterlaufenen blauen Augen. Er starrte mich an und entschuldigte sich:

»Ich bin eingeschlafen. Ich dachte, nach all dem würde ich nie wieder schlafen können!« sagte er, als hätte ich ihn zur Rechenschaft gezogen. Er genierte sich, geschlafen zu haben, wo er doch erst am Nachmittag seinen Sohn beerdigt hatte.

»Wie tief wurde das Grab ausgehoben?« fragte ich mit sachlichem Interesse.

Er war verblüfft von der Frage.

»Ich weiß es gar nicht! Nicht wir haben es ausgehoben. Ein Meter siebzig, glaube ich.«

»Wir haben es draußen ein Meter neunzig tief gegraben«, erklärte ich. »Der Boden war verdammt hart. Im Winter war die Erdc ein Meter fünfzig tief durchgefroren.«

»Mit Hacken?« fragte Friedländer.

»Man hat uns beschissene Hacken gegeben. Der Aufseher sagte: ›Grabt, Juden, mit den Fingernägeln oder mit eurem Ding!‹ Das war ja der Witz! Ohne anständiges

Werkzeug zu arbeiten. Und war das Grab bis zur Beerdigung nicht fertig, gab uns der Geistliche persönlich einen Tritt.«

Wir schwiegen. Das Schaufeln des Grabes beschäftigte uns wie ein richtiges Handwerk – mich, den Professionellen, der diesen Beruf ein Dreivierteljahr lang ausgeübt hatte, und ihn, der erst heute hineingeschnuppert hatte, aber schon ein wenig davon verstand.

Ich verstehe mich tatsächlich auf das Gräberschaufeln, und hätte ich jetzt einen Meldeschein auszufüllen, müßte ich, wollte ich präzise sein, in die Rubrik Beschäftigung eintragen: Totengräber.

Zumindest war das meine letzte Tätigkeit, ich habe sie im Laufe eines Dreivierteljahres erlernt und bin seither nicht in meinen alten Beruf zurückgekehrt. Als ich aus Rußland nach Hause gebracht wurde, kam ich sofort ins Gefängnis, nach meiner Freilassung dokterten die Ärzte an mir herum, sie wollten mich generalüberholen – aber ein paar Tage später kamen bereits die Deutschen. Doch ich hatte ohnehin das Gefühl, nie wieder einen Satz niederschreiben zu können. Ich wollte auch gar nicht mehr schreiben. Was mir widerfahren ist, kann sowieso nicht beschrieben werden – ich wehrte mich mit so elementarer Kraft gegen meine Erlebnisse wie einer, der ein bösartiges Geschwür, das sich ohne jeden Zweifel unter seiner Haut beult, abtun will, indem er beim An- und Auskleiden nicht hinsieht, es mit keinem Finger berührt und schon gar nicht zuläßt, daß es mit einem Messer angerührt wird – obwohl er weiß, daß es tödlich ist. Lieber daran sterben, als es operieren zu lassen: nicht darüber schreiben, nicht einmal darüber sprechen. Und nach all dem, was ich da draußen in der Ukraine gesehen habe, ist in mir die Überzeugung gereift, daß das Schreiben als Waffe und als Mittel zur Veranschaulichung ganz und gar veraltet und unbrauchbar ist. Wie weit sind wir schon davon entfernt, daß das geschriebene Wort etwas verhindern, etwas oder jemanden verändern kann? Es kann nicht einmal mehr veranschaulichen, was geschieht. Der Chronist, der Eposdichter, der Reporter oder der Radiosprecher wird, wenn er sich um seine Glaubwürdigkeit schert und etwas davon versteht, andere etwas glauben zu machen, keine Absurditäten niederschreiben, auch wenn diese Wirklichkeit sind. Die Wirklichkeit nämlich ist unwirklich geworden, und wer sie wirklichkeitsgetreu beschreiben will, wird zum ordinären, bluffenden Effekthascher. Wollte ich, daß man mir glaubt, müßte ich die unglaublichen Ereignisse mit einer verlogenen Ökonomie einteilen und in die Menschen, denen ich begegnete, menschliche Züge hineinfälschen. Damit der Leser nur nicht sagt: Denkt dieser sadistische Märchenerzähler oder wahnwitzige Patron, ich glaube an die Hölle und den Teufel? Ja, ich müßte die Hölle, in der ich mehr als anderthalb Jahre lang gelebt habe, in eine für die Durchschnittsphantasie vorstellbare Einrichtung, einen Betrieb umfälschen, und den Teufel in ein Ungeheuer, das es tatsächlich gibt. Dabei ähneln weder Hölle noch Teufel, das muß ich sagen, der mythisch-moralischen Vision von Vergil oder Dante, die ja eigentlich eine auf den Menschen zugeschnittene, erträgliche, realisierbare Hölle ist. Und auch die menschlichen und tierischen Ungeheuer der Gotik sind eigentlich nur schauderhaft aussehende Haustiere im Vergleich zu dem äußerlich in normaler menschlicher Hülle steckenden und mit anatomisch korrekt angeordnetem Hirn und Herz ausgestatteten deutschen Feldgendarm oder dem Aufseher von Nagykáta. »Einmalige Erscheinung«, sagte Hitler, und ich glaube auch, daß der Mensch diese teuflische Rolle, in der ich ihn sah und jetzt noch sehe, mindestens tausend Jahre lang nicht noch einmal spielen kann. Dieses Wunder ist ein größeres als die Wunder der Märchen oder die Wunder Christi. Was ist denn das Wunder des Märchens? Daß der Riese Siebenmeilenstiefel hat und der Prinz Aschenputtel heiratet? Nun, der englische Pilot, der vorgestern mittag noch Großwardein bombardierte, saß am Nachmittag bereits mit seiner Freundin in der Teestube in der Yermin Street, und gibt es denn einen schwedischen Prinzen, der nicht alle drei Monate eine arme, ja sogar häßliche Reporterin oder eine Steuermannstochter, die Greta Garbo ähnelt, zur Frau nimmt? Und was ist schon dabei, daß Jesus die Tochter des Jairus auferstehen ließ. Für die russischen Ärzte ist es längst kein Geheimnis mehr, daß Adrenalin dein Herz auch dann noch am Leben erhält, wenn man dir bereits den Kopf abgehackt hat. Und dieser ganze Wunderkomplex um Christus! Um wieviel wundersamer als die Hochzeit von Kanaa ist es, daß wir Zwangsarbeiter hier noch nicht vor Hunger krepiert sind, obwohl die Aufseher uns seit anderthalb Jahren praktisch sämtliche Nahrungsmittel stehlen – und ein größeres Wunder ist auch, daß Europa unter der Blockade immer noch nicht verhungert ist. Das wahre Wunder ist, daß der Mensch etwas fertiggebracht hat, das sogar jemanden verblüfft, der diesen instinktlosen Tierimitator, dessen Verstand und Seele sich als billiger Ersatz erwiesen hat, der bei der ersten Belastungsprobe versagt, voller Ekel verachtet. Die Misanthropen, die pessimistischen Philosophen, die Utopisten im Glauben an die menschliche Bereitschaft zu allem, sie alle sind gescheitert – der Mensch ist auf dem Gebiet des Bösen zum Höchsten fähig! Das Wunder ist, daß der Aufseher von Nagykáta, der daheim immerhin Schule und Kirche besucht hat, den Zwangsarbeiter Mannheim erst raffiniert halbtot folterte, ihn dann bei 35 Grad minus nackt unters Wetterdach warf und auf ihn pißte, so daß die Leiche in die Ausscheidung des Teufels einfror! Und wer glaubt mir das: Als ich, in einem Waggon ohne Seitenwand zwischen Bajonetten, aus der Ukraine bereits heimwärts, in Richtung Gefängnis zuckelte, stellten sich die deutschen Feldgendarmen plötzlich auf offener Strecke vor den Zug, winkten mit ihren weißen Taschentüchern, brachten ihn zum Stehen und schrien:

»Alles aussteigen!«

Wir steigen alle aus, Heimaturlauber, Genesende, russische Zivilisten, die Gendarmen und ich, der einzige jüdische Zwangsarbeiter. Alle hatten Angst – wieso durften diese Feldgendarmen den Zug auf offener Strecke anhalten? Wir befanden uns 45 Kilometer vor Minsk. Wir mußten uns in Dreierreihen aufstellen und zu Fuß zwischen den Schienen bis zum nächsten Dorf gehen. An den hochgestellten Schranken der Bahnstation hingen zu beiden Seiten Menschen. Die zerlumpte Bauernkleidung der Gehenkten war blutig, auf ihrer Brust waren rußigblutige Einschußlöcher zu sehen – man hatte vor dem Hängen noch auf sie geschossen. Die erhängten Menschen trugen keine Hosen mehr, aus ihren Lenden hingen geronnene Blutklumpen, aus denen es noch tropfte, und um die Fetzen ihrer kastrierten Körperteile balgten sich deutsche Schäferhunde. An der Spitze seiner Truppe stand ein gutgekleideter, schlanker Offizier, der mit regloser Miene in militärischem Preußisch seine Befehle erteilte. Der Obergefreite lauschte seinen Worten in Habachtstellung.

»Die Leute mußt du an den Brunnenrand aufstellen!«

»Jawohl«, kläffte der Unteroffizier.

»Die Leute sollen warten. Rauchen ist erlaubt.«

Der Unteroffizier handelte sofort. Er führte uns etwa hundertfünfzig Schritte weit an eine Stelle, wo sich die Lichtung zu einer Weide mit einem Ziehbrunnen in der Mitte verbreiterte. Wir hielten an und durften rauchen. Setzen durften wir uns nicht, dafür hatte der Unteroffizier keine Vollmacht. Aber ich würde niemals wagen, genau niederzuschreiben, was ich sah. Würde das jemand in New York lesen, hielte er mich wohl für einen schlechten Vertreter der Trivialliteratur.

Trug es sich wirklich so zu? Und ist das, was mit uns hier im Ghetto geschieht, glaubhaft, so wie es geschieht?

Also, da am Brunnen beobachteten wir das Treiben der Deutschen; uns alle beunruhigte die Frage, was sie von uns wollten, warum sie uns aus dem Zug steigen und uns hier aufstellen ließen, was sie mit uns vorhatten. Vorläufig sahen wir nur ein Kommen und Gehen, später, etwa nach einer Viertelstunde, brachten vier Todt-Männer einen Haufen Spaten – und jeder von uns bekam einen. Wir würden einen Bunker oder einen Luftschutzgraben ausheben – wohl doch nicht unser eigenes Grab, denn Jude bin hier nur ich, die anderen sind Arier! Die Deutschen, die die Spaten gebracht hatten, sind gleich zurück zur Station gegangen, wo die zwanzigköpfige Todt-Truppe sich mit zehn SS-Leuten in Reih und Glied aufstellte. Jeder der Todt-Männer hatte die gleiche Ölkanne in der Hand. Der Offizier stand breitbeinig, die Hände in den Hüften vor der Reihe und rief den Soldaten irgend etwas zu. Daraufhin stellten die Todt-Burschen ihre Kannen alle gleichzeitig, im selben Takt, in schnurgerader Linie vor sich hin. Dann kamen ukrainische Polizisten auf den Platz und stellten sich in einer Entfernung von etwa fünfzehn Schritten hinter den Deutschen auf. Die Ukrainer waren nicht so stramm wie die Todt- und die SS-Leute, sie wirkten etwas mißmutig, bewegten sich aber doch recht soldatisch auf die Befehle. Der deutsche Offizier sprach jetzt mit Hilfe eines Dolmetschers zu ihnen, woraufhin die ukrainische *policaj* in Zweiergruppen ins Dorf ausschwärmte. Von der Dorfbevölkerung war bis auf die beiden Gehenkten niemand zu sehen. Die Ukrainer verschwanden in den Häusern und trieben kurz darauf Kühe, Panjepferde, Schweine und Ziegen auf die Straße. Als jeder Polizist fünf, sechs Tiere zusammengetrieben hatte, begann er sie auf die Weide, in unsere Richtung zu treiben. Der erste Transport war bereits bei uns angelangt. Auch der Obergefreite kam mit und erteilte Befehle:

»Zehn Mann hierher! Auf das Vieh aufpassen!«

Zehn von uns springen sofort hervor und scheuchen und treiben mit ausgebreiteten Armen die Rinder. Die Pferde verstehen all das nicht, sie treten und brechen aus. Die Leute besorgen sich Stangen und dreschen auf die Pferde ein. Die Rinder, Ziegen und Schweine, die Kleinbürger unter den Haustieren, interessieren sich sofort für das Weiden, sie fressen das Gras und wühlen in der Erde. Ein Stier hat sogar Liebesgelüste. In einer Stunde und zwölf Minuten – die Zeit habe ich von der Uhr meines Nachbarn, des Musikers und Feldwebels, abgelesen – wurde das gesamte Vieh des Dorfes auf die Weide getrieben. Und nun? Wie die Choristen im Theater ziehen sie auf die Bühne, die graubärtigen deutschen Landsturmmänner – zwanzig preußische Großväter –, und übernehmen mit offiziellem, amtlichen Gesichtsausdruck das Vieh. Fünf von ihnen füllen Formulare aus, in denen es für jede Viehsorte eine eigene Rubrik gibt, und die anderen diktieren den Bestand – so und so viele Pferde, Kühe, Ziegen, Schweine, ein einziger Hammel. Dann treiben sie die zusammengewürfelte Herde unter deutschem Viehtreibergeschrei in Richtung Landstraße. Sie requirieren also Vieh, dachte ich, und dieser Annahme widersprach auch nicht, daß ich zwei Gehenkte an der offenen Schranke baumeln sah. Sie waren nach deutschem Brauch erschossen und erhängt worden: gewiß wollten sie die Beschlagnahmung verhindern oder erschweren. Doch warum stehen wir noch immer hier am Brunnen, wo wir unsere Arbeit doch getan haben?

Jetzt schwärmten die Todt-Männer auf dem Platz mit geradezu graziöser Bewegung in Fächerform aus. Der Anblick erinnerte an ein Varietéballett – wie sie sich auf Zehenspitzen in gleichmäßigen Abständen voneinander entfernten und dabei die Kannen alle in gleicher Höhe hielten. Ich wußte schon immer, daß Hitler in Propaganda und Äußerlichkeiten vor allem vom Zirkus Barnum und vom Hollywood-Film gelernt hat – diese Szene war ein Plagiat aus dem New Yorker, Londoner und Pariser Music-Hall-Film. Doch das typische Päderastenphantasien darstellende Ballett löst sich immer noch in artistischem Gleichmaß auf. Die Todt-Männer klettern einzeln auf die Strohdächer und gießen den Inhalt der Kannen darüber. Eine weitere halbe Stunde vergeht. Dann versammeln sie sich erneut auf dem Platz, dann strömen sie wieder auseinander, um von Haus zu Haus zu gehen und jedes Strohdach anzuzünden. In Qualm und Feuer sind jetzt zum erstenmal die russischen Dorfbewohner zu sehen – eher die Gesten der Todesangst als Gestalten und Gesichter. Sie flüchten aus Qualm und Feuer. Und da gehen die Maschinengewehre los. Die Regie ist jetzt unterbrochen, der Takt ist arhythmisch, die Maschinengewehre knattern nicht gleichzeitig. Und die Alten, die Schwachsinnigen, die *klopzis*, *matkas* und *barischnas* fallen ungeordnet zu Boden, in die glühende Flugasche. Der Geruch angebrannten Fleisches läßt meine Nase anschwellen. Und was sah ich noch? Jetzt weiß ich endlich, warum ein roter Hahn Symbol der Feuergefahr ist. Ein goldroter Hahn flatterte auf der Straße mit brennendem Gefieder auf uns zu, das Krähen hatte er plötzlich vergessen, er gackerte nur noch kläglich, bis er umfiel wie ein altes krankes Huhn. Das Kleinvieh wegzutreiben, hatte sich nicht gelohnt und wäre auch technisch schwer durchführbar gewesen – was dem Feuer zum Opfer fiel, verbrannte eben. Was wegflog, wurde von den Deutschen gejagt – das gab dann am Abend eine Hühnersuppe für die Soldaten.

Auch die Hunde wurden nicht weggetrieben – sie waren sofort jaulend auf die Straße hinausgelaufen und wurden von den Maschinengewehren umgesäbelt. Vielleicht haben sich ein, zwei in den Wald gerettet, doch die meisten lagen zusammen mit ihren Herrchen, den verkohlten Russen, in der Asche.

Und erst als die Maschinengewehre verstummten, erfuhren wir, was unsere Aufgabe sein würde. Wir hatten die Schaufeln bekommen, um die fünfhundertsiebenundzwanzig Toten des Dorfes zu begraben. Als wir uns aufmachten, um das Grab auszuheben, waren wir bei weitem nicht so stramm und graziös wie die Todt-Männer – der Obergefreite beschimpfte uns auch, die geschulterten Schaufeln würden keine gerade Linie bilden und wir nicht hart genug ausschreiten. Am anderen Ende des Dorfes, auf dem höchsten Punkt des Waldrandes, bestimmte der Obergefreite, zweifellos mit Geschmack und Gespür, den Ort für das Massengrab. In Berlin wie auch in Budapest sorgt eine Sonderabteilung der Kriegsministerien dafür, daß auch die Grabstätten an der Front durch Lage und Gestaltung ästhetisch Pietät ausdrücken. Sie legen Wert darauf, daß der Friedhof an einer schönen Stelle liegt und die Wirkung der Landschaft nicht zerstört. Hitler war Landschaftsmaler, das darf man nicht vergessen. Nun, von drei Seiten standen gerade gewachsene Silbertannen Wache – und was die detaillierten Anweisungen betrifft, so sagte mir der Obergefreite nichts Neues: ich war ein Dreivierteljahr lang in der Branche tätig, ich bin ein alter Totengräber und wußte auch, daß die deutsche und ungarische Totengräberanweisung gleichgeschaltet wurde: das Massengrab muß ein Meter neunzig tief ausgehoben werden, und zwischen den Leichen sind fünfundzwanzig Zentimeter Platz zu lassen. Und ich wußte auch, daß das Grabschaufeln auch deshalb eine schlechte »Maloche«, eine unangenehme Zwangsarbeit war, weil der Aufseher oder SS-Mann vom Rand des Grabes ständig beobachtete, ob die fünfundzwanzig Zentimer Abstand zwischen den Toten eingehalten wurden und ob sie parallel zueinander lagen. Lag einer etwas schief, versetzte der Soldat dem Totengräber einen Tritt – was gefährlich war, weil sich der Kopf des Totengräbers in einer Höhe mit dem Springerstiefel des Soldaten befand.

Die anderen waren Pfuscher und Anfänger, aber ich wußte das alles, weil die beiden Heere in dieser Frage, wie gesagt, die gleichen Prinzipien verfolgten. Ich wußte nur nicht, was aus den Hunden werden sollte – Hundeleichen sind in meiner Praxis noch nicht vorgekommen, es war wohl berufliche Wichtigtuerei, daß ich den Obergefreiten fragte:

»Ergebenst, was soll mit den Hunden passieren?«

»Dieser Saujude würde die Hunde noch mit den Menschen zusammen begraben!« fuhr er mich empört an und zog mir eins mit der Walroßlederpeitsche über.

Wir gruben die ganze Nacht lang. Es war eine traumhafte Nacht. Die Silbertannen erinnerten mit ihren weißen Taillen im Mondenschein an den Wunderpark von Parsifal. Von weitem dröhnten Kanonen, und in der Nähe, links und rechts, vorn und hinten, gingen Minen hoch. Die Partisanen arbeiteten ebenfalls. Dieses Dorf war von den Deutschen zerstört worden, weil die Partisanen die Eisenbahnschienen am Dorfrand gesprengt hatten. Sicher werden auch heute nacht Schienen gesprengt, vor oder hinter uns, wieder werden Dörfer entkernt, und die Berliner Ästheten werden weitere Plätze für Massengräber an entlegensten Punkten der Landschaft bestimmen. Und die unbegrabenen Hunde werden von den russischen Krähenscharen gefressen oder von den Adlern mit den Geierschnäbeln zerrissen. Die am Leben gebliebenen Hunde schleichen aus dem Wald wieder zurück an die Stelle, die einst ein Dorf war, und auf ihren Hinterbeinen sitzend jaulen sie mit zum Himmel gereckter Schnauze im Mondenschein laut um die Toten ihrer Gattung. Die Viecher haben Hunger, hatten doch in den letzten zwei Jahren, seit die Sklaverei währt, auch ihre Herrchen kaum etwas zu essen – doch ein Hund frißt nun mal keinen Hund.

18.

Wie gesagt, mein lieber Freund Friedländer, da draußen habe ich das Totengraben gründlich erlernt. Am 12. November 1942 abends um acht war noch milchig-dunstiger, lauer Herbst, doch vor Mitternacht fiel bereits Schnee, und mit dem Schnee kam Kälte von siebenundzwanzig Grad. Der Schnee verschwand nicht mehr bis März, und auch das Thermometer stieg nicht über zwanzig Grad minus. Im Morgengrauen wählte der diensthabende Feldwebel mich und zwei andere – einen Chirurgen und einen Hausierer – aus, weil der Heldenfriedhof Hilfstotengräber von der Kompanie angefordert hatte: die beiden alten jüdischen Totengräber schafften die

Arbeit nicht mehr. Die letzten Tage waren schon neblig gewesen, und die Zahl der Minentoten nahm rapide zu. Der Fleckentyphus griff auch um sich, ein Verdächtiger nach dem anderen wurde von den umliegenden Stützpunkten gebracht, mit zweiundvierzig Grad Fieber, unaufhörlichem Durchfall und der Spur von Läusebissen sowie Ausschlag am Bauch. Der Minentod war häufiger, weil im Nebel schwerer festzustellen ist, wo die Erde locker ist und wo die raffinierten Partisanen die ausgeschnittenen Rasenziegel über die Minen gesetzt hatten. Bei gutem Wetter konnte der Minensucher die verdächtigen Spuren gerade noch erkennen oder vielmehr instinktiv erspüren, daß in der Nähe Gefahr drohte, aber bei Nebel und Nieselregen, im von der Feuchtigkeit aufgelockerten Schlamm waren die Spuren total verwischt, der Schnee machte jedwede Orientierung unmöglich, der bleiern graue Himmel und die trostlose weiße Steppe ließen auch die Sensibilität der Nerven abstumpfen – sie reagierten nicht mehr auf nahendes Unheil. Und weil die Minensucher die Minen nicht auflesen konnten, traten immer mehr Männer auf eine Mine und in Nebel und Schnee fuhren auch die Kraftfahrer immer öfter darauf. Der Typhus nahm zu, weil die Männer sich und ihre Wäsche in der großen Kälte kaum noch wuschen. Sie waren voller Läuse – auch wir, mein Freund Friedländer –, ja wir Juden sogar in erster Linie, weil man uns vom Morgengrauen bis zum späten Abend hetzte und selbst in unserem Quartier dauernd antrieb und uns keine Zeit zum Waschen ließ. Wir hatten auch nicht die Nerven dazu – wir waren völlig ausgemergelt, auch die Enttäuschung hatte uns entmutigt, nicht abgeholt, sondern in dünnen Sommerfetzen hier im Winter vergessen zu werden, ganz zu schweigen davon, daß wir beim Auswaggonieren in Kiew von den Offizieren und Soldaten der Spionageabwehr förmlich ausgeplündert worden waren, wir konnten nicht einmal mehr die Unterwäsche wechseln.

Natürlich kam auch der erste Typhuskranke aus unseren Reihen. In Seredjina Buda, einem Zentrum des Brjansker Waldes, der viereinhalb Monate lang Sitz der Hauptkommandantur der ungarischen Partisanenjäger war. Hier arbeiteten auch wir, und hier hob ich auch die Gräber aus, mein Freund Friedländer. Es kam die Nachricht vom ersten jüdischen Typhuskranken, und schon verbreitete sich unter den Soldaten die Blutanklage, wir hätten den Typhus gemacht, um die ungarische Armee zu schwächen. Auch der erste Typhustote in der Garnison war Jude, und die Divisionskommandantur erlaubte es nicht, den Juden auf dem Heldenfriedhof zu beerdigen. Wir mußten ihn am Rand der Stadt, jenseits des Baches, auf dem ukrainischen Friedhof verscharren, als Fleißaufgabe, morgens halb vier, eine halbe Stunde vor dem offiziellen Wecken. Die Ukrainer der Stadt mochten uns nicht besonders, hatten ihnen die Deutschen doch etwas von dem zaristischen Antisemitismus zurückgebracht, den die Sowjets fast ausgemerzt hatten. Doch die ungarische Kommandantur brachte uns, die Ukrainer und die Juden, mit ausgeprägtem Propagandagespür zusammen. Daß unsere Gräber jetzt auf demselben Friedhof waren, machte den Ukrainern bewußt, daß wir nicht nur einen gemeinsamen Friedhof, sondern auch einen gemeinsamen Feind hatten. Damit begann eine Art Komplizenschaft zwischen uns, und in den vier Monaten, die wir in Seredjina Buda verbrachten, wurde daraus menschliche Solidarität und ein politisches Bündnis.

Den Heldenfriedhof hatten noch die Deutschen nach Plänen des Berliner Kriegsministeriums zu bauen begonnen. Die Deutschen nahmen sich dafür den Hauptplatz der Stadt, wo die öffentlichen Gebäude, das Theater, die größte Kirche und die Kaufhäuser standen und die Jugend promenierte. Alle wichtigeren Straßen der Stadt liefen auf diesem Platz zusammen und sind nun alle zu Sackgassen geschrumpft, weil sie am Birkenzaun des Heldenfriedhofs enden. Die Deutschen wollten mit dem Friedhofsbau auf dem Hauptplatz nicht nur die Russen ärgern, sondern bewußt die Stadt zerstören, um auch durch Änderungen im Verkehr ständig an ihre Gegenwart zu erinnern. Andererseits war der Friedhof auch so eine Art Geßler-Hut – auf die gleichförmigen Holzkreuze wurden nach deutscher Anordnung die Stahlhelme der Heldentoten gestülpt –, und jeder vorbeigehende Russe mußte vor dem Stahlhelm den Hut ziehen. So ging keiner gerne daran vorbei, sondern lief lieber um die ausgedehnte Stadt herum, nur, um nicht grüßen zu müssen. Als die Deutschen den ungarischen Besatzungstruppen die Stadt übergaben, lagen auf dem Friedhof erst einundneunzig Tote mit Stahlhelm. Der Bestand wuchs binnen eines halben Jahres auf dreihunderteins – lauter ungarische Tote, allesamt aus der älteren Generation. Verwundete aus den Partisanenkämpfen, die zum Sterben ins Spital gebracht wurden, oder Männer, die auf eine Mine getreten waren und noch einige Stunden weiterlebten und solche, die an einer Krankheit starben. Mit denen, die draußen im Wald umkamen, machte man nicht viel Federlesens. Sie wurden einfach irgendwo unter den Bäumen verscharrt.

Wie gesagt, mein Freund Friedländer, der ursprüngliche Plan des Friedhofs wurde noch im Berliner Kriegsministerium erstellt, doch als wir die Stadt übernahmen, wurde der Entwurf vom ungarischen Kriegsministerium überarbeitet. Ein herausragendes Moment des ungarischen Entwurfs war die fünfundzwanzig Meter hohe Landesflagge in der Mitte des Friedhofes. Überall, wo die ungarischen Truppen auch nur einige Wochen in Rußland weilten, stellten sie alsbald die ungarische Nationalflagge auf, und nicht mehr als Sinnbild der alten Revindikation, sondern der neuen Eroberung. Die Soldaten waren davon überzeugt, daß wir uns Rußland mit Hitler teilen würden. Sie sagten es auch einander, ja die gutmütigeren Mitteilsamen herablassend sogar uns: »Sehen Sie, Sie Juden können soviel reden wie Sie wollen, die Deutschen sind doch... Also hier gehen wir gar nicht mehr raus, die Deutschen haben uns diese Gebiete für immer gegeben, und hier bekommen all die Grund und Boden, denen daheim nichts zufiel.« Tatsächlich, der Friedhofsplan war in Budapest so detailliert und definitiv ausgearbeitet worden, als ginge es dabei um einen für Jahrhunderte gültigen Stadtbebauungsplan, sagen wir mal, im Zusammenhang mit dem Aufbau des Nationaltheaters. Der tollwütige Feldpriester trug den Plan ständig bei sich in der Tasche, und wenn wir eine neue Parzelle begannen, bei der sich die Linie des Grabes nur einen Zentimeter verschoben hatte, schlug er sofort mit dem Stock zu und brüllte:

»Saubande, euch müßte man bei lebendigem Leib begraben!«

Gnadenlos peitschte der Steppenwind, als wir das Grab meines ersten Toten, des Soldaten Ferenc Császár aus Zalaszentgrót, aushoben. Unser Werkzeug war erbärmlich, Schnee und Erde steinhart – doch Veinberger, der Drucker-Totengräber, lehrte uns als alter Experte die Kniffe des Berufs, und auch die anderen waren lernwillig und entschlossen. Es war eine schlechte »Maloche«, eine bittere Arbeit – aber sie hatte einen großen Vorteil: daß der Aufseher dabei nicht den ganzen Tag hinter uns stand. Nur der Feldpriester erschien mehrmals am Tag unerwartet zu Pferde, und ob er einen Grund fand oder nicht – er schlug uns mit dem Stock oder trat uns gegen den Kopf. Das kalkulierten wir ein, wir warteten, bis es vorüber war, dann hatten wir wieder ein, zwei Stunden Ruhe. Und diese »Maloche« hatte noch einen Vorteil: je tiefer wir in die Erde vordrangen, desto weniger spürten wir die Millionen Nadelstiche des erbarmungslos scharfen Steppenwindes. Das Grab war ein guter Unterstand vor der Kälte. Abends in unserem Quartier, wenn wir »aus dem Grab zurückgekehrt« waren, sagten wir einander, die Ukraine sei am besten »in der Tiefe des Grabes« auszuhalten. War das Grab mehr oder weniger fertig, hockten wir uns hinein und unterhielten uns. Der Chirurg-Totengräber, früher Assistenzarzt von Professor Adam, mußte bisher die Pferdeaase häuten, denn der Handel mit Roßhaut war ein legales Geschäft der Offiziere. »Na, Herr Professor, nun operieren Sie mal!« sagte ihm der Generalstabsmajor, der ihn persönlich zum Pferdehäuten auserkoren hatte. Der Chirurg war zufrieden mit seiner neuen Funktion: nun mußte er wenigstens nicht tagtäglich in blutigen Pferdegedärmen wühlen. Der Hausierer-Totengräber war orthodoxer Jude, eine Art Halbprofessioneller der Glaubensgemeinde, gelegentlicher Schammes und Hilfsvorbeter, und im Grab murmelte er ständig gen Osten gewandt das zur jeweiligen Tageszeit bestimmte Gebet. Der Drucker war der gewandteste und solidarischste, von Zeit zu Zeit floh er aus dem Grab und erbettelte in den umliegenden russischen Häusern Brot und Kartoffeln für uns. Die Russen gaben immer etwas, und wir hatten immer Hunger. Und dabei schaufelten wir das Grab für den ungarischen Soldaten Ferenc Császár und dessen Gefährten – nun waren wir wirklich die Totengräber der ungarischen Rasse. Und auch die Totengräber der Nation, wie es uns der Feldpastor vorzuwerfen pflegte.

Mittlerweile wissen Sie ja auch, Friedländer, wie schnell diese Art von Beruf ihre Ungewöhnlichkeit und ihren Schrecken verliert. Wenn wir im Morgengrauen mit den schäbigen Hacken auf der Schulter auszogen, schauten wir unterwegs beim Spital vorbei und fragten den Diensthabenden: »Wie viele Tote?« Nach wenigen Tagen dachten wir kaum noch daran, daß in den plumpen Holzkisten Ungarn, Menschen, oder noch eher die zerfetzten Überreste ungarischer Menschen, lagen. Wir waren den Totengräbern in *Hamlet* mit ihren gezielt makabren Anspielungen und ihrem philosophischen Humor gar nicht ähnlich – wir unterhielten uns ernst, düster und manchmal mit verbitterter Heiterkeit über alles, nur nicht über den Tod, der unser Rohstoff war, ausgenommen natürlich über aktuelle fachliche Details des Grabschaufelns.

Der gemeine Feldgeistliche hatte es manchmal sehr eilig – auch er hatte eine ukrainische Nutte –, er ritt nur schnell herbei, leierte seine Liturgie herunter, sprang wieder aufs Pferd und ließ uns den Sarg da. Und sobald er mit seinem Pferd um die Ecke verschwunden war, hatten wir es auch nicht mehr so eilig – ein Zwangsarbeiter faulenzt, wenn niemand hinter ihm steht –, setzten uns auf den Sarg, steckten uns eine Zigarette an, aßen, wenn wir etwas hatten, besprachen die Kriegsnachrichten und zeigten uns gegenseitig unsere Briefe, die wir von zu Hause zugeschmuggelt bekamen. Und erst, als die Zeit des Einrückens nahte, sagte einer von uns seufzend: »Na, tun wir etwas, Leute!« Und wir rafften uns auf, denn der Sarg mußte in das Grab hinabgelassen, der Hügel aufgeschüttet und das übliche Kreuz ans Kopfende gesteckt werden.

Wir wohnten in einem russischen Bauernhaus, das war unser »Quartier«, wohin wir nach der Arbeit einrückten. Die Russen waren wortkarge, geheuchelt schlechtgelaunte, gutmütige Leute. Nur der Alte, der einundsiebzigjährige Großvater, sah uns nicht gern. Er war unter dem Zaren ein wohlhabender Kaufmann gewesen, der die Deutschen und die Ungarn besser leiden konnte, da sie ihn wieder Handel treiben ließen. Doch die Alte, seine Frau, war zu mir wie eine Mutter – sie machte mir Umschläge für mein vereitertes Bein, kochte mir Tee, wenn ich hustete und reichte mir Milch, weil sie meine Magerkeit beklagte. Sie war religiös, und weil das Grabschaufeln doch irgendwie mit Gott, dem Paradies und der Hölle zu tun hat, galt ihre Fürsorge natürlich auch meiner kirchennahen Funktion. Der siebzehnjährige Junge und das fünfzehnjährige Mädchen waren Kommunisten. Einmal, es war Anfang Dezember, ging ich in die Küche, um Milch zu holen. Da saß der Junge am Tisch beim Licht einer Benzinfunzel, im zerlumpten Pelzrock, mit verrotzter Nase und blaugefrorenen Händen – ganz ins Lesen vertieft. »Was liest du?« fragte ich, denn ich hatte so an die fünf-, sechshundert russische Wörter gelernt. Er rasselte den Titel des Buches herunter, so daß ich kein Wort davon verstand. Ich nahm ihm das Buch aus der Hand. Unter dem russischen Titel stand in Klammern der französische: *Éducation sentimentale*. Er hatte es in der Stadtbibliothek ausgeliehen, die in den Kartoffelkellern vergraben worden war, als die Deutschen kamen. Die Bücherei ist immer noch in den Kartoffelkellern, dort kann man sich heimlich Bücher ausleihen. Der Junge spuckte natürlich auf den Fußboden wie die anderen Bauern – in Rußland gibt es Extreme, lieber Friedländer: Flaubert und gleichzeitig vernachlässigte, rückständige Äußerlichkeiten. Doch Flaubert und Gesellen sind schon da, sie haben Fuß gefaßt, und nicht sie werden verschwinden, sondern die jahrhundertelangen Versäumnisse. Das Mädchen rezitierte uns Majakowski und Puschkin – vorletztes Jahr war das Puschkin-Zentenarium. Sie wollte Lehrerin werden, aber seit der Besetzung war sie nicht mehr in der Schule. Jetzt ist sie mit Genehmigung des ungarischen Militärs Hilfslehrerin in einem Nachbardorf. Doch wir wußten, daß sie auch in den Wald ging – sie bringt und holt Botschaften von den Partisanen.

Die Partisanen machen uns viel Arbeit, es gibt viele Tote. An einem Morgen bei noch erbarmungsloserem Wetter als sonst, bei einundvierzig Grad Kälte, zogen wir hinaus auf den Friedhof, und auf der Lichtung der Grabstelle, saß an einem Feuer ein älterer Pionier mit rotem Schnurrbart. Er hatte verschiedenes Werkzeug bei sich, eine Axt, eine Säge, einen Bohrer und Nägel in verschiedenen Größen. »Guten Morgen, Leute«, grüßte er freundlich. »Ich mache eine Kapelle aus Birkenholz, zum Aufbahren der Toten.« Der tollwütige Feldgeistliche hatte vom Kompaniechef empört verlangt, eine Aufbahrungskapelle bauen zu lassen: die Särge der Heldentoten könnten doch nicht wie ausgemusterte Kisten im bloßen Schnee herumstehen, das sei pietätlos. Und als gefragt wurde, wer aus Birkenholz eine Kapelle bauen könne, hatte sich der Pionier gemeldet. Er war Milchmann im Dienst der Abtei von Tihany, doch er verstand es auch, mit Hammer und Säge umzugehen. Er hieß Gergely Kovács, hatte eine Frau und zwei kleine Söhne. Er war ein Mann mit losem Mundwerk, er fluchte ständig und schimpfte auf die Pfaffen, die seine Frau und seine kleinen Söhne hungern ließen, obwohl er seit dreizehn Monaten an der Front war. Aber er war ein geistig heller Bauer alten Schlages. So sagte er Sachen wie: »Wozu brauchen wir diesen Krieg, was suchen wir hier, zweitausend Kilometer von zu Hause weg? Das ist auch für die Herrschaften nicht gut, denn nach diesem Krieg wird der arme Mann nicht dulden, daß er nicht bekommt, was ihm zusteht.«

Gleich am ersten Tag führte er so offene Reden. Er buk Kartoffeln und gab jedem davon ab. »Aber nun gehen Sie an die Arbeit, Leute, es könnte ein Herr Offizier kommen. Ich dürfte mich gar nicht mit Ihnen unterhalten. Es ist ein Befehl, daß man zu Ihnen Juden keinen Kontakt aufnehmen darf, weil man Läuse und Typhus von Ihnen bekommt. Und Sie verbreiten falsche Nachrichten! Aber ich habe auch ohne Sie genug Läuse, und ich weiß alles, auch wenn ich nicht darüber spreche.«

So lernten wir Kovács kennen. Jeden Morgen machte er ein großes Feuer und hockte sich kerzengerade daneben. Später kümmerten sich weder er noch wir um das Kontaktverbot: Wenn die Luft rein war, schlichen wir uns ans Feuer, um uns ein wenig aufzuwärmen. Und währenddessen bohrte, schnitzte, sägte und nagelte Kovács – schon nach zwei Wochen nahm die Kapelle Gestalt an. Die Wände standen bereits, und das Feuer wurde nach drinnen verlegt. Und wenn der Schneesturm gar zu heftig war und wir wußten, daß der Feldgeistliche bei dem Wetter nicht mit seinem Stock herauskommen würde, ließen wir uns in der Kapelle nieder, setzten uns ums Feuer, meistens auf die Särge. Er saß auch auf einem Sarg, buk Kartoffeln, und er brachte uns jetzt jeden Tag etwas mit. Zum Beispiel Sardinen, die die Pioniere als Lebensmittelzulage bekamen und die Kovács nicht hinunterbekam. Er war bereits am Altarsakrament – es war eine sehr schöne Volkskunstarbeit, die Ethnographen und Folkloristen hätten ihre helle Freude daran gehabt –, doch wenn er mit der Axt daneben oder gar seinen Finger traf, verfluchte er mit seinem losen Mundwerk alle Heiligen. Diesen so menschlichen und gottlosen Bauern, der beim Zimmern sakraler Gegenstände fluchte und sein Brot mit uns teilte, hätte Anatole France schön beschrieben.

Wir hoben die Gräber aus, jeden Tag mehr, nach den Plänen des Kriegsministers. Wir hatten uns damit abgefunden, vom Feldpriester einzeln oder alle getreten oder ausgepeitscht zu werden und waren, wie Kovács meinte, gern auf dem Friedhof. Mit ihm politisierten wir inzwischen offen. Kovács haßte die Deutschen und wünschte, sie würden von den Russen geschlagen – und er freute sich, daß sie bereits dabei waren. Er konnte es kaum erwarten, daß wir uns von hier »verkrümelten«. Daß wir, verdammt noch mal, endlich nach Hause, nach Tihany oder Budapest, gingen. »Mein Schwager ist Müller in Arács, im Jahr neunzehn hat er nach der Kommune sieben Monate in Veszprém gesessen. Der wird noch ein großer Mann in Arács.«

Für den Nachmittag des 24. Dezember 1942, um drei Uhr, waren vier Beerdigungen angesetzt, doch wir wurden mit dem Ausheben der Gräber nicht rechtzeitig fertig. Unter der gefrorenen Eis- und Erddecke stießen wir auf das Fundament eines zerstörten Hauses, und die Hacke prallte zurück wie von einer Stahlplatte, sie wurde mit den Ziegelsteinen nicht fertig. Das kann nur gesprengt werden, stellten wir sachkundig fest. Um drei waren wir noch kein bißchen vorangekommen. Der Geistliche war wütender und betrunkenen denn je – seit dem frühen Morgen hatte die ganze Garnison ununterbrochen getrunken. Selbst wir tranken, da uns Kovács von dem Rum anbot, den er zu Weihnachten gefaßt hatte. So übel wie am Nachmittag vor Heiligabend hat uns der Feldpriester noch nie geprügelt. Mir schlug er mit dem Ziemer ins Auge, daß es sogleich blutunterlaufen war. Und da er sah, daß die Gräber nicht mit Hacken ausgehoben werden können, verschob er die Beerdigung auf die Feiertage, ordnete aber aus Strafe an, daß wir bis abends um neun nicht in unsere Unterkunft einrücken durften und in dem halbausgehobenen Grab kauern mußten. Es war ein klirrend kalter, aber klarer Abend mit großen Sternen. Der Viertelmond sah aus wie ein kyrillischer Buchstabe. Kovács rückte um fünf ein und ließ uns seinen Speck, sein Brot und seinen restlichen Rum da, damit wir nicht erfroren. Je mehr es dämmerte, desto kälter wurde es und umso fröhlicher wurde es in der Stadt. Auch die Offiziere waren schon betrunken – beim Divisionskommandanten mußte es irgendeinen Empfang gegeben haben, und von dort zogen sie lärmend, johlend, sichtlich beschwipst am Friedhof vorbei. Vier Offiziere stiegen sogar über den Birkenzaun und kamen genau auf uns zu. Unter ihnen war auch der Feldgeistliche.

»Welcher von euch ist der Tintenjude?« fragte ein Offizier im Pelzrock mit englischem Schnauzbart und Hakennase.

Der Geistliche zeigte auf mich.

»Der ist es. Warum sagst du nichts, wenn der Herr Oberst fragt?«

Ich stand stramm da und schwieg.

»Hast du die landesverräterischen Artikel geschrieben? Hast wohl auch nicht gedacht, daß es so ausgeht? Daß du am Ende Totengräber wirst...«

»Ein Totengräber der Nation«, ergänzte der Geistliche flink.

»Mach nur weiter«, fuhr der angeduselte Oberst fort. »Oder ruf deinen Kumpel Roosevelt an, er soll mit diesem Krieg aufhören, er hat sich schon genug bereichert. Verstanden?«

»Jawohl«, erwiderte ich ehrerbietig.

Sie gingen hämisch johlend fort, und ihren Gesten war anzusehen, daß sie sich auch geistig weit überlegen fühlten. Nun gut, ich werde Roosevelt anrufen. Vorerst grölt aber die ganze Stadt auf ungarisch, vom Weihnachtsrum angetrunken – und aus allen Ecken ist der typische Lärm der großen Dorfkneipen an den sonntäglichen Tanzabenden vor den Messerstechereien zu hören.

19.

Es war Heiligabend, Friedländer – ich weiß nicht, was er Ihnen bedeutet. Für mich war er seit meinen ersten Kindheitserinnerungen der große Abend. Der Weihnachtsbaum gehörte schon in meiner Säuglingszeit zu meiner Festtagsflora – sogar 1941 stellten wir noch einen Weihnachtsbaum auf, bevor ich nach Rußland gebracht wurde. Wir speisten immer fürstlich, und im Kamin prasselte das Tannenholz, wie es mein englisches Märchenbuch vorschrieb. Und immer war das Wetter weihnachtlich: die Landschaft verschneit, der Himmel klar, mit ungeheuer großen Sternen – möglich, daß es zwischendurch auch weniger stilechtes Weihnachtswetter gab, aber das ist mir entfallen. Und es herrschte ungewöhnliche Stille, eine Stille wie heute nacht. Meine Eltern hatten Weihnachten von ihren Eltern als Volksbrauch übernommen und ohne daß sie sich seinem religiösen Sinn angepaßt hätten, hielten sie doch die Festetikette ein: An diesem Abend gab es zum Beispiel nie einen Familienkrach, ja es fanden sogar große Versöhnungen mit den streitenden oder hadernden Seitenverwandtschaften statt. Die Verwandten begegneten einander mit fast förmlicher Höflichkeit, und sie genossen nicht nur die Freude über das Geschenk, sondern auch die des Schenkens. Wir erwarteten natürlich nicht das Christkind – das kam nur in die Küche zu den christlichen Dienstboten, die so lange »Vom Himmel hoch da komm ich her« sangen, bis es wirklich zu ihnen kam. Jedenfalls erzählten sie es mir, dem Vierjährigen, am anderen Morgen, und stolz zeigten sie mir, was es ihnen gebracht hatte: das braune Stricktuch und das Rumburger Leinen für zwei Hemden. »Warum ist es nicht zu uns hereingekommen?« fragte ich. »Ihr habt es doch gekreuzigt, da wird es doch nicht zu euch hineingehen!« antwortete die Köchin. Als ich meine Mutter – meine arme, inzwischen verbrannte Mutter – wegen der Kreuzigung befragte, schimpfte sie mit der Köchin und sagte vorwurfsvoll zu ihr: »So dankst du es nun, Julchen, daß ich dir das schöne Tuch von Schlesinger mitgebracht habe?« Julchen weinte, wütete, tobte, verdarb das Festmahl – und kündigte am Neujahrstag zum fünfzehnten: sie blieb dabei, daß wir Jesus gekreuzigt hätten. Deshalb sind wir hier, Friedländer – auch deshalb! –, weil man Julchen nicht mit einem Tuch beschwichtigen konnte! In mir stiftete Julchen damals große Verwirrung. Ich begann mich für die Einzelheiten zu interessieren, und meine arme Mutter verteidigte sich in die Ecke gedrängt verzweifelt, als wäre sie für etwas verantwortlich gewesen. Die Römer hätten Jesus gekreuzigt, wir hätten nichts damit zu tun, beteuerte sie mir. Und sie sagte auch, Jesus könne nichts für all das, er sei ein guter Mensch gewesen, und nur die Pfaffen verwirrten die Köpfe dieser Mädchen – auch der Dorfpfarrer mit seinen beiden Fenster einschlagenden halbwüchsigen Söhnen. Und der Postmeister, der vor der Kassenprüfung die Post in Brand steckte, damit nicht herauskam, daß er das ganze Geld unterschlagen hatte: die sind es, die die Juden bei lebendigem Leibe verspeisen würden. Aber meine Mutter versuchte vergebens, mich zu beruhigen, vor dem Einschlafen plagten mich Bedenken, ob nicht doch wir es waren und die Erwachsenen es nur vor mir verheimlichten, wie so viele andere geheimnisvolle Dinge. Ich wartete das ganze Jahr auf das kommende Weihnachten – ich dachte, ich gehe dann in die Küche, wenn Er zu den Dienstmädchen kommt, und sage Ihm, es seien gar nicht wir, sondern – das mußte Er mir glauben – die Römer gewesen. Dann lernte ich die Geschichte von Jesus kennen – es war eine sehr spannende, rührende Geschichte für ein fünfjähriges Kind – und ordnete Christus neben Rákoczi, Kossuth und die dreizehn Märtyrer von Arad ein, denn für diese Märtyrer schwärmte ich damals. Und immer noch, bis heute ist dieser Reiz und dieser Zauber geblieben – wobei ich nie christoman war. Die Frage meiner Religiösität steht sowieso auf schwachen Beinen, ich bin da wie einer, der Musik liebt, aber völlig unmusikalisch ist. Oft, wie zum Beispiel auch jetzt, da ich es so nötig hätte, an das Unglaubliche zu glauben, bin ich ganz verzweifelt, daß ich nicht einen einzigen Funken an Glauben aus mir herausschlagen kann. Doch es ist, als wollte ich unter der Wirkung dieses schlechten Gewissens der Kindheit mein Leben lang beweisen, *nicht mitschuldig an der Kreuzigung zu sein,* jede Ungerechtigkeit und Gewalt zu verabscheuen – dermaßen beunruhigt mich dieser ganze Legendenkreis. Und auch, wenn ich an Ihn nicht als einen Gott, ja nicht einmal als einen Propheten glaube – ich bete ja auch nicht die Sonne an wie die Perser, und doch liebe ich ihr Licht und ihre Wärme. Glauben Sie mir, Friedländer, ich habe mein Judentum nie geleugnet, nicht nur aus Solidarität, aus Tradition, auch aus Streitsucht nicht. Ich wollte es nie abschütteln, wie viele andere, die sich ein Leben lang nicht damit abfinden können und deren Nervenleiden daher rührt, daß sie es ständig bewältigen wollen. Aber trotzdem, jetzt und hier, am Endpunkt, muß ich sagen, daß ich gottlos und profan tiefe Sympathie für Ihn und all das empfand, was moralisch und gesellschaftlich anhand der Evangelien aus seinen Zielen hervorgeht – und daß ich Ihm näher stehe als diese christlichen Gendarmen und die grinsenden Weiber vom Altarverein, die wir am Rande des Bürgersteigs gesehen haben, als man uns ins Ghetto brachte. Und die Priester... Seine Priester, euer Bischof hier in Großwardein, der mitgeholfen hat, uns auszuräumen... Und dieser tollwütige Feldgeistliche, dessentwegen wir am Heiligabend zweiundvierzig bis neun Uhr in dem halbausgehobenen Grab hocken mußten.

Also um neun rückten wir in unser Quartier, in das russische Haus ein. Auf dem Heimweg beschimpften uns betrunkene Soldaten und lachten uns aus. Ein vom Rum schwankender Fähnrich schoß uns aus seinem Revolver sogar hinterher. Die Russen feiern ihr Weihnachten dreizehn Tage später, nach dem Kalender der Orthodoxen. In der Küche war es hell, obwohl sie sonst immer schon nachmittags, gleich nach Sonnenuntergang, zu Bett gingen und das ganze Haus dunkel war. Sie hatten kein Petroleum, und trockenes Holz und Torf waren eine Rarität. Doch jetzt fiel das grünlich-rote Licht der Benzinfunzel aus der Küche auf den Schnee. Und als sie da drinnen hörten, wie wir draußen im Windfang den Schnee von unseren Stiefeln klopften, öffnete sich die Tür, und die Alte steckte den Kopf heraus.

»Kommt rein!« sagte sie. »Es gibt ein wenig Suppe.«

Wir gingen hinein. In der Küche war es warm, es stank stechend bitter nach Torffeuer, aber es war warm. In der Mitte des Tisches eine Benzinfunzel, daneben in einem schartigen Gurkenglas ein Tannenzweig. Auf dem Kaminsims saß das Mädchen, auf einem kaputten Wasserbock las der Junge und versuchte, das Gleichgewicht zu halten. Die Alte angelte mit einer zweizinkigen Gabel den rußigen Steintopf aus der Tiefe des Kamins. Sie hatte uns auch schon früher einen Eßnapf Suppe gegeben, wenn wir durchfroren vom Friedhof kamen, doch wir nahmen ihn dann immer in unser Quartier mit, wo wir mit dem Napf auf dem Schoß im Schneidersitz auf dem Stroh saßen und ihn auslöffelten. Doch diesmal stellte die Alte Blechteller auf den Tisch und bot uns Platz auf der Bank an. Auch das Mädchen und der Junge setzten sich mit an den Tisch, jeder bekam seine Portion. Es gab Kartoffelsuppe, in der Speckstückchen schwammen. Dann setzte sich auch die alte Frau zu uns. Schweigend begannen wir, die Suppe zu schlürfen.

Die Alte hatte uns ein *prasnik* bereitet, mein Freund Friedländer, obwohl es für sie kein Fest war, und für uns auch nicht. Sie waren ja Orthodoxe und feierten erst zwei Wochen später Weihnachten. Wir waren Juden und hatten überhaupt keins. Doch die Alte hatte für uns Weihnachten bereitet, mit der warmen Küche, dem Tannenzweig und dem ranzigen, sehr salzigen Speck, den sie vielleicht aufgehoben hatte, seit die Deutschen ins Land gekommen waren. Diese Christen hatten uns alles Gute gegeben, das sie hatten. Lange Zeit fiel kein einziges Wort, wir aßen still, und nach der Suppe verteilte die Alte Kartoffelpuffer.

Das Offizierskasino befand sich vier Häuser weiter. Dort wurde ein großes Weihnachtsfest veranstaltet. Der Divisionskommandant gab ein Abendessen für das Offizierskorps. Seit sieben Uhr abends hörte man die Akkordeonmusik. Man hatte aus der ganzen Division die musizierenden Burschen zusammengeholt, es wurden sogar Juden ausgewählt, ein Pianist und ein Bratschist. Sie spielten Schlager und Tanzmusik. Das Getöse, das Geklirr, das Hochrufen und Klatschen war bis zu uns zu hören – vielleicht waren Trinksprüche auf Hitler und Horthy ausgebracht worden. Und von Zeit zu Zeit drang auch das Gejohle der Betrunkenen auf der Straße herein – die Soldaten hatten bis Mitternacht Weihnachtsausgang und zum Abendessen noch einen halben Liter Schnaps bekommen. Und wir saßen nur da, mit stumm gesenktem Kopf und halbgeschlossenen Augen – und es zählte nicht, daß wir Juden waren, an diesem Heiligabend ging wohl selbst dem frommen Vorbeter allerlei durch den Sinn.

Die alte Frau ging hinaus, kam mit einer grünen Flasche in der Hand zurück und stellte sie auf den Tisch.

»Seid nicht traurig!« sagte sie tröstend, doch dann brach sie in Tränen aus. »Trinkt ein bißchen Wodka!«

Wir tranken nacheinander aus der Flasche. Erst wurde uns ein wenig schwindlig, aber dann faßten wir uns ein Herz. Es war doch auch schon was, daß wir am Leben waren! Wie auch immer, als die Letzten auf dieser Welt, war doch unser Leben nicht so viel wert wie die Haut eines krepierten Pferdes, wie das Leben einer Laus, die jeder dieser betrunkenen Soldaten mit dem Fingernagel wegschnipsen könnte. Und doch, wer von uns hatte Anfang November, als sieben von zwanzig jüdischen Minenräumern auf eine Mine getreten waren und jeden Tag ein Jude Typhus bekam, gedacht, daß wir Weihnachten noch erleben würden?

Wir nahmen noch ein, zwei Schlucke von dem Wodka – auch der Junge und das Mädchen tranken ganz tüchtig, während die Alte gerade mal an der Flaschenöffnung leckte.

Die Offizierskapelle war für kurze Zeit verstummt.

»Kennt ihr ein Weihnachtslied!« fragte die Alte.

Ich schmetterte los mit »Vom Himmel hoch da komm' ich her«. Der fromme Vorbeter schüttelte anfangs mißbilligend den Kopf, doch ihn verlangte es von uns am meisten nach dem Wodka, und darin ersäufte er sein schlechtes Gewissen, uns bei diesem »Verrat« zu assistieren. Dann sang der Chirurg ein englisches Weihnachtslied für Kinder – er hatte zwei Jahre in Glasgow belegt, weil er an der Budapester Universität nicht studieren durfte. Auf den Gesang hin schlurfte auch der alte Kaufmann aus dem Nachbarzimmer herbei, seine kleinen, stechenden Augen blickten durch uns hindurch. Die Alte reichte ihm die Flasche, er nahm einen großen Schluck und setzte sich dann schon viel lockerer auf den Kaminsims, aber unter uns mischen wollte er sich dann doch nicht. Schließlich sangen das Mädchen und die Alte ein pravoslawisches Weihnachtslied. Der Junge sang nicht mit ihnen, sondern las weiter, drehte sich aus Zeitungspapier eine Machorka, zündete sie an und blickte auf beide Ellenbogen gestützt starr in die Flamme der Funzel. Dann pulte er mit dem freien Zeigefinger hin und wieder am Docht herum, ohne aus seinem Buch aufzusehen. Diese Gleichgültigkeit galt nicht uns, sondern Weihnachten. Er glaubte nicht an Gott.

Drüben, im Offizierskasino tanzten die Offiziere bereits miteinander oder mit den Huren, die sie noch aus Polen mitgebracht hatten. An unserem Tisch begann die Benzinfunzel bereits zu flackern, das Torffeuer erstarb im Kamin, und die Wodkaflasche war geleert. Es wurde Zeit sich niederzulegen, es war fast zehn. Morgen müssen auch Gräber ausgehoben werden, obwohl Weihnachten ist. Wir küßten die Alte auf beide Wangen, schließlich schüttelte uns auch der Kaufmann die Hände. Der Chirurg war etwas angeheitert vom Wodka, umarmte die beiden lange und verabschiedete sich auf englisch von ihnen.

»A happy Christmas!«

Das war mein letztes Weihnachten im Familienkreis, Friedländer. Im Jahr darauf erlebte ich Weihnachten bereits im Militärzuchthaus. Ich saß noch lange auf dem Stroh und lauschte bis zum Morgengrauen dem Klang des Akkordeons. Der betrunkene Chirurg lallte englisch neben mir, bis er einschlief. An meiner anderen Seite weinte sich der Hausierer in einen schnarchenden Traum. Und am Morgen gingen wir wieder Gräber schaufeln.

20.

Ich weiß nicht, ob Friedländer gehört hat, was ich ihm jetzt erzählt habe, und ich weiß auch nicht, ob ich das tatsächlich alles gesagt oder mich nur stumm erinnert habe. Ich wollte ungeduldig die Stille vertreiben – und vielleicht unbewußt auch mich selbst ermutigen: wenn all das, was da draußen passiert ist, zur Erinnerung werden konnte, wenn ich all das überlebt habe, werde ich vielleicht auch jetzt...? Aber nein. Keinen Augenblick lang glaubte ich, daß man auch dem entkommen könnte. Es war schon ein Wunder, daß wir über Minen und Typhus hinweg das erste russische Weihnachten erlebt hatten, und danach noch eins als Zugabe im Gefängnis. Das war ein Geschenk, oder vielmehr eine Finte des Schicksals. Dies hier werden wir nicht überleben: morgen früh geht der erste Transport ab, und in sechs Tagen ist das Spital an der Reihe. Da kann man nichts tun – und wie oft muß ich noch erklären, daß ich auch nichts tun will. Die schielende Krankenschwester mit den langen Beinen, die diese Sache mit dem Gendarmen hatte, der ihr sagte, er wolle ein paar anständigen Juden helfen, habe ich seither nicht mehr gesehen. Wurde sie weggeschickt, oder hat sich der freundliche Gendarm an ihr gerächt und sie aus dem Spital geholt? Morgen werde ich mich nach ihr erkundigen, wenn ich es nicht vergesse.

Scheinbar habe ich meine Totengräbererinnerungen doch laut erzählt, denn Friedländer öffnete, um Verzeihung heischend, genau in dem Moment die Augen, als ich innehielt. Es herrschte wieder absolute Stille, und davon war er aufgeschreckt. Nach unermeßlich langer Zeit schlug die Glocke der Kapuzinerkirche drei Viertel zwölf. Dann war von draußen wieder stundenlang kein anderes Geräusch zu hören. Und auch die Stille im Krankensaal schien absolut vollkommen. Doch vielleicht hatte ich mich in den vier Tagen so an das Röcheln, Jammern und Schnarchen gewöhnt, daß ich es gar nicht mehr wahrnahm: wie der Eisenbahner, der auf der Station wohnt und das Pfeifen der Lokomotive nicht mehr hört. Vielleicht hatte ich meine Aufmerksamkeit nur auf die äußeren Geräusche konzentriert – konnte doch nur von außen ein unerwartetes Geräusch kommen; ein Zeichen, eine Wende...

Es geschah nur so viel, daß ich im blauen Licht zwei weiße Arztkittel auf mich zuschweben sah. In dem einen wankte Doktor Németi, in dem anderen steckte ein fremder Arzt, den ich bis dahin noch nicht gesehen hatte. Er leitete die Entbindungsstation in der oberen Etage, wo wir meine Frau versteckt hatten. Wie sein welliges, gepflegtes rotes Haar in dem spärlichen Licht aufleuchtete und sein hellblauer, kalt forschender Blick auf mich fiel, das hat ihn mir gleich entfremdet. Sein Gesicht war eindrucksvoller als das der durchschnittlichen Provinzgynäkologen – er wirkte durchaus nicht provinziell, sondern auf herausgeputzte, geckenhafte Art weltmännisch. Wie einer, der es mit viel Geschick und Hochstapelei von ganz unten geschafft hat und nun in mondäner Umgebung lebt. Sogar hier war er elegant, unter seinem weißen Kittel lugte eine Seidenkrawatte hervor. Er duftete – der typische Nervenarzt in einem Sanatorium irgendeines modischen Kurortes. Ein Psychoanalytiker, der das mit der Therapie errungene Geheimnis mißbraucht und damit Liebe oder eher noch Geld erpreßt, eventuell den vierkarätigen Solitär, der unruhig auf der Bettdecke der alternden Millionärin blinkt. Und wenn es sein muß, schläft er mit ihr, oder wenn unbedingt notwendig, nimmt er mit ihr die ganze Ars Amatoria durch, bis er der Dame am Morgen das Versprechen abringt, ihm ein Sanatorium zu mieten. Und wenn es dann gemietet ist, drängelt und ekelt er sie über ein paar Selbstmordversuche und Magenspülungen hinaus, weil der Platz für die Patienten gebraucht wird.

Diese Vorstellung erweckte der Arzt innerhalb weniger Minuten in mir. Ich spreche darüber so ausführlich, weil dieser Arzt mir und meiner Frau das Leben rettete.

Ich spürte, daß er mit seiner Überredungskunst nicht nur Feinde und Gegner entwaffnen, sondern auch Menschen, die intelligenter und psychisch stärker waren als er, von dem überzeugen konnte, was er wollte. Er war wie ein diabolischer Vertreter, der, wenn er Lust dazu verspürt, dem Arzt eine Saatmaschine und dem Gutsherren einen Elektrokardiografen verkaufen kann. Diesmal wollte er mir mein Leben andrehen. Er war nicht ein Mensch, der ohne Grund, einfach nur aus menschlicher Solidarität mein Leben retten wollte oder weil er davon überzeugt war, daß ich jemand war, den die Welt noch brauchte. Wenn sich dieser Mann damit befaßt, ein Leben zu retten, so ist dies ein Vorwand für ein großes Ding oder einen Dreh – denn vom ersten Moment an, da er mich ansprach, spürte ich: wenn überhaupt einer, dann wird dich kein anderer als dieser rothaarige Doktor vor dem Waggon und dem Gas retten.

»Ihre Frau hat mich geschickt, Meister«, begann er in lockerem Plauderton. »Sie hat mir erzählt, sie hätten draußen in der Ukraine Typhus gehabt.«

»Ja, hatte ich«, antwortet ich. »Aber ist das noch von Bedeutung?«

»In Klausenburg ist die Deportation wegen Typhus abgebrochen worden«, erklärte er. »Dort ist eine richtige Typhusepidemie ausgebrochen. Bei uns gibt es keine Epidemie, aber wir machen einfach eine«, und er lächelte geheimnisvoll.

»Woher wissen Sie das mit Klausenburg?« fragte ich zweifelnd. »Die hier erschrecken nicht vor einer kleinen Epidemie.«

Doktor Németi antwortete an meiner Stelle:

»Der Kollege ist öfters in der Stadt. Er hat es von höchster Stelle gehört. Der Kollege ist nämlich der einzige, der das Ghetto verlassen darf. Er hat im städtischen Krankenhaus zu tun, trifft aber jeden.«

»Er darf hinaus?« fragte ich, wunderte mich aber überhaupt nicht, daß der rothaarige Doktor auch die naiven Provinzgendarmen in die Tasche gesteckt hat.

»Das hat der Oberst nur mir genehmigt«, erklärte der Rothaarige. »Ich laufe ohne Stern und ohne Begleiter herum.«

Wie gesagt, ich wunderte mich nicht, daß es dem diabolischen Vertreter gelungen war, sogar den Offizier zu bearbeiten, der nicht einmal die jüdischen Leichen bestatten ließ, der den Standesbeamten hinauswarf, als der die jüdischen Toten registrieren wollte, der auf kleine Kinder feuern ließ, die ans Fenster traten. Für den die fünfundzwanzigtausend Juden hier im Ghetto nichts anderes waren als ein stinkender Misthaufen, für den sogar das Einwaggonieren eine zu große Ehre war, weil er diesen Misthaufen am liebsten in Brand gesteckt hätte. Dieser Offizier also hatte dem rothaarigen Juden ein *laisser passer* gegeben, während wir fünfundzwanzigtausend hier drin hinter den Planken darbten. Er darf allein und ohne Brandmal in der Stadt flanieren und könnte eigentlich auch über die rumänische Grenze fliehen, wann er nur wollte. Offenbar floh er nicht und kam lieber immer zurück, weil er etwas Größeres vorhatte. Jetzt machte er eine Typhusepidemie, und dazu brauchte er mich. Weil Typhus auch noch nach einem Jahr im Blut nachweisbar ist und meine Krankheit erst im Oktober ein Jahr alt wird. Aber allein dafür bräuchte er noch nicht unbedingt mich, denn im Ghetto gab es eine ganzes Heer Zwangsarbeiter, die in der Ukraine waren und Typhus hatten. Doch mich hat er wahrscheinlich für eine größere Rolle in diesem Coup auserwählt, weil es der ganzen Aktion, käme sie nach dem Krieg zur Sprache, größeren Nachdruck verleihen würde, wenn er einen bekannten politischen Journalisten aus der Hauptstadt gerettet hätte. All das wurde mir klar, aber ich wußte noch immer nicht, was sein wahres Ziel war, worin der große Dreh, das große Geschäft bestand.

»Ihre Frau«, fuhr der Rothaarige fort, »möchte sehr gerne, daß es klappt. Sie verträgt das hier schlecht. Sie weint viel, ich wechsle ihr den Verband, und sie leidet noch immer sehr. Ständig wiederholt sie, daß sie nicht in den Waggon steigt. Und meiner Meinung nach kann sie auch gar nicht einsteigen, denn mit ihrer offenen Wunde würde sie noch im Waggon draufgehen. Selbst wenn sie den Waggon überlebt, erledigen sie die Deutschen an der Endstation. Die Deutschen liquidieren die Arbeitsunfähigen gleich an der Endstation. Wissen Sie überhaupt, wo es hingeht?«

»Nicht sicher. Zumindest...«

»Nach Auschwitz.«

»Darüber haben mir meine Freunde schon einundvierzig aus London geschrieben.«

»Auschwitz. Das bedeutet Gas und Feuer, Krematorium. Die Christen in der Stadt wissen bereits, daß wir dorthin kommen. Sie kennen auch die Details. Ich muß sagen, wir tun ihnen nicht besonders leid.«

Ich schwieg einen Moment, mit angehaltenem Atem.

»Nun, und wie wollen Sie hier Typhus machen!« fragte ich aufgeregt.

»Das ist an sich nicht schwer. Der Offizier frißt mir aus der Hand. Draußen in der Stadt wird es auch kein Problem sein. Der Direktor des Städtischen Krankenhauses ist ein alter Liberaler, er ist ein Vertrauter von mir. Natürlich ist Geld für die Sache nötig. Das Geld ist nicht für den Krankenhausdirektor, der ist ein Menschenfreund und solidarisch mit uns. Das Geld brauchen wir vor allem für das Labor. Das Labor sagt, was es will, ob es nun Typhus gibt oder nicht. Und dann brauchen wir Geld für das Rathaus. Für den Bürgermeister und die Polizei. Ihre Frau sagt, Sie hätten draußen bei ihren christlichen Freunden etwas Geld.«

»Ich weiß nicht. Etwas haben wir, glaube ich. Wenn meine Frau es für richtig hält...«

»Wenn Sie keins haben, macht es auch nichts. Ihr Geld zählt hier nicht viel. Doch wir müssen alles Geld sammeln, was irgendwie herangeschafft werden kann, vor allem von den Reichen. Wenn es mir bis morgen gelingt, die Epidemie zu inszenieren, garantiere ich, daß der zweite Transport nicht mehr abgeht. Den Transport heute morgen kann ich leider nicht mehr retten.«

Der Plan schien nicht ganz aussichtslos, vorausgesetzt, es stimmte, daß in Klausenburg die Deportation wegen Typhus abgebrochen worden war. Und wahrscheinlich stimmte es, denn wenn dieser Mann ohne Stern in die Stadt, täglich Zeitung lesen und Radio hören durfte, erfuhr er alles. Und da jetzt eine konkrete Möglichkeit vor mir aufblitzte, daß wir gerettet werden könnten oder die Deportation zumindest um einundzwanzig Tage – so lange dauerte laut Vorschrift die Quarantäne – verschoben werden könnte, war das Leben für mich plötzlich gar nicht mehr so wenig wünschenswert. Im letzten Moment geschah doch noch etwas in der großen Stille. Ich versuchte noch, meine veränderte Stimmung reserviert auf das Verhalten meiner Frau zu schieben: Ja, auch die Koffer sind in Paris eingetroffen, als es schon völlig aussichtslos war und wir sie schon abgeschrieben hatten – mit dem letzten Zug, kurz vor Ausbruch des Krieges. Im allgemeinen passiert meiner Frau immer so etwas: in völlig aussichtslosen Situationen, im letzten Moment wendet sich alles noch zum Guten. Wie gesagt, zuerst wollte ich auch diese hoffnungsvolle Schicksalswende als Teil des Horoskops meiner Frau werten – denn ich wollte mir partout nicht eingestehen, daß mit der ersten Hoffnung auf eine reelle Möglichkeit zur Befreiung meine Sehnsucht nach Leben, die Fieberphantasie der Freiheit, gierig und egoistisch erwachte. Ich versuchte, die Situation politisch und militärisch ganz sachlich abzuwägen. Einundzwanzig Tage waren heute wirklich mehr als sechs Monate vor einem Jahr – als wir uns in unserer Angst vor den unheilverkündenden Aussichten damit ermutigten: Wo werden die Deutschen in einem halben Jahr sein! Doch jetzt zählte wirklich jede Minute, jetzt ist es wirklich wahrscheinlich – erklärte ich mir selbst wie der Experte dem Laien –, daß in einundzwanzig Tagen die Russen an den westlichen Karpatenausläufern stehen und die Angelsachsen mindestens in Mailand oder Paris. Und dann wird diese saudumme Regierung vielleicht doch nicht den Mut haben, uns in den letzten Minuten zu deportieren. Ich wollte jetzt also kühl rechnen und berechnen, aber in Wirklichkeit hoffte ich bereits heiß – dieser rothaarige Arzt hatte mich aus meinem lähmenden Fatalismus befreit, der mich bis jetzt in Benommenheit gefangen hielt, wie das Betäubungsmittel den Kranken. Ich war wie einer, der in ständigem Rausch gehalten wird und der, obwohl er alles hört und sieht, nicht handeln kann, für den es gut ist, nicht handeln zu wollen oder zu müssen. Doch jetzt war es mit der einlullenden Passivität mit einem Schlag vorbei: mit stechendem Schmerz spürte ich plötzlich die Grausamkeit der ganzen Situation und darin natürlich vor allem meine eigene Lage. Und nun wäre mir jedes Mittel recht gewesen: von jedem, selbst vom Satan, sogar von der Gestapo, hätte ich die Mittel angenommen, wie ein Ertrinkender sich ja auch nicht darum schert, ob der Strohhalm, an den er sich klammert, mit Teer oder Exkrementen beschmiert ist. Nun verurteilte ich den Religionslehrer nicht mehr, der beim Adelsstuhl so hoch in Ehren stand – jetzt beneidete ich ihn. Und auch die Prostituierten, die von der Madame befreit worden waren und seither bestimmt schon diese Henker von Offizieren bedienten. Und ich hielt das Handgelenk dieses dämonischen Zuhälter-Arztes, dem ich anfangs so mißtrauisch und mißmutig begegnet war und dem ich zu Recht jede Gaunerei zutraute, so krampfhaft fest, wie ein in Agonie liegender Patient, der mit diesem Festhalten verhindern will, vom Tod ans andere Ufer gezogen zu werden.

Ja, jetzt brach die Panik in mir aus wie bei einem Menschen, der zum ersten Mal von dem steilen Berghang zurückschaut und sich erst da bewußt wird, wo er sich befindet.

»Meinen Sie, das klappt?« flüsterte ich feige.

»Das glaube ich«, antwortete er überlegen lächelnd, als spürte er meine Feigheit. »Es ist natürlich auch eine Geldfrage.«

Eine Geldfrage – soll doch der Gauner das Geld haben! Das ganze Geld, das sich in der Stadt befindet. Die Leute sollen ihm sagen, wo sie ihre Schätze vergraben haben, und er, der ohne Stern mit Genehmigung hinaus darf, soll es ausgraben! Es ist klar, daß er das Geld will! Ich wußte vom ersten Augenblick an, daß er etwas Großes will: er will jetzt also das ganze Ghetto abzocken, auf der Schwelle zur Gaskammer. Soll er doch: Er verdient es, es steht ihm zu, wenn er uns retten kann.

Ja, das war der Wendepunkt. Kaum war die Möglichkeit der Rettung vor mir aufgeblitzt, begann ich, um das Leben zu kämpfen, schon willigte ich dafür in jede Gaunerei ein und ging eine Komplizenschaft mit den Schurken ein. Ich war hier der dramaturgische Experte für Typhus: wir setzten uns auch gleich mit dem Doktor zur Beratung zusammen. Sie hatten vom Typhus nur gelernt und gelesen – ich, der ihn durchgemacht hatte, kannte die kleinsten Details, seine Mimik, seine Gesten, alle glaubhaften Äußerlichkeiten. Zuerst müssen wir ein paar verlauste Leute unter den Chassidim zusammensuchen: die zerlumptesten, magersten und blassesten, was nicht schwer ist, sind doch die meisten von ihnen ein Bild des Jammers. Schimmelfarben, siech und krumm. Und das wichtigste ist das Fieber. Es muß Fieber gemacht werden, denn die zwei Grundrequisiten für Typhus sind Läuse und die hohe, mit Bewußtlosigkeit einhergehende Temperatur. Und die dritte ist Durchfall. Das Seuchenspital muß in einem Keller untergebracht werden, erklärte ich, wo die Kranken in schmutziger Wäsche auf stinkendem Stroh liegen müssen, so daß Gendarmen und Militärärzte schon auf der Türschwelle zurückschrecken und sich nicht in ihre Nähe wagen. An der Front wagten sich die Offiziere nie in das Typhusspital. Dort arbeiteten jüdische Ärzte und als Pfleger Zwangsarbeiter, und sie steigerten das Beängstigende der Situation noch – obgleich dort ja richtige Kranke lagen –, um sich die streitsüchtigen Offiziere und Militärärzte wenigstens dort vom Leibe zu halten. So wurden sie nicht inspiziert und nicht belästigt. Kein einziger Vorgesetzter setzte je den Fuß zu uns herein, vor allem nicht, weil am Anfang der Epidemie ein Arztmajor, der seit Eröffnung des Spitals ständig dort herumpolterte, kommandierte und prügelte, Typhus bekam und daran starb. Die Deutschen machten einen großen Bogen um das Typhusspital: von allen Nationen fand der Typhus unter ihnen die meisten Opfer. In Seredjina Buda starb von zehn Ungarn einer, von zehn Juden starben zwei. Doch die acht deutschen Typhuskranken, die es währenddessen gab, waren innerhalb von zehn Tagen alle *kapores*. Da liegen sie nun unter den üblichen Holzkreuzen mit den Stahlhelmen auf dem Hauptplatz, dem Heldenfriedhof, wenn die Russen sie seitdem nicht ausgesiedelt haben.

21.

Die Ärzte lauschten gespannt, als ich sie unterrichtete. Dann erhob sich der rothaarige Frauenarzt vom Rand meiner Matratze, schüttelte mir weltmännisch die Hand, tätschelte mit seiner anderen Hand die Schulter von Friedländer und sagte zu ihm:

»Nur keinen Trübsinn, Herr Friedländer. Wir fahren schon noch mal zusammen an die Riviera.«

Ja, diese vitalen, genußsüchtigen Juden von Großwardein, die das Hasardieren Ende des Jahrhunderts dem Kleinadel abgeguckt hatten, um später als Lehrlinge den Meister zu übertrumpfen, waren Stammgäste an der Riviera. Später hatten sie – der Kleinadel und die Juden – dann gemeinsam Systeme entwickelt, um jedes Jahr eine große Spielbank der Welt zu sprengen, die in Monte

Carlo, in Ostende, und zur Zeit der ersten großen Inflation die von Sopot. Wahrscheinlich hatte der Doktor auch sein System und war deshalb früher an der Riviera – und nun benahm er sich, als wollte er sein System ausprobieren, mit dem er das Ghetto sprengen würde. Was kümmert es mich, wieviel Geld er dabei verdient, Hauptsache es gelingt.

»Ich melde mich im Laufe des Tages, um Sie über den Stand der Dinge zu informieren«, sagte er zum Abschied. »Bis dahin bitte ich um Diskretion. Den Oberst habe ich in der Hand, aber wenn er im voraus etwas ahnt, stellt er mich an die Wand, und es wird nichts aus dem Ganzen.«

Die Turmuhr der Kapuzinerkirche schlug drei Viertel eins, als die Ärzte im blauen Dunst verschwanden. Die Aufregung hatte meinen Lebensinstinkt dermaßen aufgestachelt, daß ich das Gefühl hatte, sofort etwas tun zu müssen, und jeder Moment, in dem ich tatenlos dasaß, ein gefährliches Versäumnis wäre. Doch Friedländer begann mit müder Stimme zu sprechen:

»Dieser Doktor ist der größte Luftikus der ganzen Stadt!« sagte er. »Ich glaube ihm kein Wort. Ich weiß, was der will.«

»Was kann er denn wollen?«

»Er wird das versteckte Geld aus allen herauslocken. Was die Gendarmen noch nicht aus uns herausgeprügelt haben, holt er sich. Dann geht er damit rüber nach Rumänien. Uns läßt er hier in der Patsche.«

»Schon möglich. Aber mit dem Geld können wir sowieso nichts anfangen, wenn wir ins Gas geschickt werden. Aber es kann immerhin sein, daß ihm die Epidemie gelingt.«

»Ich rechne nicht damit. Morgen nehme ich meinen Sohn zum Grabschaufeln mit. Wenn der Polizist aus Somogy Dienst hat, versuche ich jedenfalls, ihm zur Flucht zu verhelfen.«

»Aber wenn die Deportation in Klausenburg eingestellt worden ist, dann wird man auch hier..!« versuchte ich vor allem mich selbst zu begeistern.

Friedländer winkte ab und versenkte sein Kinn wieder in seiner Hand. Doch ich wollte meine Hoffnung nicht mehr abflauen lassen – ich hätte es auch gar nicht mehr gekonnt, weil mein Lebenswille das Sagen hatte.

»Hören Sie, Friedländer, einundzwanzig Tage sind doch etwas! Und der Typhus ist das einzige, wovor sie immerhin ein bißchen Angst haben. Den schleppen sie nicht gern durchs ganze Land, sie wollen die Waggons, in denen die Armee transportiert wird, nicht damit infizieren. Bei uns draußen an der Front war einmal eine sechswöchige Quarantäne wegen Typhus – keiner aus der Garnison durfte auf Urlaub, aus anderen Garnisonen durfte keiner zu uns –, so ernst hat man das genommen. Jetzt ist die Lage auch hier ernst, auch die Front ist näher gerückt. Sie steht bereits vor Siebenbürgen. Und wenn wir jetzt einundzwanzig Tage Aufschub bekämen – denn so lange muß die Quarantäne dauern –, kommen wir vielleicht davon.«

Friedländer hob plötzlich erstaunt und jetzt vielleicht auch schon mit ein wenig Hoffnung den Kopf:

»Sie vertrauen wirklich darauf?«

»Ein bißchen, ja.«

»Sie glauben, hier gibt es noch Hilfe?« fragte er fast flehend.

»Es ist nicht unmöglich. Wenn ich die militärische Lage betrachte, dann...«

»Wenn Sie, der davon etwas versteht, daran glauben...«

»Ich verstehe auch nicht mehr davon als Sie«, rechtfertigte ich mich, fuhr jedoch fieberhaft fort. »Aber jetzt können sich die Dinge nicht in einundzwanzig Tagen, sondern schon in wenigen Augenblicken von Grund auf ändern. Auch draußen an der Front, wissen Sie, am Morgen des 18. Februar, hatten wir wieder drei Särge in der Kapelle. Der Geistliche brüllte und prügelte wie immer, daß das Grab um zwei Uhr fertig sein müsse. Wir wußten da natürlich schon von Stalingrad und Al Alamain, aber die Zeitungen wurden sechs Wochen lang zurückgehalten, damit sie nicht in die Hände der Soldaten gelangten, und so hatten wir keine Ahnung von den neuesten Ereignissen des Krieges. Wir waren seit sechseinhalb Monaten im Brjansker Wald an einem versteckten Nebengleis, der Zug verkehrte auch in normaleren Zeiten nach Fahrplan nur zweimal pro Woche, doch seit die Partisanen verstärkt arbeiteten, konnten die gesprengten Schienen oft zehn Tage lang nicht in Ordnung gebracht werden, und zehn Tage lang gelangten nicht einmal falsche Gerüchte und Latrinenparolen zu uns. Natürlich wußten wir von dem Rückmarsch an der großen Front, aber gesehen haben wir ihn nicht, und wir fühlten die Bewegung auch nicht. Am wenigsten waren wir freilich darüber informiert, was in der Nähe, im undurchdringlichen Wald, im Umkreis von hundert Kilometern geschah. Wir hörten Kanonendonner und Minenexplosionen, aber seit dem Sommer, seit wir hier draußen waren, hörten wir Kanonen und Minen im Wald immer gleichmäßig. »Wir kämpfen mit den Partisanen!« wurde erklärt, und lange Zeit stimmte das auch, weil der Schlachtlärm von den Partisanenkämpfen herrührte. In den letzten Wochen gab es höchstens so viel Veränderung, daß Kanonendonner und Minenexplosionen häufiger und vielleicht auch ein wenig näher waren – die Offiziere sagten, eine frisch eingetroffene speziell ausgerüstete deutsche Partisanenjägertruppe rolle jetzt von Schewsk her die »Ratten« auf, damit die Luft im Frühjahr, wenn wir zum Ural aufbrechen, rein sei. Die Soldaten glaubten ihnen das auch, weil sie in diesem Krieg den Zeitungen und den Offizieren alles glaubten – und wir, die jüdischen Zwangsarbeiter, waren in Verlegenheit, denn einerseits wußten wir nicht genau, wo wir waren und konnten unsere Frontlinie deshalb nicht in unsere imaginäre Landkarte einzeichnen. Eine richtige Landkarte geriet uns nie in die Hände, wir konnten also nicht rekonstruieren, wie unsere Lage im Verhältnis zur Front war. Und ehrlich gesagt, glaubten wir auch nicht, daß die Russen schon in diesem Winter in Richtung Westen vordringen konnten. Es kamen zwar Nachrichten, daß Kursk gefallen sei – das lag von den großen Zentren am nächsten zu uns, war aber immer noch dreihundert Kilometer entfernt. Wir glaubten nicht, daß die Russen diese Entfernung in wenigen Wochen zurücklegen könnten. Also, am Morgen des 18. Februar, als wir die drei Gräber zu schaufeln begannen, war in Seredjina Buda alles wie immer. Der Feldpriester zog den Plan des Kriegsministers hervor, bezeichnete mit dem Absatz seines Springerstiefels im Schnee die Grabstellen, und nach den tagtäglichen Flüchen und Beschimpfungen ritt er davon. Der Schnee blitzte unter den Hufen wie sonst. Die Diensthabenden und die Sanitäter vom Roten Kreuz defilierten, das Krankenbuch unter dem Arm, mit den Marschunfähigen der verschiedenen Formationen nacheinander in Richtung Krankenhaus. Mit Zugschlitten wurden Lebensmittel aus dem Versorgungstützpunkt geholt, zum Robot herbeizitierte Pferdeschlitten lieferten in der Karawane den Militärbäckern Brennholz. Kovács buk in der Kapelle auf einem Sarg sitzend Kartoffeln wie immer und sagte:

»Es riecht nach Schlamassel, Leute! Wir brechen bald auf. Ich habe bei den Pionieren gehört, vielleicht Anfang nächsten Monats. Die Herren Offiziere sagen, wir werden abgelöst. Sie wissen auch schon, daß die aus Pécs an unsere Stelle kommen. Aber ich glaube, Leute, daß der ganze Schwindel hier bald auffliegen wird.«

Wir glaubten damals gar nicht mehr, daß man von hier überhaupt weg konnte. Mit unserem Verstand wußten wir, daß die Russen uns früher oder später hier herausschlagen, aber wir konnten es uns einfach nicht mehr vorstellen, daß ein Morgen anbrechen würde, an dem die Monotonie unseres Elends zu Ende wäre. Es erschien uns in unserer Vorstellung schon als eine Erlösung, an einem anderen Ort weiterzuleiden. Es war vormittags um zehn, als ich aus der Kapelle von Kovács trat, um das Grabschaufeln fortzusetzen. Drei Viertel elf sprang dann ein Unteroffizier über den Zaun, rannte im Laufschritt auf uns zu und schrie uns schon von weitem entgegen:

»Sofort einrücken!«

»Was soll mit den Särgen geschehen?« fragte der Drucker-Totengräber.

»Warum halten Sie nicht den Mund?« brüllte ihn der Unteroffizier im Vorbeirennen an. »Bis zum weiteren Befehl sofort einrücken!«

Kovács trat aus der Kapelle und rief dem Unteroffizier nach:

»Gilt das auch für mich?«

»Wollen Sie etwa hierbleiben? Natürlich auch für Sie!«

Kovács krähte grinsend:

»Na, da haben wir den Schlamassel.«

Wir rückten in unser Quartier, das russische Bauernhaus, ein, und da kam auch schon der Befehl, uns in zehn Minuten in voller Ausrüstung vor dem Staffelbüro aufzustellen. Wir hatten nicht einmal Zeit, uns von unseren Hausleuten zu verabschieden. Nur die alte Frau küßte ich auf beide Wangen. Und kaum hatte sich die Staffel aufgestellt, kam auch schon der Befehl zum Abmarsch. Seltsam war, daß man dabei vom Krieg kein bißchen mehr spürte, ja sogar der gewohnte Kanonendonner war fast verstummt. Nur ein paar Flugzeuge schlingerten in sehr großer Höhe über uns. Ganze Geschwader von hierzulande neuartigen Fliegern – seit wir hier waren, hatten wir nur Ratas gesehen. Die Aufseher, die mit an die Schläfen gepreßten Handflächen nach oben schauten, vermuteten natürlich sofort, es seien deutsche Maschinen. Und schon marschierten wir in beschleunigtem Tempo die Landstraße entlang.

Wir marschierten los, was heißt hier marschierten, mein Freund, wir rannten! So ein glückliches Rennen gab es noch nie – in fünfunddreißig Grad Kälte, mit dem pfeifenden Schneeorkan vor, den Flugzeugen über und den russischen Panzern hinter uns, deren Rattern man schon ganz deutlich hören konnte. Lachend liefen wir, einerseits, weil endlich eingetroffen war, woran wir bis jetzt nie geglaubt haben – daß wir von hier wegkommen –, andererseits, weil es jetzt keine Gerüchte und Latrinenparolen mehr waren, keine blinde jüdische und antifaschistische Hoffnung, daß die Deutschen geschlagen, daß wir geschlagen würden, mein Freund!

Sie können sich gar nicht vorstellen, Friedländer, wie unwirklich uns das bisher vorgekommen war, daß eines Tages die rennen werden. Und jetzt waren sie innerhalb weniger Momente zusammengeklappt und rannten bereits ohne Sinn und Verstand. Ob Sie es glauben oder nicht, ich habe etwas gesehen, wofür ein Schriftsteller, der die Geschichte um jeden Preis kompromittieren will, alles Geld der Welt gezahlt hätte.

Unser Divisionskommandant, Generalmajor Makay, war ein kränklich wirkender Zwerg mit auffallend langen Händen und einer säuerlichen Miene. Er mußte etwas mit dem Magen haben, denn die Jungs, die in den letzten Tagen einen Luftschutzbunker auf dem Hof der Divisionskommandantur gegraben hatten, erzählten gröhlend, er sei viertelstündlich auf die Kommandantenlatrine auf dem Hof gelaufen. Natürlich hatten diese Latrine auch wir, die jüdischen Zwangsarbeiter, gebaut; eigentlich war es gar keine Latrine, sondern – was hier, in der halb zerstörten Stadt als Luxus galt – eine Art dörfliche Plumpsklobude. Man hatte sogar einen roten Kokosteppich dafür organisiert, und die Wände waren mit Kampfszenen aus dem »Ungarischen Kurier« und dem »Signal« verziert. Die Schlüssel zu dieser Kommandantenlatrine hatte natürlich auch ein Zwangsarbeiter, ein Schlosser, angefertigt, der eigentlich gar kein Schlosser, sondern Chemieingenieur war, und dieser Schlüssel war in den Händen des Dilettanten unförmig und zu groß geraten. Der Generalmajor trug diesen stets bei sich, damit es niemandem einfiel, sein Klosett zu besetzen. Nun, Friedländer, ich sah gegen Mittag diesen Generalmajor rennen, ohne Jacke und Waffe, mit diesem riesigen Klosettschlüssel – die ganze Kompanie lachte begeistert, als sie von weitem den Schlüssel erkannte. Es war leichter zu rennen und leichter zu krepieren mit diesem lächerlichen Anblick, glauben Sie mir das, mein Freund! Die Russen kamen so unvermittelt, daß er nur noch seine Mütze aufsetzen und den Schlüssel schnappen konnte, denn das war für ihn, seit er Durchfall hatte, der wichtigste Gegenstand, wichtiger als Schwert und Landkarte! Er konnte sich auch nicht in ein Auto setzen, denn die Russen hatten den Teil der Stadt, wo die Garagen standen, innerhalb weniger Momente von der Kommandantur abgeschnitten. Deshalb lief der Zwerg mit den roten Hosenstreifen und der Diarrhöe zu Fuß, den Schlüssel in der langen Hand schwenkend, und neben ihm schnaufte sein Adjutant. Bis sie ihn schließlich nach fünfzig Schritten in einen Kommißmantel steckten, in dessen Tasche er den Schlüssel verschwinden lassen konnte. Seither haben wir ihn nicht mehr gesehen.

So ist das geschehen, Friedländer, Wort für Wort so, ob Sie es glauben oder nicht – sehen Sie, auch so etwas kann sich binnen weniger Minuten ereignen. Denn der ganze Schlamassel ging innerhalb weniger Minuten los. Es kann schon sein, daß man in der Division erwartet hatte, daß die Russen kommen, aber sie dachten, erst in einigen Tagen, und daß vorher, wie in den Plänen vorgesehen, die Stadt geleert würde. Auch daran können Sie sehen, daß es nicht stimmt, was man in so einer elenden Lage, in der wir uns befinden, immer zu glauben bereit ist, daß diese Gauner mit ihren allwissenden Visagen wirklich alles im voraus wissen, daß sie in Verbindung mit der Hauptkommandantur oder mit der Regierung stehen – daß ein beschissener kleiner Kompaniechef oder auch so ein Gendarmerieoberst wirklich über die Kriegslage oder politische und diplomatische Geheimnisse unterrichtet ist. Einen Schmarren! In einer halben Stunde rennt dieser Offizier vielleicht auch mit dem Klosettschlüssel davon.

Wir liefen also heiter durch den zum Orkan ausgearteten Schneesturm bis zu dem Dorf Tschernowskoje, acht Kilometer vor der Stadt. Hier ließ man uns plötzlich anhalten, es wurden Schaufeln und Hacken verteilt, und abends um sieben wurden wir auf die Landstraße zum Schneeschippen abgestellt. Mit verzweifeltem Ächzen machten wir uns an die Arbeit, wobei wir uns sicher waren, bis zum Morgen erfroren zu sein. Wir sahen gleich, daß so eine verrückte und blöde Arbeit bis dahin nicht einmal wir machen mußten. Der Schnee, den wir wegschaufelten, wurde vom Sturm tausendfach zurückgebracht. Und es wurde uns auch noch befohlen, den Schnee zu planieren und zu glätten: man forderte eine schöne Arbeit fürs Auge und drohte uns mit der Inspektion des Generalmajors mit dem Schlüssel. War er dieser Geisteskranke, der befohlen hatte, in Schneesturm und Schneewehen mit einer Schaufel den Weg vor den Truppen auf dem Rückzug freizumachen und zu verschönern? Aber wo waren im Morgengrauen schon Truppen auf dem Rückzug? Die Russen hatten keine Achtung vor dem lang vorbereiteten Rückzugsplan des Generalmajors mit dem Klosettschlüssel, der diese recht breite und gut ausgebaute Landstraße als Strecke für das »Ausweichmanöver« ausgesucht hatte. Die Russen ließen nicht zu, daß sie auf diesem bequemeren Weg flohen, sondern jagten die Truppen bereits aus der Stadt in den Wald. Über diese Landstraße, die wir mit den von Russen beschlagnahmten Schaufeln freischippen mußten, konnten nur ein paar Truppenreste entkommen: zum Beispiel zwei Lastwagen des medizinischen Stützpunktes mit den Schwerkranken und den Ärzten – sie waren wohl absichtlich von den Russen durch den Ring gelassen worden. Es folgten mit großem Abstand ein Artilleriewagen mit vier Männern auf dem Kutschbock, ohne Kanone, dann vereinzelte Personenwagen mit Offizieren. Und aus der Richtung der Stadt war ununterbrochen das Krachen der Kanonen zu hören, der nächtliche Wald prasselte nur so von den Maschinengewehrsalven, doch alles umsonst und vergebens, das Kampfgetöse kam einfach nicht näher zu uns. Wir schippten weiter Schnee und warteten, etwas kleinlaut und in höchster Anspannung, auf die Russen.

Wir warteten auf die Russen, und da die Panzer bis zum Morgengrauen nicht eintrafen, begannen wir zu zweifeln und zu verzagen. Der Gefreite Bota, der uns die ganze Nacht mit dem Gewehrkolben angetrieben hatte, spottete grinsend:

»Na, ihr Saujuden, hört ihr, sie entfernen sich schon wieder. Da habt ihr umsonst getuschelt und euch gefreut. Die Hunde werden zurückgetrieben!«

Sie hatten sich natürlich nicht entfernt, doch erst eine halbe Stunde später, als der Befehl zum sofortigen Aufbruch kam, erfuhr er mit uns zusammen, daß die Russen bereits vor uns standen und weiter westlich von uns die Landstraße abgeschnitten hatten. Nun wurden also auch wir von der Straße vertrieben, hinein in den Wald. Und unter den teilnahmslosen Fichten mit den vereisten Stämmen, auf dem gefrorenen Schnee rutschend, über hervorstehende Baumstümpfe stolpernd und bis zum Hals in unerwarteten Löchern versinkend wurden auch diese Fleischerhunde von Aufsehern ernst. Sie wurden schweigsamer und suchten von Zeit zu Zeit, hinterhältig blinzelnd, unseren Blick, als wollten sie erforschen, ob man sich im letzten Moment noch schnell mit uns versöhnen könnte. Denn es bestand ernsthafte Aussicht darauf, Friedländer, daß wir »Fasane« werden, das heißt in Gefangenschaft geraten – das ersehnten wir alle. Und die Aufseher, diese Hunde, befürchteten jetzt, daß wir uns sofort bei den Russen beklagen würden, was sie alles mit uns angestellt hätten, und daß die Russen sie gleich auf der Stelle erledigten. Sie wagten keinen Mucks mehr und ließen es zu, daß die militärische Formation sich auflöste und jeder vorwärts kroch, wie er konnte oder eben zurückblieb.

Warum wir nicht alle zurückblieben und die Russen einfach abwarteten? Einerseits, weil die deutschen und ungarischen Feldgendarmen, die jeden, der herumstrolchte, abknallten, aller Wahrscheinlichkeit nach noch hinter uns waren. Andererseits konnte man sich in diesem Winter mit seinen fünfunddreißig Minusgraden nicht längere Zeit ohne Plan im Wald verbergen – man wäre innerhalb von Stunden erfroren, und ein Feuer anzuzünden, hätte den Tod bedeutet. Zurückzubleiben war höchstens in einem Dorf ratsam, wenn man sich bei einem anständigen, mutigen Russen verstecken konnte, aber wir durften in den Dörfern nicht einmal stehenbleiben, wir wurden im Laufschritt hindurchgetrieben. Und außerdem war auch die russische Dorfbevölkerung bereits auf der Flucht, da bei dem Rückzug auch wir jedes Dorf, das aufgegeben werden mußte, nach deutschem Muster in Brand zu stecken hatten. Es war unser Pech, daß die Russen uns nicht in einem engen Ring einschlossen: da brauchte man nur noch die Hände zu heben und basta. Der Ring war in dieser Gegend viel zu weit und schloß auch nicht vollständig – er war zum Wald hin noch offen, und durch den liefen wir jetzt. Also blieb uns nichts anderes übrig als zu laufen und möglichst zusammenzubleiben, denn wir wußten, wer hier über Nacht allein blieb, war verloren.

Und doch, je tiefer wir im Wald vordrangen, desto weniger blieben wir in einem Haufen. Die Leute blieben in Gruppen und vereinzelt zurück und zerstreuten sich. Man konnte das Plumpsen hören, wenn jemand hinfiel, und den langwierigen Versuch, sich wieder aufzurappeln – aber keiner half mehr dem anderen, Friedländer! Innerhalb weniger Stunden endete im Wald jegliche kameradschaftliche Solidarität, jeder Reflex, jede Pose der Menschlichkeit und jede Scham – wir ließen einander im Schnee, unter den Fichten wie leere, weggeworfene Konservendosen zurück. Und obendrein trugen diese unglückseligen Kameraden auch noch viel zu schwere Rucksäcke, randvoll mit Krimskrams, den sie mit den

Soldaten und den Russen eingehandelt und eingetauscht hatten. Zu Weihnachten hatten wir endlich Päckchen bekommen, mit wenig nützlichem und viel nutzlosem Zeug, das wir aus Takt und Liebe für die Leute daheim in den Rucksack gestopft hatten und mit uns schleppten. Der überfüllte Sack zog nun nach hinten und ließ sie über den glatten Schnee tanzen. Aber ich, Friedländer, hatte sofort, als wir den Wald betraten, alles aus dem Sack geworfen und nur mein Brot, meine Konserve und meine Seife darin gelassen. Ich spürte das Gewicht des Rucksakkes kaum, und wenn ich hinfiel, sprang ich leicht wieder auf die Füße. Doch wenn die anderen hinfielen, stürzte der Rucksack wie ein Felsbrocken auf sie, ohne fremde Hilfe konnten sie ihn kaum wegrollen. Und dazu waren wir zu erschöpft, zu hungrig und auch zu müde – der Morgen brach allmählich an, wir hatten den ganzen Tag über nichts gegessen und nur draußen im Schneesturm gefroren. Unsere geringe Lebenskraft schwand also schnell dahin. Und wenn jemand hinfiel und sich mit viel Mühe auch wieder aufrappelte – wo waren da schon die anderen! Eine Weile konnte man ihn noch rufen hören, dann war er bestimmt aufs Geratewohl losgegangen, und wer weiß, wohin er gelangte. Wir waren zweihundert, als wir in Seredjina Buda loszogen, und nur einundsiebzig trafen nach Tagen in Djessna ein.

Auch ich schaffte es, und das hatte ich nicht zuletzt der Tatsache zu verdanken, Friedländer, daß ich mir als ewige Lehre merkte: In Lebensgefahr darf man sich nicht an Dinge klammern, nur an das Leben, wenn man leben will. Meine Frau klammerte sich in Paris an ihre neun Koffer – unter anderem deshalb war ich in die weiße Hölle von

Rudna gelangt, und auch hierher, mein Freund. Später sah ich flüchtende Russen, und auch diese russischen Bauern beluden ihre Schlitten hoch mit allem möglichen Kram, ja sogar mit Wäschemangeln und Vogelkäfigen. Dann blieben sie in dem Getümmel stecken, standen halbe Tage lang auf der Landstraße – und da kamen plötzlich Flieger im Tiefflug, und es war vorbei mit Wäscheschleudern, Vögeln, Käfigen und Bauern... Diese Russen, vor allem ihre Frauen, ließen ihre Wagen nicht einmal unbewacht zurück, wenn das Maschinengewehr schon aus fünfundzwanzig Meter Nähe ratterte – sie blieben auf ihrem Schlitten und starben lieber, als daß etwas verlorengehen, der Nachbar vielleicht einen Schraubenschlüssel oder einen Napf klauen könnte. Mein Freund, wenn ich mit diesem Typhusschwindel hier davonkomme, will ich nie wieder im Leben eine Wohnung haben! Und ich werde nur den Anzug haben, den ich trage, bis er mir vom Leib fällt! Ich sagen Ihnen, der Mensch sollte nach all dem, was er in diesem Krieg erfahren hat, mindestens noch ein Jahrzehnt als Nomade leben, um sich jederzeit davonmachen zu können. Damit ihn Haus und Möbel nicht lähmen, die sich einem so bestechlich in die spießigen Gefühle einschleichen. Ich werde nie wieder eine Bibliothek besitzen – dreitausend Bücher hatte ich, Friedländer –, Abend für Abend betrachtete ich sie erneut verliebt und glücklich, ließ meinen Blick über ihre Reihen schweifen –, aber sollte ich doch überleben, werde ich von nun an auch lesen, wie der seltsame rote Professor Friedmann, den ich für einen Vandalen und Irren hielt, weil er jede Seite, die er gelesen hatte, aus dem Buch riß und zu Boden warf. Und nie wieder werde ich Koffer besitzen, weder einen noch neun – Zahnbürste, Zahnpasta, Seife und Kamm werde ich in die Hosentasche stecken, Unterwäsche werde ich im Kaufhaus wechseln und die schmutzige Wäsche einfach dortlassen.

22.

Im Morgengrauen wurde bereits von hier und da geschossen, aber wir sahen weder Russen noch Ungarn. Und ich schleppte mich nur noch mit zwei anderen voran: mit Roder, dem Barbier, und Weitzier, der daheim Schlosser und Dachbodenplünderer war. Der Barbier war ein schwacher, zartgebauter, aber tapferer Mann mit Kindergesicht, der Einbrecher war der stärkste in der Kompanie, draufgängerisch, unternehmungslustig und erfinderisch. Die beiden waren bei mir geblieben, weil sie mich im Laufe der Monate ins Herz geschlossen hatten, auf mich aufpassen wollten, der ich klapprig und sechzehn Jahre älter war als sie. Der Barbier hing an mir, weil er daheim ein politisierender und diskutierender Barbier, mein Leser und politischer Anhänger gewesen war. Und wenn er nur irgend konnte, war er in mein Quartier gekommen, fragte mich über geistige Dinge, Bücher und Intimitäten bekannter Leute aus. Der Einbrecher war mir näher gekommen, weil er spürte, daß ich ihm gegenüber keinerlei Vorurteile hegte, daß ich ihm ohne Antipathie und Neugier begegnete. Übrigens war er ein opferbereiter, ritterlicher Kamerad, nicht nur ein eingefleischter, sondern auch ein überzeugter Einbrecher. Einmal bot ich ihm an, ihn – wenn wir wieder daheim wären – an einen Arbeitgeber zu vermitteln, der ihm helfen würde, zu seinem anständigen Handwerk zurückzufinden. »Sieh mal«, sagte er, »ich würde umsonst versprechen, daß ich es versuche, ich würde es sowieso nicht halten. Es geht nicht nur darum, einfach an Geld zu kommen – du kannst dir gar nicht vorstellen, was für eine wunderbare Aufregung es ist, wenn man im Dunkeln den Dietrich aus der Tasche zieht.«

Mit ihnen schleppte und quälte ich mich also durch die sturmtosende, Glassplitter hagelnde Dunkelheit. Sie hatten mich von rechts und links untergefaßt und stützten mich. Und sie fütterten mich sogar unterwegs: der Einbrecher hatte die Hosentasche voller schneedurchweichter gezuckerter Kaffeetüten, die er von einem Trainwagen geklaut hatte. Die stopfte er mir in den Mund. Der Barbier hatte eine Stange nach nichts schmeckender deutscher Zigaretten mit klangvollem Namen, und da ich sie natürlich nicht anstecken konnte, lutschte ich nur daran, bis sie vom Schnee durchweicht waren und zerfielen. Inzwischen hatte es wieder wie toll zu schneien begonnen, so dicht, daß man weniger sah als nachts, wobei der Morgen bereits anbrach. Wir bohrten uns geradezu durch die weiße Dunkelheit und stießen dabei jeden Augenblick mit dem Kopf gegen die Bäume. Der pausenlos und mit beispielloser Geschwindigkeit fallende, millionenfache Schneevorhang verdichtete sich vor uns zur Wand. Ich konnte nicht mehr, aber die beiden schoben mich weiter voran.

Schließlich kamen wir wirklich nicht mehr weiter, da der Orkan jede Orientierung unmöglich machte. Dreißig Schritte weiter erblickten wir die Umrisse einer Art Baracke – als wir uns bis dahin geschleppt hatten, stellte sich heraus, daß es ein vorschriftsmäßig gestapelter Klafter Holz war – bestimmt von jüdischen Zwangsarbeitern gefällt und aufgestapelt. Wir wollten jetzt am Fuße dieses Holzstapels abwarten, bis sich der Orkan legte. Das dumpfe Grummeln der Schlacht hörten wir dabei mal näher, mal weiter weg – der Kriegslärm begleitete uns von links und rechts an den Waldrändern. Der Kampf selbst gelangte nicht bis ins Innere des Waldes, nur Patrouillen durchkämmten ihn in unregelmäßigen Abständen, oder Panzer gaben blindlings Salven ab, während sie weiter über die Landstraße ratterten. Eine Kugel schwirrte über unseren Kopf, Minensplitter zerspellten die Äste – aber wir hatten keine Angst, wir befürchteten nur, vom Schnee völlig zugedeckt zu werden, denn er reichte uns sogar schon auf der vom Holzstapel windgeschützten Seite bis zur Hüfte. Doch der Einbrecher sang, um mich aufzumuntern auf russisch »Katjuscha«, und der Barbier begleitete ihn mit seiner Vogelstimme.

Und wie im Film – plötzlich ein Pistolenschuß, und danach taumelte ein Soldat unter den Bäumen hervor. Der Sturm war so stark, daß er ihn wie ein Zeitungsblatt vor sich hertrug. Es war ein ungarischer Soldat, er trug die Mütze im Nacken, seine Stirn war mit einem blutigen, verschmutzten Tuch verbunden. Sein Mantel war ein Eisklumpen, Bart und Schnurrbart ein einziger Schneebrocken. Der Wind warf ihn gegen den Holzhaufen – er stolperte, klopfte sich ab und fluchte.

»Christus im Himmel und seine sieben blutenden Wunden«, und er verfluchte alle Heiligen. Dann sagte er herablassend und mit noch immer drohender Stimme: »Wer seid ihr?«

Der Einbrecher antwortete schnippisch:

»Wir sind Juden!«

»Ihr lungert herum, was?« fuhr er in tadelndem und verächtlichen Vorgesetztenton fort. Dann prahlte er: »Ich komme als Zugführer aus Michailowska, wo ich der Kompanie vorstand. Die Truppe ist dort geblieben, aber für immer. Ich war Kompanieführer, solange es eine Kompanie gab«, und wieder fluchte er ausgiebig.

»Und wo sind die Offiziere geblieben, Herr Zugführer?« fragte der Barbier unschuldig.

»Die haben sich mit dem Auto davongemacht, gleich am Anfang! Aber ich habe den Bahnübergang mit einem Mannlicher vier Stunden lang gegen zweihundert Maschinenpistolen gehalten. Auch noch, als meine Stirn bereits blutete und ein Minensplitter meinen Stiefel zerfetzt hatte!« und er betrachtete unsere im Schnee versunkenen Stiefel. Dann hob er abrupt den Kopf und fragte im Befehlston:

»Na, wer von euch tauscht die Stiefel mit mir?«

Wir hielten seinem Blick stand. Und schwiegen.

»Na, eins, zwei..!« und er hob seine Pistole. »Her mit den Stiefeln, Juden! Der Soldat kämpft, die Beine frieren ihm ab, und er verreckt! Und ihr promeniert hier in Extrastiefeln herum wie auf dem Donaukorso!«

In diesem Moment warf sich der Einbrecher auf ihn, schlug seine Hand nieder und entwand ihm die Pistole.

»Hören Sie, Kollege«, sagte der Einbrecher leise und

eindringlich. »Machen Sie keine Mätzchen, sonst jage ich Ihnen eine Kugel rein, daß Sie sich nicht mal von Ihren Heiligen verabschieden können, die Sie da alle erwähnt haben. Der Spaß ist vorbei! Wenn Sie noch einen Mucks von sich geben, sind Sie in fünf Minuten vom Schnee so begraben, daß Sie bis zum Frühjahr nicht einmal von den russischen Raben gefunden werden!«

»Die Waffe haben wir jetzt«, erklärte der Barbier mit seiner dünnen Vogelstimme. »Es befiehlt immer der, Kollege, der die Waffe hat. Sie konnten uns gegenüber die großen Herren spielen, weil Sie die Waffen hatten. Jetzt ist es umgekehrt. Ich glaube, ab jetzt wird es immer umgekehrt sein. Die Russen haben Sie geschlagen, Kollege, und jetzt gewöhnen Sie sich mal schön daran, daß Sie uns von nun an nicht mehr wegnehmen können, was Sie wollen. Auch die Stiefel können Sie uns nicht mehr von den Füßen ziehen, nur weil wir Juden sind.«

Der Zugführer legte trotzdem los:

»Ich bin in euren Händen, Juden«, schmetterte er rhetorisch, »aber ich bin ein echter Siebenbürger. Entweder komme ich aus diesem Wald wieder heraus oder nicht. Aber wenn ich herauskomme, werdet ihr am Baum hängen, schön nebeneinander.«

Der Einbrecher ging jetzt ganz nah an ihn heran und fuchtelte ihm mit der Pistole unter der Nase herum:

»Wissen Sie was, Kollege? Wir werden dafür sorgen, daß Sie nicht aus diesem Wald kommen. Sie bleiben für immer hier. Sie wollten Ihre Kameraden bestehlen!«

»Kameraden? Wessen Kamerad bist du schon!« höhnte er.

Der Einbrecher hob die Pistole, und ich sah, daß er schießen wollte.

»Schieß nicht!« sagte ich leise zu ihm.

Der Einbrecher trat einen Schritt zurück. Der Zugführer schaute fest in die Pistolenmündung.

»Ich habe keine Angst vor dir, Jude! Ich hatte vor dem Russki keine Angst, und ich habe auch vor Gott keine Angst. Schon gar nicht vor euch Dreckskerlen! Schieß, wenn du es wagst!«

»Ich wage es!« krähte der Einbrecher aufgeheizt. »Wie sollte ich es nicht wagen! Glaubst du, ich habe Angst, so einen Hund abzuknallen!« und er schoß auch schon. Er hätte auch getroffen, wenn der Barbier nicht im letzten Moment seine Hand zur Seite gestoßen hätte. Die Kugel surrte über den Kopf des Zugführers hinweg.

Nach dem Schuß standen wir einen Augenblick schwer atmend und still da.

Dann sagte der Barbier mit seiner Kinderstimme versöhnlich:

»Sehen Sie, Kollege, was streiten wir uns hier im Wald? Hier kommt man sowieso nicht raus, wir verrecken ohnehin zusammen. Die Krähen werden sich im Frühjahr nicht darum scheren, daß Sie Siebenbürger und wir Juden sind. Oder aber – das ist auch möglich – die Russkis holen uns ein. Und dann erzählen wir ihnen, daß Sie uns die Stiefel von den Füßen wegorganisieren wollten. Sehen Sie den Baum da, Kollege? Da werden Sie aufgeknüpft! Aber damit Sie sehen, daß wir gute Jungs sind, mache ich einen Vorschlag! Die Stiefel kriegen Sie nicht von uns. Aber im Rucksack habe ich ein großes Stück von einem Sack, das ich von den Russen bekommen habe, damit ich mir die Füße umwickele, wenn meine Stiefel zerschlissen sind. Das gebe ich Ihnen, damit können Sie sich den Fuß in dem kaputten Stiefel einwickeln. Und dann Friede, Freude, Eierkuchen.«

Der Zugführer erwiderte nach kurzem Nachdenken:

»Na, laß mal den Sack sehen!«

Der Barbier kramte mit viel Mühe das Stück Sack aus seinem Rucksack. Der Zugführer lehnte sich an einen hervorstehenden Holzscheit und begann seinen Fuß zu umwickeln. Und während er seinen Stiefel so wickelte, sagte er:

»Wenn ihr meint, daß wir geschlagen sind, habt ihr euch sehr getäuscht. Wir hatten hier die Aufgabe, die Russen irrezuführen. Sie glauben zu machen, daß hier viele Truppen sind, damit sie es nicht wagen, vor der Zeit anzugreifen. Das haben wir auch erreicht, ihr seht ja selbst, sie haben sich bis jetzt nicht getraut anzugreifen. Und jetzt, da sie es tun, wollen wir diesen Abschnitt gar nicht mehr verteidigen, denn wir waren ja nicht mal ordentlich bewaffnet. Wenn die Heeresführung gewollt hätte, daß wir die Front halten, hätte sie uns ordentliche Waffen gestellt. Aber es war alles so ausgemacht. Wir ziehen uns hier jetzt planmäßig bis zur Djessna zurück. Und dort erwischen wir sie.

»Sind die Offiziere auch planmäßig getürmt?« fragte der Barbier.

»Die Offiziere!« winkte der Zugführer verächtlich ab. »Das sind Lehrer, Beamte, aber keine Soldaten. Den ganzen Sommer hindurch haben sie gesoffen, gehurt und gekegelt. Aber ihr wißt nicht, daß die hier nichts zu melden haben. Hier dirigieren nur die Deutschen. Ich habe mit einem Deutschen gesprochen, der hat gesagt:

›Ihr müßt hier jetzt Leine ziehen, das ist die Taktik! Sollen doch die Russen glauben, daß sie stark sind, laßt sie ruhig überheblich werden! Dann kommen die frischen deutschen und ungarischen Truppen, und die Russkis laufen ins offene Messer. Deshalb hauen wir jetzt ab, versteht ihr?‹ Der Deutsche hat mir auch gesagt, was im Frühjahr geschieht. Bei Leningrad sind neun Millionen frische deutsche Soldaten zusammengezogen und bei Kiew vierhunderttausend ungarische – aber nicht solches Lumpenvolk wie die hier, nicht alte Landsturmmänner, Walachen, Slowaken, Ruthenen und Juden. Lauter junge Soldaten aus der Tiefebene und aus Siebenbürgen. Die heben bei Leningrad die Front aus den Angeln, und wir stoßen wieder vor, vorläufig bis Stalingrad.«

Und so erklärte er noch eingeweihter, noch fachmännischer die neue Strategie. Was sagen Sie dazu, Friedländer? Er sah, wie seine Offiziere türmten, sah seine Kompanie bis zum letzten Mann fallen, sein Kopf blutete, sein Fuß in dem aufgeschlitzten Stiefel war erfroren, er hatte keinen Bissen Brot, keine einzige Zigarette, weil er beim Rückzug alles weggeworfen hatte – und noch immer glaubte er, mit diesem verzweifelten, blinden und einsamen Weglaufen durch den Wald eigentlich die Russen in eine Falle zu locken! Er glaubte das nicht aus Fanatismus, denn dieser Straßenräuber, dieser siebenbürgische Bauernsoldat war nicht von irgendeiner Idee, nicht vom Faschismus oder vom Nationalismus beseelt, er glaubte nur kindisch an die Unschlagbarkeit der Deutschen, wie wir an das Heldentum der Indianer glauben, und er wähnte sich selbst in diesem individuell gescheiterten Zustand als Teilhaber des Erfolgs, des sicheren Sieges. Das verlieh ihm Überlegenheit, Hochmut, ja sogar Tapferkeit in dieser Position, die er für vorübergehend hielt. In seinen Augen waren wir blöde, desinformierte Vaterlandsverräter, da wir nicht glaubten, daß die Prügel, die wir hier beziehen, nur Simulation und Irreführung sind, und all das nur stattfindet, weil die Deutschen mit den Russen spielen wie der Vater mit seinem Kind. Das war das Phantastischste an diesem Krieg: daß selbst dem ungarischen Bauernsoldaten weisgemacht werden konnte, daß die Deutschen unschlagbar seien. Als im Ersten Weltkrieg, am 6. August 1914, mein Regiment bei Janów in Galizien zerschlagen wurde, setzten sich die Soldaten in dem großen Durcheinander in alle möglichen Fahrzeuge, in Autos, auf Leiterwagen, in Züge und stiegen nicht aus, bevor sie in ihrem Dorf in der Tiefebene angekommen waren, wo sie Zivilkleidung anlegten, weil sie dachten, der Krieg sei zu Ende. Sie hatten ihn für ihren Teil beendet. Und wir zogen uns, Fiedländer, nun doch so zurück, wie vielleicht noch kein geschlagenes Heer zuvor – ich glaube nicht, daß die Insurgenten schmachvoller flohen als diese schlecht bewaffneten, von ihren Offizieren im ersten Moment im Stich gelassenen, meist älteren Landsturmmänner, die man nur für die Partisanenjagd vorgesehen hatte und die jetzt an die Hauptfront geraten waren. Und doch, beim Weglaufen, während sie ihre schlechten Waffen und ihren spärlichen Proviant, ja viele sogar ihren Mantel wegwarfen – glaubten sie, mein Freund, daß sie die Russen listig in den Hinterhalt führen würden, und wehe ihnen, wenn die Deutschen...

Hören Sie, Friedländer, die konnten sich nicht einmal vorstellen, in diesem Krieg geschlagen zu werden, als sie schon längst geschlagen waren. Da ist zum Beispiel mein Treffen älteren Datums mit János Háry. Wir schaufelten noch Gräber bei Seredjina Buda – auch an jenem Tag, als wir aus Flugblättern, die russische Flieger abgeworfen hatten, erfuhren, die Deutschen hätten wegen Stalingrad Nationaltrauer verhängt. Wir saßen in der Birkenholzkapelle von Gevatter Kovács am Feuer und erwogen die Möglichkeiten. Der klar denkende Milchmann von Tihany sagte, die Offiziere hätten zwar verheimlicht, was bei Stalingrad geschehen sei und die Mannschaft würde sich gar nicht dafür interessieren, doch er und der Kompanieschreiber, ein Budapester, hätten aus der Zeitung des Oberleutnants herausbekommen, daß es bei Stalingrad tatsächlich schlimm aussah. Während wir uns so unterhielten, ging die Tür der Birkenholzkapelle auf, und es trat ein zwei Meter großer Zugführer mit Hitlerbärtchen und kleinen Augen ein.

»Grüß Gott, Brüder!« grüßte er freundlich. »Ich komme aus Susiemka, um die Post zu holen, aber sie wird in der Division erst um eins verteilt. Darf ich mich ein bißchen mit ans Feuer setzen?«

»Sie dürfen«, antwortete Kovács nicht sehr freundlich. Er freute sich natürlich nicht, daß er in unserer Gesellschaft erwischt worden war.

Der Zugführer ließ sich nieder. Er machte sich mit den anderen vertraut, erwärmte sich und begann:

»Sie wissen doch, daß Stalingrad endlich gefallen ist?« fragte er.

Kovács brummelte vorsichtig.

»Woher wissen Sie das?«

»Die Herren Offiziere haben es gesagt. Aber ich habe

es auch selbst im Radio gehört. Und wissen Sie, wie es gefallen ist?«

»Nein«, murmelte Kovács mit listigem Gleichmut.

»Wissen Sie«, erzählte er, »die Deutschen standen bereits seit drei Monaten am Stadtrand, sie konnten weder vor noch zurück. Rückten sie ein Stück vor, wurden sie zurückgedrängt, denn das Gelände ist gemein, alles Wald und Hügel. Nun aber, da Hitler sich in Budapest mit Horthy getroffen hat, wurden drei ungarische Divisionen eingesetzt, die dann die Russen innerhalb einer Woche so bedrängten, daß wir nun drin sind. Denn in diesem Krieg wie schon im letzten sind es immer wieder wir, die sie aus der Sch... ziehen.«

»Kann sein, daß es so war!« knurrte Kovács und zuckte mit den Schultern.

»Es war ganz bestimmt so! Ich habe es Wort für Wort selbst im Radio gehört.«

Das ist noch millionenmal sympathischer, Friedländer, als dieser Siebenbürger Kompanieführer im Wald – diese gutgläubige Angeberei hat in unserer Literatur und Erziehung wenigstens Tradition. Botond, Pál Kinizsi, Miklós Toldi und die anderen oder der János Háry von Garay. Auch bei Jókai haben wir gelesen, wie ein ungarischer Husar ein türkisches oder ein österreichisches Regiment in die Flucht schlägt. Der ganze Legendenkreis um achtundvierzig ist voller Wundertaten dieser Art. Und aus dem Ersten Weltkrieg brachten wir, aus purer Abneigung gegen die Deutschen, selbst solche Märchen mit nach Hause, daß immer ungarische Truppen die verlorenen Situationen gerettet haben. Daß drei ungarische Divisionen oder sogar nur drei ungarische Husaren Stalingrad erobert haben – das ist ja noch in Ordnung, das ist die alte, übliche ungarische Legende, der alte Größenwahn, und er hatte nebenbei wenigstens eine Spitze gegen die Deutschen! Doch der Siebenbürger Divisionskommandant erwartete das Wunder nicht von der ungarischen Tapferkeit, der war bereits von Göbbels betört – wie schließlich das ganze Land –, denn dieses Land glaubt auch jetzt noch, daß wir die Deutschen nach Plan bis Jasi, Klausenburg und Großwardein hereinlassen. Diese Idioten glauben noch immer, daß das Ganze auch diesmal nur eine List ist und die Russen bald irgendwo erwischt werden – deshalb wagen sie es, hier im Ghetto so mit uns umzugehen! Also, um fortzufahren: Wir blieben also etwa anderthalb Stunden lang mit dem Zugführer hinter dem Holzhaufen in Deckung, der uns sogar erklärte, warum man uns Juden, wenn der Krieg vorbei ist, bis zum letzten Mann ausrotten müsse: Weil wir den Russen und auch den Engländern gezeigt hätten, wohin die Bomben von den Flugzeugen auf die deutschen und ungarischen Städte abgeworfen werden müssen. Wo die christlichen Kirchen und die Kindergärten stehen – »weil ihr die Christen vernichten wollt, na, gebt es ruhig zu, wo wir jetzt gemeinsam in der Patsche stecken!« Und man müsse uns auch deshalb ausrotten, erklärte er weiter, weil die Offiziere ihnen erklärt hätten, daß es bisher an dieser Front keinen einzigen Angriff gegeben hätte, ohne daß am Tag zuvor einer mit der gelben Armbinde zu den Russen übergelaufen wäre. Der hätte den Russkis die Pläne gebracht!

»Woher kannte dieser Jude die Pläne?« fragte der Barbier neugierig.

»Ihr wißt alles, was ihr wollt! Genau das ist ja das Übel mit euch, daß ihr alles wißt. Deshalb kann man nicht mit euch leben. Ein Christ lernt sein ganzes Leben lang, er rackert sich ab und es führt zu nichts. Ihr kommt nur, schaut euch um, und schon ist alles klar.«

Der Schneefall ließ nach, der Wind wurde schwächer und drehte sich. Hinter unserem Rücken, durch den Schneevorhang, schien die Sonne hindurch. Auch der Kanonendonner rückte näher. Jetzt konnten wir aufbrechen.

Der Zugführer ging rangbewußt ein paar Schritte vor uns. Der Einbrecher raunte mir zu:

»Wenn wir den jetzt leben lassen, übergibt er uns sicher dem Feldgendarmen! Oder er erschießt uns eigenhändig. Es wäre doch besser, ihn umzulegen!«

»Wir können den nicht umlegen!« protestierte ich.

Den Barbier ängstigten die gleichen Sorgen wie den Einbrecher, doch er erwartete eine Stellungnahme von mir. Für einen Moment geriet auch ich ins Wanken – ich dachte an meine Kameraden, den sechzigjährigen Rechtsanwalt aus Eger, einen Freimaurer, den der Obergespan auch in die Ukraine verschleppen ließ. Man hatte ihm die Enkelkinder vom Schoß geschubst, ihn in einen Waggon gesteckt, und dann ist er hier in Sostka, in der Krankenhausbaracke umgekommen, weil der Kommandant ihm nicht erlaubte, das Insulin zu benutzen, das ihm seine Familie mit ministerieller Genehmigung per Feldpost nachgeschickt hatte. Und ich dachte an die jungen Burschen, die der Kompaniechef, Leutnant Fazekas – in Zivil Kulturingenieur –, mit fünfundvierzig Grad Typhusfieber in den Schnee legte, damit das Thermometer fiel. Ich dachte an die von Minen zerfetzte, erfrorene, verhungerte, dumm und dusselig geprügelte »Knochenbrigade«, wie die benachbarte, fast vollkommen vernichtete jüdische Kompanie genannt wurde. Und ich dachte an die hundertfünfunddreißig ungarischen Toten, die wir auf dem Heldenfriedhof von Seredjina Buda beerdigt hatten – zum großen Teil Bauern ohne Land und Geld, an die kleinen Leute, die als Soldaten eingezogen und hierher verschleppt worden waren und auf deren Särgen wir teilnahmslos saßen, Kartoffeln backend, bevor wir sie vergruben! Und noch etwas fiel mir ein: 1921 war ich gerade in Berlin, als ich erfuhr, daß in Bonn ein sehr wichtiger sozialistischer Kongreß stattfinden würde, auf dem darüber entschieden werden sollte, welcher Internationale sich die deutsche Partei anschließt. Damals wollte ich überall dabei sein, wo das Schicksal der Welt entschieden wurde – ich war jung, Friedländer, damals glaubte ich noch, daß irgendwo, irgendwann überhaupt das Schicksal der Welt entschieden würde. Ich fuhr am anderen Morgen mit dem D-Zug nach Bonn. Der Kongreß wurde im städtischen Theater abgehalten, der Orchestergraben war mit einem Brett abgedeckt worden, und da saßen die Großen des deutschen Sozialismus, deren Bücher mit den blauen Einbänden ich in meiner Kindheit verschlungen hatte, die ich achtete, allerdings muß ich zugeben, seit der Revolution zunehmend skeptischer. Da waren der bärtige Scheidemann, der wie ein Wirt aussehnde Otto Braun, Hermann Müller und auch die majestätisch wirkende, grauhaarige und lächelnde Clara Zetkin. Die Diskussion war scheinbar hitzig und dröhnend, es ging alle Augenblicke bis aufs Messer, fast bis aufs Blut. Und als bei diesem vom frühen Morgen bis zum späten Abend währenden Wettkampf, der spannender war als ein Motorradrennen auf einer engen Piste, der Elan infolge von Hunger und Müdigkeit doch allmählich nachließ – niemand hatte in der Mittagspause den Theatersaal verlassen –, trat hinter dem Vorhang unerwartet ein untersetzter Mann im Samtjackett, mit zurückgekämmtem grauen Haar, einem Ziegenbart und einem Zwicker hervor und begann in typisch russischem Deutsch zu sprechen:

»Genossen, ich bin mit falschem Paß über die Grenzen gekommen, um euch rechtzeitig zu warnen!«

Anstelle von theoretischen und praktischen politischen Argumenten erzählte er erst einmal eine Geschichte. Während der Revolution habe er, so berichtete er, in Leningrad aus menschlichem und wohl auch aus männlichem Mitgefühl die Frau und die Tochter eines Generals vor dem Zorn des Volkes gerettet. Der General irrte noch irgendwo an der aufgelösten Front herum, die einsamen Damen waren verschreckt und nett, und er habe sie aus Mitleid und heftiger Liebe versteckt und ihnen später sogar geholfen, nach Finnland zu entkommen. Ein halbes Jahr später eroberte der gleiche General vorübergehend jenes kleine Dorf von der Roten Armee zurück, in dem die Familie des bärtigen Herrn lebte. Und nachdem die Rote Armee dieses Dorf erneut eroberte, erfuhr der Redner, daß der General seine Familie bis zum letzten Glied ausgerottet hatte. Der untersetzte bärtige Mann jammerte mit gen Himmel gestreckten Armen:

»Genossen! Nicht gut sein zu der Bourgeoisie!«

Und erst da kam er zu den politischen Argumenten. Und während er in der meisterhaft aufgebauten Rede argumentierte und attackierte, immer alles zu seiner Zeit, kehrte die flehende Warnung immer wieder:

»Genossen! Nicht gut sein zu der Bourgeoisie!«

Seine wehleidige Stimme habe ich noch heute im Ohr. Uns, die wir von der ruhmreichen, aber naiven und weiblichen französischen Revolution, vom humanistisch-liberal-sozialistischen 19. Jahrhundert zu dieser schutzlos machenden Großzügigkeit und Gerechtigkeit erzogen worden waren, uns mußte der russische Redner, von dem ich bis heute nicht weiß, wer er war, anflehen, auch wir sollten böse zu denen sein, die zu uns böse waren. Und konnten wir seither wirklich böse sein? Wenn wir das gekonnt hätten, wären wir nicht hier, Friedländer! »Wer zuerst schießt, siegt!« sagte mir ein mexikanischer Revolutionär in Paris. Aber wir können nicht einmal zurückschießen! Und sollten wir all das überleben, sollte die Waffe in unsere Hand geraten, wie der Revolver des Zugführers im Wald in unsere Hand geriet – glauben Sie, es wäre anders? Wir würden es ebenso entsetzt zu verhindern versuchen, wenn sich die Waffe auf den Mörder richtet. Wir schlagen die Hand beiseite, wie es der Barbier getan hat. Nein, ich hätte mich einfach nicht damit abfinden können, daß mit meinem Einverständnis, mit meiner Verantwortung, vorsätzlich ein Mensch getötet wird! Deshalb werde ich in der Politik niemals eine Rolle übernehmen, in der ich über Leben und Tod entscheiden muß oder wo die Macht davon abhängt, daß ich alle erledige, die sie gefährden. Ich weiß, daß der Russe in Bonn recht hatte: »Nicht gut sein!« – aber ich sagte damals im Wald zu dem Einbrecher:

»Tu ihm nichts! Wir versuchen, hinter ihm zurückzubleiben. Er gehört zu einer fremden Division, vielleicht begegnen wir ihm nie wieder...«

Und wir gingen immer weiter, vorne der Zugführer, ein paar Schritte hinter ihm wir drei. Und von weitem müssen wir ausgesehen haben, als würden wir mechanisch und gehorsam unserem Befehlshaber folgen...

23.

Wir blieben gern zurück, aber der Zugführer sah sich ständig um. Und kaum entstand ein größerer Abstand zwischen uns, trieb er uns in befehlshaberischem Ton an. Er fühlte sich seiner Sache offenbar immer sicherer. Er spürte ganz genau, daß wir zwar eine geladene Pistole hatten und er unbewaffnet war – daß wir ihn aber nicht umbringen würden, weil wir den einzigen Moment hatten verstreichen lassen, als wir aus Selbstverteidigung, Verzweiflung und Haß tatsächlich zu Mördern hätten werden können. Denn auch der Einbrecher war nur ein Einbrecher und kein Mörder – auch er krakeelte nicht mehr herum, hielt die Pistole gesenkt und schwenkte sie beim Gehen schlechtgelaunt. Er war wütend auf mich, weil ich verhindert hatte, daß er rechtzeitig etwas erledigte, von dem er nun selbst spürte, daß es nicht mehr würde. Dabei waren wir noch immer nur zu viert in dem schneeverwehten, sonnigen, runden Wald – doch da der Zugführer sich bereits so benahm, als führte er uns ganz selbstverständlich an, verloren auch wir zusehends das zwanglose Gefühl der Freiheit. Die Reflexe der Gefangenschaft und der Disziplin kehrten zu uns zurück: ich bemerkte, daß wir bereits im Gleichschritt gingen, unser Schrittempo einander anpaßten. Und als der Zugführer sich umdrehte und von oben herab Zigaretten verlangte, gab ihm der Barbier mit der alten, verschreckten, unterwürfigen Dienstfertigkeit welche und fügte auch noch hinzu: »Zu Befehl, Herr Zugführer!«

Da wurde mir klar, daß wir es nicht dabei belassen konnten, daß dies der sichere Tod wäre! Der »Kollege« würde uns, sobald wir irgendwo angelangt waren, tatsächlich am ersten Baum aufknüpfen lassen. Und ich raunte den Jungs zu, daß wir uns so schnell wie möglich etwas einfallen lassen müßten.

Nach einigen Schritten schlug der Einbrecher lang hin. Er mimte hervorragend einen epileptischen Anfall, doch der Zugführer, der sich bereits als unser Befehlshaber und deshalb automatisch auch verantwortlich für uns fühlte, ließ nicht locker und rieb ihm die Stirn und die Herzgegend mit Schnee ab. Da sprang der Einbrecher schließlich wütend auf die Beine. Dieser Trick hat nicht geklappt. Wir zogen weiter wie hypnotisiert.

Doch wir hatten Glück. Nach etwa hundertfünfzig Schritten auf der Schneise, die durch den Wald führte, tauchte eine Schlittenkarawane auf. Der Einbrecher bemerkte sie, rannte auf sie zu und schrie auf russisch. Der Zugführer blieb vor Schreck stehen und fuhr ihn an:

»Brüll nicht herum!«

Doch der Einbrecher brüllte weiter. Der Zugführer machte kehrt und rannte zurück in den Wald. Wir eilten auf die Russen zu.

Die Karawane bestand aus vier Schlitten, auf denen russische Bauern saßen, ältere Männer, Frauen und Kinder. Sie waren aus Goluchowka, einem Dorf in der Nähe. Sie wichen vor dem Rückzug seitwärts in den Wald aus, weil sie damit rechneten, daß die Russen die Ungarn aus dem Dorf hinaus und weiter vorwärtsdrängen würden, woraufhin sie über Waldwege hinter der Front wieder in ihr befreites Zuhause zurückkehren könnten. Die Schlacht, Friedländer, fand also vorwiegend auf den Landstraßen statt. Es war vor allem eine Panzerschlacht, und die Panzer konnten im Wald nicht manövrieren, wer also seitlich die Landstraße verließ und im Wald wartete, konnte zu recht annehmen, daß die Schlacht an ihm vorbeilief. Diese Russen dachten das auch. Und sie waren sich sicher, abends wieder zu Hause in ihrem Dorf zu sein.

Nachdem sie unsere gelben Armbinden gesehen hatten, wußten sie natürlich sofort, wer wir waren – wir waren an der ganzen Front berühmt dafür, die Elendsten unter den Elenden zu sein und daß es die Spezialität der Ungarn war, mit den jüdischen Sklaven auch noch Soldat zu spielen! Sie ließen uns sofort in ihren Schlitten und luden uns ein, bei ihnen zu bleiben, mit ihnen ins Dorf zu gehen, wo wir bleiben könnten, weil es immer etwas ums Haus herum zu tun gäbe, und die Kartoffeln aus der Grube reichten auch für uns, solange sie für sie reichen würden. Und der Schlitten fuhr auch schon los, vorläufig langsam, aber zielstrebig ins Innere des Waldes – auch die Pferde wußten, wo es entlang ging. Ich fühlte bereits unsagbare Erleichterung – wie jemand, der endlich alles glücklich überstanden hat, einerseits weil der »Kollege«, der uns todsicher erledigt hätte, abgehauen war, andererseits, weil wir wohl endlich »Fasane« waren, Kriegsgefangene. Am Abend werden wir mit den Russen ins Dorf gehen und uns beim ersten russischen Offizier melden. Und ich erzähle, wer und was ich bin und bitte darum, möglichst in Moskau Béla Balázs, Andor Gábor und Béla Illés oder vielleicht meinen Freund Sándor Gergely zu benachrichtigen, mit dem ich in den dreißiger Jahren gemeinsam im Kaffeehaus Abbazia konspirierte, bis er in die Sowjetunion gehen konnte. Ich dachte, die Russen bringen mich irgendwohin, ins Hinterland, wo ich wieder zu Kräften kommen und ihnen vielleicht auch irgendwie nützlich sein könnte. Und ich werde versuchen, die beiden großartigen Kameraden, den Barbier und den Einbrecher, bei ihnen unterzubringen...

Wir fuhren noch etwa zwanzig Minuten, dann hielt die Schlittenkarawane vor einem stallähnlichen Bretterverschlag an. Der Zaun verbarg einen primitiven Bunker, wie ihn Partisanen zusammenzimmern, wenn sie sich nur für ein paar Tage irgendwo niederlassen. Die Pferde und die Schlitten waren vom Bretterverschlag verdeckt, und wir verbargen uns im Bunker, wo die Russen sogleich Feuer machten. Aus der Gruppe, mit der der Barbier auf dem Schlitten gefahren war, trat eine ältere Frau zu mir. Sie sprach mich deutsch an – ihre Kleidung war nicht bäuerlich, sie trug ein schwarzes Kleid wie eine Witwe mit wenig Rente –, und sagte auf deutsch zu mir, Friedländer, sie sei die Lehrerin des Dorfes. Vom Barbier hatte sie erfahren, daß ich daheim Schriftsteller war, und nun beschimpfte sie erst einmal die ungarischen Faschisten, die so mit einem Schriftsteller umgingen – ein Schriftsteller war bei ihnen so etwas wie unter dem Zaren ein

Graf oder ein Fürst. Sie hatte noch unter dem Zaren die Universität in Moskau besucht, damals wurden die Schriftsteller dort ähnlich behandelt wie jetzt von den Faschisten – sie wurden in Lager geschickt oder starben Hungers, oder sie gingen an Tuberkulose zugrunde. Und jeder Schriftsteller, der etwas auf sich hielt, war Revolutionär. Sie persönlich kannte keinen Schriftsteller. Sie freute sich, endlich einem zu begegnen.

Und so unterhielten wir uns etwa anderthalb Stunden lang in dem eingeschneiten Bunker, am Feuer, das mein Gesicht rötete, dessen Hitze aber meinen Rücken und meine Beine nicht erreichte. Sie war stolz und geradezu dankbar, daß ich die Namen der alten und neuen russischen Schriftsteller kannte, und sie schämte sich, die ungarischen nicht zu kennen – nur die französischen, die deutschen und die skandinavischen. Und als ich später erzählte, daß ich mehrmals in Paris gewesen war, mußte ich ihr alles darüber erzählen, was ich wußte. »Im Paris der Goncourt-Zeit bin ich zu Hause«, sagte sie schwärmerisch. »Ich würde mich mit verbundenen Augen darin zurechtfinden, Turgenjews Paris ist für mich so, als hätte ich die Jahre meiner Jugend dort verbracht.« Ich weiß nicht, Friedländer, ob Sie es schätzen können, wie diese neue russische Welt ist: die Literatur und ein Glauben an eine endgültige Gerechtigkeit ist dort überall so gegenwärtig wie Gott in der christlichen Welt. Dieses neue Rußland wurde zum guten Teil in literarischen Cafés westlicher Emigranten erträumt – nirgends habe ich so gespürt, daß Literatur eine Massenreligion ist, nicht einmal in Frankreich. Die *Education sentimentale* in der Küche, in der Hand eines Bauernjungen! Goncourt unterm Schnee, im Waldbunker, während auf der Landstraße deutsche und russische Kampfwagen sich gegenseitig zerstören und uns die Läuse unterhalb und oberhalb der Gürtellinie auffressen! Wir hätten noch lange über Literatur gesprochen, wäre der Einbrecher nicht mit erschrockenem Gesicht zu mir gekommen.

»Du«, sagte er niedergeschlagen, »ich glaube, es ist was passiert! Ich höre keine Schießerei mehr. Da oben ist es vollkommen still.«

Es war tatsächlich vollkommen still. Hin und wieder ein dumpfer Knall – wie im Frieden, wenn in einem Jagdrevier mit Jagdschein und einer Lancaster-Flinte auf Hasen geschossen wird. Dann wieder Stille. Es schneite auch nicht mehr, die Sonne schien – die Kälte war erbarmungsloser als nachts inmitten des Schneeorkans.

Auch die Russen lauschten. Ihre Gesichter waren ernst geworden. Wie war die Lage eigentlich? Sollten die Russen so weit vorangekommen sein, daß wir die Kämpfe gar nicht mehr hörten? Oder sind sie zurückgedrängt worden? Ja, aber warum jagte der Sieger den Besiegten dann nicht? Warum hielten sie inne? Es ist doch nicht etwas passiert? Hat der Zugführer etwa Recht behalten?

Die Russen berieten sich, dann entsandten sie einen Schlitten mit zwei Leuten zur Aufklärung. Die kamen am späten Nachmitag zurück. Es stellte sich heraus, daß die Russen nicht aufgehalten worden, sondern von selbst stehengeblieben waren. Sie standen drei Dörfer weiter hinten, wo die Straße im rechten Winkel abbiegt, also am militärisch günstigsten Punkt des Waldes und der Landstraße. Der Kampf, der in dieser Nacht jenseits dieser Linie geführt wurde, war nur das Aufklärungs- und Ablenkungsmanöver der Panzervortrupps. Die Haupttruppe selbst kam ihnen gar nicht nach, und im Morgengrauen zogen sich die Panzer bereits wieder zurück. Und die Deutschen, die glaubten, die Russen würden sich bis zum Fluß Djessna zurückziehen, bewegten sich auf der eigentlich schon aufgegebenen Etappe vorsichtig wieder voran. Goluhowka, das Dorf, in dem diese Russen wohnten, war vorläufig leer: die Russen hatten sich bereits zurückgezogen und die Deutschen waren noch nicht da.

Die Männer wollten mit der Karawane nicht wieder heimwärts ziehen, sondern sich durch den Wald kämpfen, bis sie hinter dem Rücken der Deutschen zu den Russen gelangten. Die Frauen aber wollten um jeden Preis nach Hause. Sie dachten jetzt nur noch daran, daß sie ihre Häuser unbewacht zurückgelassen hatten. Sie wollten so bald wie möglich ihre in der Hast zurückgelassenen und vergrabenen Sachen wieder in Augenschein nehmen. Nur die Lehrerin war auf der Seite der Männer – natürlich gewannen die Frauen. Die Karawane zog mit den niedergeschlagenen Männern und den wortlos und angespannt lauernden Frauen in Richtung Dorf.

Wir trafen abends gegen zehn Uhr im Dorf ein. Eine Häuserreihe war niedergebrannt, ihre Stelle war im weißen Mondlicht unregelmäßig von schwarzen Pfählen mit weißen Schneehäubchen markiert. Die Einwohner kamen nur nach und nach in ihre Häuser zurück. Nur unsere Karawane brachte mehr Bewegung in das plötzlich entleerte Dorf. Wir fanden in dem unversehrt gebliebenen Haus der Lehrerin Unterschlupf. Sie hatte kein Öl, doch der Mond erhellte die kalte Küche mit dem Kamin und das Zimmer der Lehrerin: mit dem Messingbett in der Ecke, den Ikonen darüber, mit den Familienfotografien im Rahmen der Ikonen, einem Weichholzschrank, dem Bücherregal, dem Tisch und den beiden Stühlen. Dieses ärmliche Studenteninterieur beleuchtete der Mond, der alles erstarren ließ. Auch uns färbte er leichenblaß, so daß uns die Worte im wortwörtlichen Sinne auf den Lippen gefroren. Als erster kam der Einbrecher zu sich. Er fragte die Lehrerin, wo er Holz finden könne. Hinten im Schulsaal, der nun, seit es keinen Unterricht mehr gab, als Holzlager genutzt wurde. Der Einbrecher machte sich mit dem Barbier daran, Holz zu zerkleinern – und endlich begann im Kamin das feuchte Holz zu knistern, und schon sein erstickender Gestank wirkte wärmend. Dann brachten die Jungs Stroh in die Küche und breiteten es rings um den Kamin aus. Die Lehrerin füllte einen Napf mit ungeschälten Kartoffeln, schob ihn in den Backofen – wir dachten, endlich etwas Warmes essen und ein paar Stunden in der Wärme ausruhen zu können.

Da knatterte draußen ein Auto und blieb vor dem Haus stehen. Wir beobachteten das Fenster. Gleich darauf klopfte jemand daran und rief auf russisch herein: »Die Deutschen sind da.« Wir wußten, und auch die Lehrerin wußte es, was passiert, wenn die deutschen Feldgendarmen in einem russischen Haus zurückgebliebene Soldaten erwischten. Die Marodeure werden an Ort und Stelle erschossen, und die Russen vor dem Haus aufgehängt, um ihnen die Lust am Verstecken von Deserteuren zu nehmen. Ich wußte also gleich, daß wir hier nicht bleiben konnten – wir mußten nicht nur unseretwegen, sondern auch wegen der Lehrerin sofort abhauen. So sagte ich zu ihr:

»Wir stürzen Sie ins Unglück. Kommt man hier aus dem Hof auf die Felder?«

Die Lehrerin verbarg ihren Schrecken nicht, doch umso rührender war es, daß sie uns um keinen Preis ziehen lassen wollte.

»Auf die Felder kann man nicht gehen! Es ist alles vereist, überall Buckel und Gräben. Da kann jetzt nicht einmal ein Russe entlang, der den Weg kennt. Ihr müßt euch hier irgendwo verstecken, bis die Luft wieder rein ist.« Ratlos schaute sie sich um. »Ich weiß nur nicht, wie und wo!«

Schließlich entschied der Einbrecher, daß wir uns im Schulsaal hinter den Holzstapeln verstecken sollten. Auch das hatte nicht viel Sinn, denn würde das Haus durchsucht, käme die Schule gleich nach den Wohnräumen an die Reihe. Und doch, irgend etwas mußten wir ja tun.

Im Fenster des Schulsaals war kein Glas. Der Wind blies aus beiden Richtungen mit gleicher Stärke und war durch den Frost, den muffigen Geruch und das feuchte Holz hindurch massiver zu spüren als draußen im nächtlichen Wald. Wir preßten uns hinter dem Holzhaufen zu Boden, mimten das Verstecken eigentlich eher, denn wir wußten: Es war Wahnsinn zu hoffen, daß die Gendarmen uns nicht finden würden, wenn sie mit der Taschenlampe hereinleuchteten. Und schon bald hörten wir auch die typischen Fußtritte der Patrouille, die gerade mit ihrem langsamen Tempo die Entschlossenheit zu allem zeigte. Dann hörten wir auch das arrogante, gnadenlose Pochen an der Tür, das überall, wo es Faschismus gibt, den gleichen Takt hat und das überall dort, wo hinter den Türen noch anständige Menschen sind, glauben, vertrauen und zittern, das Blut aus den Gesichtern weichen läßt. Jetzt sind sie also bereits in der Wohnung. Eine unermeßlich lange Zeit – unser Trommelfell spannt, hoffnungslos lauschend: Was passiert, was sprechen sie da drin? Dann schlägt die Tür auf – ein rauher, frecher, fast gemütlicher Deutscher spricht. Jetzt entscheidet sich, in welche Richtung sie gehen: auf die Straße oder in den Hof – zu uns. Ein paar Augenblicke lang gehen sie in gar keine Richtung, sondern verweilen auf einem Fleck. Dann fällt die Entscheidung; sie verlassen das Haus.

Und es vergeht noch eine Viertelstunde – eine Viertelstunde, die länger ist als das ganze verdammte Leben –, und erst dann fällt der Schatten der zu Tode verängstigten Lehrerin auf den Schnee im Hof. Und schließlich ruft sie leise zum Fenster hinein:

»Sie können hereinkommen!«

Gebeugt, um so wenig Schatten wie möglich zu werfen, huschen wir ins Haus zurück. Die Lehrerin ist noch immer bleicher als der Mond. Ihre flache Brust bebte noch, als sie erzählt, es seien deutsche Feldgendarmen gewesen, die Deserteure, vor allem Deutsche, suchten. Zum Glück konnte die Lehrerin deutsch. Sie waren so gereizt von dem vielen »Ne ponemaju«, mit dem die schulterzuckenden Russen auf der Strecke den ganzen Tag lang auf ihre Ausfragerei antworteten, daß sie ihr jetzt geradezu dankbar waren für die deutschen Worte und dadurch gleich weniger mißtrauisch. Deshalb schauten sie sich nur ein wenig um, wärmten sich am Feuer, betrachteten die Familienfotos, stellten ein paar leichte und mechanische Fragen und verabschiedeten sich am Ende fast höflich.

»Da sind wir noch mal davongekommen«, sagte ich mit einem tiefen Seufzer. »Aber die werden nun stündlich kommen. Wir können nicht länger bleiben. Die Holzkammer ist nicht geeignet, und woanders können Sie uns ja nicht verstecken.«

Die Lehrerin beteuerte uns:

»Solange uns nichts Besseres einfällt, sollten Sie lieber bleiben. Wenigstens bis zum Morgen.«

»Am Morgen erwischen sie uns erst recht! Zwar leuchtet der Mond auch jetzt als sei es Tag. Aber morgen früh ist die Landstraße voll mit Ungarn und Deutschen.«

Ratlos schwiegen wir. Wieder ergriff der Einbrecher das Wort:

»Wartet! Ich schaue mal, was da draußen los ist.«

Und schon war er draußen. Sein Gesicht drückte neben Angst auch Behagen aus: die Erregung, wenn man im Dunkeln einen Dietrich aus der Tasche zieht.

Nach einigen Minuten kehrte er zurück und berichtete:

»Das Dorf ist wieder vollkommen leer. Die Truppe ist noch nicht da, und die Gendarmen sind vorausgegangen, in Richtung Front, ins nächste Dorf. Die Luft ist jetzt rein. Wenn ihr wollt, können wir gleich aufbrechen, wir können gefahrlos auf die Landstraße gelangen. Wenn wir auf der Landstraße jemandem begegnen, sind wir keine Flüchtlinge mehr, sondern nur zurückgeblieben... Oder wir erzählen das Märchen, wir seien aus der Gefangenschaft abgehauen. Sie können uns nichts tun, wenn sie sehen, daß wir in die Richtung gehen, in der die Kompanie sein muß.«

Eine Weile erwägten wir noch die Alternativen. Schließlich hatten wir keine andere Wahl, als in die Richtung aufzubrechen, in der wir die Kompanie vermuteten. Also, Friedländer, ebenso »zurückfliehen«, wie der rothaarige Grosz gestern nachmittag ins Ghetto zurückgeflohen ist. Ich werde nie den Augenblick vergessen, als wir ins Mondlicht hinaustraten. Wir sahen uns um und hatten solches Herzklopfen, als würden wir aus der Sklaverei entfliehen und befürchteten, jemandem zu begegnen, der uns daran hindern wollte. Und wir flohen zurück in die Sklaverei und zitterten davor, erwischt zu werden, bevor es uns gelungen war, den Plan unserer Rückkehr in die Sklaverei plausibel und glaubhaft zu machen. Falls wir auf offener Landstraße auf unserem Weg in Richtung Nowgorod Sewerski, wo die Truppen sich jetzt sammelten und neu geordnet wurden, einen Gendarmen oder ungarische Soldaten treffen würden, hofften wir glaubhaft machen zu können, daß diese Juden wirklich nicht abhauen wollten, sondern ohne Eigenverschulden nur ebenso zurückgeblieben waren wie ehrliche arische Soldaten, die aus ihrem Heeresverband gesprengt wurden. Sicher würde man uns auch so prügeln. Aber vielleicht würden wir doch nicht umgebracht, wenn sie da mal zufällig keine Laune zum Töten verspürten. Hätte man uns aber jetzt aus dem Haus huschen sehen, wäre man gleich daraufgekommen, daß wir uns hier verkriechen und die Russen abwarten, das heißt, das Vaterland verraten wollten.

Und nach einem kurzen Abschied waren wir schon draußen auf der toten, verbrannten Straße, gingen an den verkohlten Pfählen mit den Schneemützen vorüber und ließen auch die ausgestorbene Windmühle am Dorfrand hinter uns. Und schon zerrte und warf uns der Sturm hin und her, weil er aus allen Richtungen pfiff: als hätte die Steppe all ihren Zorn auf die Landstraße konzentriert. Nie zuvor hatte der Wind mein Gesicht so gepeitscht wie jetzt. Ich wunderte mich geradezu, daß ich keine blutigen Fleischfetzen vor meine Füße fallen sah. Noch nie habe ich so unter Kälte gelitten, wie unter jenem gnadenlosen, weißen Mond, der die Landschaft wirken ließ, als sei man in einem Kanton in China, wo das Gelbfieber wütet und keinen einzigen Menschen am Leben läßt. Ich war am Ende – da wäre ja der Feldgendarm besser gewesen! Krepieren auf dem Hof der Lehrerin! In dieser Todessehnsucht, die körperlicher Schmerz erweckt, ist nichts Heroisches; man wird von der endgültigen Ungeduld ergriffen: genug, basta! Genug der Kälte, genug der salzlosen, kalten Kartoffeln, genug des Schmutzbündels, das mein Körper geworden ist, genug der Latrinen, an denen einem der Hintern festklebt. Ich bin nicht bereit, länger zu dulden, daß die Läuse meinen Körper wund beißen – kratzen kann ich mich nicht, ich kann das viele Zeug, den Pullover, das Winterhemd, das Sommerhemd, das Unterhemd, nicht von mir herunterreißen. Überall wimmelt es von Läusen, und man könnte sie nur loswerden, wenn man den ganzen Lumpenhaufen mit mir zusammen verbrennt. Ich-kann-keine-Knöpfe-aufmachen-in-diesen-Fausthandschuhen! Und ziehe ich die Handschuhe aus, stehen meine erfrorenen Finger steif zum Himmel – zehn Eiszeigefinger, die auf den Mond zeigen! Wären die neun Koffer damals nicht im letzten Moment auf dem Gare Pajol in Paris angekommen, würde ich jetzt vielleicht in Lissabon das Leben, den sich unendlich hinziehenden Krieg, die widersprüchlichen Nachrichten der feindlichen Agenturen, die Ortsgebundenheit und die miese Pensionskost satt haben. Und ich würde vor dem Wochenende zittern, weil da die Pensionsrechnung beglichen werden muß und ich das Geld nicht beisammen habe. Und ich würde die gnädigen Lügen Salazars, seiner Geheimpolizei, die schmutzigen und dummen Einheimischen und die unerträgliche Hitze hassen. Und nächtelang würde ich mit meiner Frau streiten, wer schuld daran sei, daß wir hierher geraten sind, an diesen toten Punkt, auf diese Pensionssandbank. Möglich, daß ich todunglücklich gewesen wäre – war ich doch schon so oft unglücklich in Paris, Venedig, auch im Orient Expreß, von Budapest ganz zu schweigen. Und es kann sein, daß ich – wäre ich nach Amerika gegangen – mich und die ganze Welt verabscheut hätte, von Bekannten in den Cafés Cents zusammenbetteln, nicht arbeiten oder unwürdige Arbeiten verrichten würde. Aber-wäre-bloß-dieses-Jucken-nicht! Und-daß-ich-mich-nicht-kratzen-kann!

»Ich gehe nicht weiter!« brüllte ich. Laßt mich hier, he!« schrie ich die anderen grob an. »Laßt mich hier, zum Teufel, geht weiter!«

»Was ist los mit dir?«

»Ich halte das Jucken nicht mehr aus! Ich halte es nicht mehr aus, ich halte es nicht mehr aus!«

»Na warte mal!« sagte der Einbrecher. »Wir kratzen dich mal! Wo juckt es denn am meisten?«

»Überall! Auf dem Rücken, am Bauch! In den Schuhen!«

Ja, das war das Höllischste, daß sich die Läuse in die zerschlissenen Wollfußlappen und auch in die zerlumpten Strümpfe eingenistet hatten, und da ich die Schuhe tagelang nicht auszog und das Schuhleder schon an meiner Haut festgefroren war, konnte ich nicht einmal mehr einen Finger hineinstecken. Während die anderen mich nun mit ihren faustbehandschuhten Händen rieben und kneteten, als würden sie mich kratzen, schoben sie mich weiter voran. Und ich schluchzte wie in meiner Kindheit.

Ein Auto nahte. Die drohende Gefahr lenkte meine Aufmerksamkeit von der zur fixen Idee gesteigerten Läuse-Idiosynkrasie ab.

Wir rannten immer von der Landstraße, wenn wir von weitem ein Auto hörten. Die rasten da draußen so, als wäre ihnen nicht nur das Leben der Fußgänger, sondern auch ihr eigenes keinen Pfifferling wert. Wir wollten auch jetzt von der Straße springen, doch der Graben war tief und voller Schnee. So stellten wir uns also an den Rand des Grabens, mit dem Gesicht zur Straße, als wären wir auf alles gefaßt. Im Sonnenlicht stach schon von weitem das rote Kreuz auf dem Auto hervor, was uns keineswegs beruhigte – der Grausamkeit von Ärzten waren wir schon zur Genüge begegnet. Etwa hundert Schritte vor uns entfernt begann das Auto zu bremsen, und als es bei uns anlangte, hielt es schlingernd und quietschend an.

»Los, steigt ein!« rief der Fahrer gebieterisch herab. Wir wären natürlich lieber zu Fuß weitergegangen, doch auf die drängende und rohe Aufforderung krochen wir auf den planenbedeckten Lastwagen.

Wir hatten keine Ahnung, was die wollten: den über die Landstraße krauchenden Kameraden helfen oder ein paar herumstreunende Juden bei den Gendarmen abliefern? Im Inneren des Wagens funkelten zwei Zwickergläser aus dem grauen deutschen Feldmantel mit dem Pelzkragen hervor. Einer der deutschen Soldaten war blond, dicklich und jugendlich: er mochte nicht älter als fünfundzwanzig, dreißig Jahre sein, der andere war älter und dunkelhäutiger. Sie trugen die Rotkreuz-Armbinde und auch im Knopfloch das Emailleabzeichen des Roten Kreuzes. Wie gesagt, wir erwarteten nichts Gutes von ihnen – mit den Ärzten hatten wir mehr oder weniger die gleichen schlechten Erfahrungen wie mit den Geistlichen gemacht. Wir setzten uns ans andere Ende der Bank, so weit weg von ihnen wie möglich, und warteten wortlos aneinandergedrängt, was sie mit uns anfangen würden. An den gelben Armbinden konnten sie natürlich gleich erkennen, daß wir Juden waren. Vielleicht hatten sie die gelbe Binde von dem rasenden Wagen aus nicht entdeckt und hatten deshalb Mitleid mit uns. Aber jetzt, da sie die Armbinde gesehen hatten, konnten sie alles mit uns tun, wenn sie in Zorn geraten wären, hätten sie uns auch vom fahrenden Auto werfen können; das ist schon vorgekommen...

»Kann einer von euch deutsch!« fragte der Ältere.

»Ja«, antwortete ich.

»Woher kommt ihr?«

»Aus Seredjina Buda. Wir sind zurückgeblieben.«

Kleine Pause.

»Ihr friert wohl, was?«

»Sehr!« antwortete der Einbrecher.

»Wollt ihr Rum?« und er reichte mir die Flasche.

Ich trank und reichte sie den Jungs weiter.

»Wo ist eure Kompanie?« fragte der Ältere wieder.

»Das wissen wir nicht. Unsere Truppe wurde noch vor Tschernowskoje zerschlagen. Wir sind durch den Wald gekommen.

Der Deutsche schwieg wieder. Er trank auch. Dann sprach der Jüngere:

»Seid ihr daheim auch Arbeiter?«

»Ja. Der ist Barbier, der andere Klempner.«

»Aber du bist schon ein alter Junge. Wie alt bist du?

»Fünfundvierzig.«

»Warst du etwa auch beim Ersten Weltkrieg dabei?«

»Ja, das war ich.«

»Welchen Rang hattest du?«

»Leutnant.«

Er war überrascht.

»Und was bist du zu Hause?« fragte er etwas interessierter.

Ich dachte nach: sollte ich sagen, ich bin auch Arbeiter? Aber sooft ich in eine ähnliche Lage geriet, vis-a-vis von Intellektuellen, geriet ich immer in Versuchung, das gleiche Schamgefühl in ihnen zu wecken, das ich in umgekehrtem Fall empfunden hätte, wenn mir in so einer überlegenen Position ein schmählich erniedrigter, in viehischster Sklaverei gehaltener intellektueller Kamerad begegnet wäre. Dabei habe ich oft draufgezahlt, vor allem bei ungarischen Intellektuellen; die haben sich kein bißchen geschämt, ja es gibt keinen hergelaufenen Proleten, keinen neidischen Habenichts, den mein viehisches Schicksal mit mehr Schadenfreude erfüllt hätte. Einmal fotografierte mich zum Beispiel der Oberarzt einer Klinik laut lachend beim Gräberschaufeln, und zum Abschied rief er mir noch ins Grab nach: »Na, Herr Redakteur, dieses Bild wird im Weltblatt ›Tolnai‹ erscheinen. Das wird eine Augenweide für die Budapester.« In Krassitschka, wo wir einem Budapester Bataillon begegneten, ließen mich die jungen Budapester Offiziere vom Feldwebel aus der Kompanie herausrufen. Sie standen um mich herum, als der Gefreite Bota mich wie ein Pferdedompteur in unbeschreiblichem Tempo jagte und mir dabei mit dem Gewehrkolben immer wieder über den Schädel schlug. Sie ließen mich nicht einmal zur Seite gehen, damit ich mein Geschäft verrichten konnte. Es waren alles junge Männer mit Hochschulabschluß, denen es an jeglicher Spur von Schamgefühl oder Solidarität mangelte, und als sie die Vorstellung gegen Abend satt hatten und weggingen, spuckte ihnen sogar der menschenfressende Aufseher hinterher. Das waren meine Erfahrungen mit Intellektuellen, aber jetzt entfuhr es mir doch:

»Ich bin Schriftsteller und Publizist.«

Sie verstummten und wandten ihre Blicke plötzlich von mir ab. Dann fragten sie den Barbier und den Einbrecher verlegen, aber sehr freundlich nach ihren Lebensverhältnissen daheim aus. Lauter Nichtigkeiten, nur um zu sprechen und nicht mit mir reden zu müssen. Sie duzten sie – und dann reichte der Ältere mir wieder die Feldflasche und fragte:

»Wollen Sie noch was trinken?«

»Danke«, sagte ich und trank.

Von da an sprachen Sie mit mir, mich siezend, mit deutscher Roheit und militärisch, wohl, um ihre Verlegenheit oder vielleicht ihr Schamgefühl zu verbergen.

Schließlich kam der Jüngere doch noch zur Sache. Was ich geschrieben hätte, erkundigte er sich. Ja, auch Romane. Und ob von mir auch etwas auf deutsch erschienen sei. Ja, früher, beim Erich-Reiss-Verlag... Die Unterhaltung verlief abgehackt... Zwischendurch unterhielten sie sich miteinander, wandten sich aber immer wieder mit einer neuen Frage an mich. Vor allem der Jüngere konnte es nicht lassen. »Nicht wahr, die Literatur stagniert jetzt auf der ganzen Welt? Denn bei uns stagniert sie!« sagte er. »Aber in solch experimentellen Zeiten wie der jetzigen ist das verständlich!« Was sollte ich antworten? Daß sie in England, Amerika und überall dort, wo sich die Menschheit noch ihrer selbst entsinnt, nicht stagniert? Ich versuchte, vorsichtig zu antworten.

»Die ältere Generation hält sich eigentlich noch«, sagte ich.

»Gibt es Literatur in Amerika?«

»Ja«, antwortete ich leise. »Irgendwas schon.«

Da ergriff plötzlich der Ältere das Wort.

»Es gibt bestimmt auch eine Wissenschaft!«

Nun fuhren wir wieder eine Viertelstunde schweigend dahin. Da ergriff der Jüngere wieder das Wort:

»Sagen Sie, ist Remarque in Amerika?«

»Das weiß ich nicht genau!« antwortete ich. »Das habe ich nicht verfolgt. Ehrlich gesagt halte ich ihn nicht für einen bedeutenden Schriftsteller.«

»Doch«, beharrte der Jüngere, »wie er den Krieg beschrieben hat, ist verblüffend wahr. Jetzt, da ich seit vierzehn Monaten draußen bin, sehe ich erst, daß es Wort für Wort stimmt. Daheim ist das Buch nicht im Verkehr, es ist mir zufällig in die Hände geraten, noch zu Friedenszeiten. Wissen Sie, ich habe nicht geglaubt, daß so etwas wahr sein könnte.«

Ich sagte nichts. Konnte es sein, daß die mir doch eine Falle stellen wollten? Andererseits – lohnte es sich für die, einen ungarischen Juden hereinzulegen und auszuliefern? Dafür bekamen sie doch nicht einmal ein Lob! Aber ich wagte es trotzdem nicht, eine Bemerkung zu machen – über den Krieg an sich. Und als hätte auch der junge Deutsche gespürt, daß es taktlos war, von mir ein Geständnis zu fordern, mit dem ich mich ihnen ausliefern würde – schwieg er wieder.

Der Ältere bot uns Kekse an und unterhielt sich dann weiter mit dem Barbier und dem Einbrecher. Mittags kamen wir an der Djessna-Brücke an, gegenüber von Nowgorod Sewerski.

Auf dem Hügel der Dom mit der Kuppel, wie in Esztergom – drumherum die klosterähnlichen Paläste. Aber was noch aufregender war: Vor dem Aufgang der Djessna-Holzbrücke stand eine Kette deutscher und ungarischer Gendarmen. Hier war das Netz oder vielmehr die Schlinge – alle, die beim Rückzug versprengt worden waren, mußten auf jeden Fall die einzige Brücke überqueren, die von diesem Frontabschnitt zum anderen Ufer führte. Der Fluß war zwar schon seit November zugefroren, und man hätte auch über das Eis abhauen können, doch es stand jetzt bereits alle zwanzig Schritte ein Wachtposten am diesseitigen Ufer, und das Eis wurde vom anderen Ufer aus Maschinengewehrnestern beobachtet. Sie können sich vorstellen, Friedländer, was ein von der Kompanie getrennter Jude empfinden mußte, wenn er an der Djessna-Brücke ankam und dort von deutschen und ungarischen Gendarmen erwartet wurde! Auch die anderen zurückgebliebenen Soldaten wurden verhört, und wenn sie nicht nachweisen konnten, wo sie die Zeit verbracht hatten, seit sie von ihrer Einheit getrennt waren, kamen sie vors Kriegsgericht. Doch wenigstens wurden die Soldaten nicht gleich geprügelt – uns hätte man erst einmal halbtot getreten, und dann wäre man zum offiziellen Teil übergegangen.

24.

Der deutsche Wagen hielt am Brückenkopf an. Es vergingen zähe Minuten, bis sich entschied, ob sie uns den Gendarmen auslieferten oder nicht. Sie taten es nicht. Es war ein Sanitätswagen, die Gendarmen schauten nicht einmal hinein, und in wenigen Sekunden waren wir schon am anderen Ufer. Als wir drüben angekommen waren, hätten wir eigentlich auch aussteigen können – denn an diesem Ufer, in der Stadt, lungerten nur noch Soldaten frei herum, die von den Gendarmen herübergelassen, also kontrolliert worden waren. Und ich erwog bereits, den deutschen Ärzten vielmals zu danken, daß sie uns bis hierher mitgenommen hatten. Wir würden aussteigen, um so schnell wie möglich unsere Kompanie zu finden, denn dort waren wir immer noch am sichersten. Dann sagte ich aber doch nichts – einfach deshalb nicht, weil ich mir, seit ich in der Ukraine war, schon hundertmal geschworen habe, mich nicht in die zufällige Entwicklung meines Schicksals einzumischen. Und so fuhren wir weiter mit ihnen durch die ganze Stadt, bis das Auto vor einem zweistöckigen Gebäude anhielt.

»So, wir sind da!« sagte der Jüngere. »Wenn Sie wollen, können Sie über Nacht hierbleiben und sich ausruhen. Morgen suchen Sie dann weiter nach Ihrem Truppenkörper.«

Das große Gebäude war ein deutsches Lazarett, in Friedenszeiten diente es als Schule. Auf dem Flur, im warmen Krankenhaus- und Speisegeruch, wimmelte es von Soldaten, Verletzte humpelten an ihren Krücken, und blonde Krankenschwestern schwebten über den Gang. Niemand scherte sich um uns, als wir hinter den beiden Ärzten über die Treppe in die zweite Etage hinaufgingen. Dort führte man uns ans Ende des Ganges, in ein leeres Zimmer mit einem Fenster. Es war warm von der Zentralheizung, und auf dem Boden lag frisches Stroh. Bereits auf dem Gang hatte sich uns ein älterer deutscher Soldat angeschlossen. Er schaltete das Licht an, weil es bereits dunkel wurde.

»Du läßt diese Männer entlausen und baden und gibst ihnen frische Unterwäsche! Sie bleiben bis morgen früh hier und ziehen dann weiter. Die Leute sind meine Freunde.«

Der Sanitätssoldat stand stramm, zwinkerte aber mitwisserisch. Dann gingen die beiden Ärzte fort. Wir fühlten uns nicht wohl, das war zu schön für uns, Friedländer. Es kann nur was Schlimmes dabei herauskommen, wenn es uns plötzlich so gut geht, mißtrauten wir. Es würde auf jeden Fall angenehm sein, zu baden und die Läuse loszuwerden. Doch was würde danach aus uns? Wenn irgendeine deutsche Bestie, ein SS-Mann oder ein Feldgendarm, hier hereinkommt und uns findet? Und was wird morgen? Wie verlassen wir ohne Schein das Gebäude? Wir wußten, daß die Deutschen überall einen Schein verlangten.

Der alte Soldat kam zurück.

»Na, zieht euch aus, schnell da in die Ecke. Eure Kleidung bringe ich runter zum Auskochen. Und dann marsch, ab ins Bad.«

Schweigend entkleideten wir uns in der Ecke. Endlich konnte ich mir die Fußlappen und Strümpfe und die vielen Lumpen herunterreißen, die mir mit jeder Faser am Körper brannten. Wir sahen höllisch aus, Friedländer. Unsere Körper waren ein einziger großer Läusebiß.

Sogar der Alte war verblüfft, denn er schnipste mit dem Finger und sagte:

»Ihr seid aber verlaust! So was sehe sogar ich nur selten!«

Dann gingen wir über den Flur zum Bad. Hinter der Ecke, die nächste Tür, war der Eingang zum *Douchebad*. Der Alte flüsterte mir bereits an der Tür ins Ohr:

»Verdeckt euch im Bad, so gut es geht. Der Bademeister braucht nicht zu wissen, wer ihr seid.«

Der Bademeister war auch ein dicker, alter Sanitäter. Er sortierte in der Halbdämmerung Bettücher. Unser Mann begann mit ihm zu plaudern, um ihn von uns abzulenken. Das heiße Bad war eine Wonne, ich muß wohl nicht beschreiben, was ich empfand. Dann ging es nackt zurück ins Zimmer. Der Alte brachte frische Wäsche, ein deutsches Kastenbrot und Marmelade. Als er wieder hinausging, schloß er die Tür hinter sich ab.

Der Einbrecher wurde plötzlich sehr heiter. Er jauchzte, und ich beschwichtigte ihn. Um meine Angst zu mindern, schloß sich der Barbier dem Gute-Laune-Ausbruch gezwungen an. Nur ich fragte mich ständig: Wenn die jetzt die Tür öffnen, wenn die unsere Papiere verlangen? Was sollen wir sagen, wie wir hergekommen sind? Wir wissen nicht mal die Namen der Ärzte. Und was ist morgen? Wie kommen wir ohne Papiere weiter?

»Was kümmert dich das?« brüllte der Einbrecher fröhlich. »Hauptsache, wir leben. Bisher hat alles geklappt wie im Märchen. Wir haben gegessen, gebadet, und jetzt pennen wir eine Runde. Dann wird's schon irgendwie weitergehen, wie bisher immer.«

Wir legten uns auf das Stroh.

Im Schloß klapperte der Schlüssel – der Alte brachte unsere desinfizierte Oberbekleidung zurück. Dann schloß er die Tür von innen ab.

»Na, ihr Pechvögel«, sagte er, »ruht euch nur aus! Woher kommt ihr?«

»Aus Budapest.«

»Ich komme aus Karlsbad«, sagte der Sanitäter. »Wißt ihr, wo Karlsbad ist?«

»Ja.«

»Karlovy Vary, wie es früher hieß. Früher, als es uns noch so schlecht ging« – und er zwinkerte uns bitter lächelnd zu.

»Dieser Herr war schon in Karlsbad«, flunkerte der Einbrecher und zeigte auf mich.

»Wirklich? Wo hast du gewohnt?«

Ich war nie in Karlsbad, wollte aber den Einbrecher nicht Lügen strafen. Deshalb nannte ich das bekannteste Hotel.

»Im Pupp.«

»Da mußt du ein anständiger Mensch sein. Vielleicht warst du sogar bei mir. Das erste Barbiergeschäft links vom Pupp, an der Ecke, das gehört mir. Der vornehmste Friseursalon.«

»Ich glaube, ich habe mich schon bei Ihnen rasieren lassen«, sagte ich. »Aber vielleicht interessiert es Sie, daß mein Kamerad auch Barbier ist«, und ich wies auf den kleinen Roder.

»Du bist Barbier?« freute sich der Alte. »Warum hast du nicht gleich gesagt, daß du ein Kollege bist? Woher kommst du?«

»Aus Budapest.«

»Hast du ein eigenes Geschäft?«

»Ja.«

»Für Herren und Damen?«

»Ja.«

»Na, das freut mich! Schade, mein Freund, daß ich das nicht eher gewußt habe. Da hätte ich euch was Besseres zu essen gebracht. Ich kann mir vorstellen, wie hungrig ihr seid, ihr Armen. Hier im Lazarett gibt es noch zu essen – aber daheim bei uns! Man liest besser nicht, was die von zu Hause schreiben. Sagt mal, wie lange dauert dieser Scheißkrieg denn noch?«

»Der kann noch lange dauern.«

»Euch kann ich es ja sagen; der hat uns Karlsbadern gefehlt wie ein Kropf. Als das alles anfing, habe ich gleich zu den Leuten gesagt: ihr werdet noch darüber jammern, daß ihr nicht den Mund gehalten habt! Ein Weltkurbad braucht Ruhe, nur dann kommen die Gäste aus Amerika und Argentinien und Schweden... In Friedenszeiten fuhr der Expreß bis Karlsbad. Die Leute kamen von überallher. Viele auch von euch aus Budapest, und auch aus Polen kamen die Juden, in Seidenkaftan und mit Schläfenlocken, na und? Sie haben bezahlt! Das meiste Geld haben sie gebracht, weil es viele Magenkranke unter ihnen gab, und die Ladenmiete kam allein von der Pediküre zusammen, da ihre Füße voller Hühneraugen und Überbeine waren. Dann kam der Ruin. Neununddreißig hatten wir ja noch reichsdeutsche Gäste, aber von denen reden wir besser nicht! Das vornehme Karlsbad wurde zum bayrischen Dorf. In meinem Hauptgeschäft hatte ich den ganzen Tag lang kaum einen Kunden, nur die Filiale lief einigermaßen, weil die von Karlsbader Kunden besucht wurde. Dann brach der Krieg aus, und ich wurde gleich am ersten Tag eingezogen. Allerdings als Sanitäter, und da habe ich es nicht schlecht. Ich habe immer Arbeit und kann denen daheim sogar etwas zu essen schicken, mit Fronturlaubern. Aber daheim hungern sie förmlich, weißt du? Meine Frau hat gar nicht geschrieben, wie es zu Hause tatsächlich steht. Sie will mich nicht belasten. Ich war zweimal auf Urlaub, das letztemal vor einem Jahr. Schon damals sah ich, was los war. Zum Beispiel mit dem Brot und der Margarine. Fett gibt es nicht. Die schönen Luxushotels sind Lazaretts, die Pensionen sind geschlossen. Ganz Karlsbad ist bankrott. Ich mag die Tschechen auch nicht, aber man konnte mit ihnen leben. Sie haben niemandem etwas getan, man konnte sagen, was man wollte, nur die Steuern waren hoch, und sie piesakten einen mit diesem und jenem. Doch das Geschäft lief, man mußte nicht hungern. Jetzt jammern natürlich die Frauen am lautesten, dabei waren sie am meisten davon angetan, als die Brüder hereinkamen. Denn unsere Brüder sind es ja doch, ich fühle mich auch als Deutscher, so wie ihr euch als Juden fühlt. Da ist nichts dabei. Aber ich konnte auch unter den Tschechen Deutscher sein, meine Kinder konnten nicht einmal tschechisch. Ich auch nicht. Diese

Doktoren, die euch hergebracht haben, sind es auch leid. Sie sagen es nicht offen, aber ich merke es, daß es ihnen reicht. Der ältere war Kurarzt, dem ging's am besten, ein moderner Darmspezialist, er hatte als erster so ein Gerät, mit dem der Darm ausgewaschen wurde wie deine Sachen in der Wäscherei. Das Wartezimmer war voller Amerikaner und reicher polnischer Juden – und doch wurde er verrückt, als diese ganze Geschichte anfing. Zumindest am Anfang war er nicht zu bändigen. Der jüngere ist der Sohn des verstorbenen Kurarztes. Der hatte, wenn es wahr ist, eine Wiener Jüdin, zumindest eine Halbjüdin, zur Mutter. Er ging in Wien zur Schule, und trotzdem war er begeistert, als die Tschechen vertrieben wurden. Er wußte da natürlich noch nicht, daß die Praxis eingehen und er drei Jahre lang in Rußland kämpfen würde. Aber sie sind beide keine schlechten Kerle. Zu euch waren sie auch anständig, stimmt's? Sie haben mir nahegelegt, auf euch aufzupassen und nachts niemanden hier hereinzulassen.«

»Sie sind sehr anständig zu uns, das stimmt. Sie auch. Das werden wir nie vergessen. Aber sagen Sie, lieber Herr Rauscher, wie gehen wir morgen früh durchs Tor?«

»Ihr bekommt einen Schein, daß ihr hier zur Pflege wart. Das erledigen die Doktoren im Büro. Schreibt eure Namen und die Truppenbezeichnung auf diesen Schein. Damit könnt ihr das Spital verlassen, der ist auch für unterwegs gut als Ausweis.«

Erleichtert streckte ich mich auf dem Stroh aus. Der sudetendeutsche Barbier sprach weiter:

»Aber was sie euch antun!« seufzte er. »Mit einem Mann wie du, der in Karlsbad im Pupp gewohnt hat! Und mit so anständigen Handwerkern. Ich habe immer gesagt: Gut, ich verstehe, daß die Bolschewisten abgesägt und die Tschechen vertrieben werden, wenn in Karlsbad nun mal Deutsche leben. Aber was will der Führer von den Juden? Ich habe nie verstanden, was er gegen euch hat. Daß er Deutschland groß machen will, ist in Ordnung. Die Deutschen sind tatsächlich ein großes Volk. Sie verdienen es, die ersten in Europa zu sein. Aber warum muß man dazu mit den Juden so etwas tun? Weil die Juden Geld verdienen wollten? Wer will das nicht? Ich wollte auch mein Leben lang verdienen. Den Tschechen wurden die Fabriken auch weggenommen, damit die Deutschen verdienen und nicht die Tschechen. Soll doch jeder verdienen, solange es zum Wohle des Landes ist, was er tut. Wenn jeder vernichtet wird, der verdienen will, würde keiner am Leben bleiben. Vielleicht nicht einmal der Führer. Der lebt ja auch nicht von Luft. Deshalb jemanden zu verfolgen und auch noch umzubringen!.. Da gegenüber ist dieses Wirtschaftsgebäude« – wies er mit dem Zeigefinger aus dem Fenster in die Dunkelheit. »Seit drei Tagen sind da hundertsiebzehn Juden drin. Die haben sie jetzt aufgelesen. Sie sagen, so viele seien in ganz Rußland übriggeblieben. Einundvierzig hatte man sie in Ruhe gelassen, weil die patriotischen Ukrainer, die mit uns zusammenarbeiten, um Gnade für sie ersucht hatten, als die Juden, die mit den russischen Roten zusammenarbeiteten, erledigt werden sollten. Da sind ein Haufen Geschäftsmänner, Lieferanten und ein berühmter Augenarzt darunter, der Patriarch hat den General darum gebeten, ihn weiter praktizieren zu lassen, weil das Volk ihn liebte, und hier gibt's viele Trachompatienten. Das ist ein Augenarzt, wie es ihn weder in Prag noch in Berlin gibt. Es sind lauter bessere Leute, Freunde der Ukrainer und der Deutschen, die sie am Leben gelassen hatten. Und jetzt, da die Russen nahen, haben sie die auch eingesammelt. Ich habe von den SS-Männern gehört, sie sollen morgen oder übermorgen nach Pirochowka aufs Minenfeld gebracht werden, damit kein einziger Jude mehr am Leben ist, wenn die Russen kommen. Dabei waren das anständige, den Deutschen freundlich gesinnte Juden. Bisher haben sie uns geholfen, und jetzt läßt man sie umkommen. Hätte man daheim diese vielen geschickten Juden am Leben gelassen, die etwas vom Geschäft, vom Handel verstehen, die selbst dann Ware herbeischaffen können, wenn die Grenzen geschlossen sind und in den Läden gesagt wird, es sei alles ausverkauft, es gäbe kein Gramm mehr – dann hätte man heute bestimmt viel mehr zu essen daheim und auch hier. Und auch Rohstoffe. ›Rohmaterial‹, darum geht es doch immer. Dann hätten sie doch sogar daran verdient. Stimmt es nicht?«

»Doch, genau so ist es«, stimmte der Barbier zu.

»Aber davon verstehen wir natürlich nichts«, setzte er fort. »Das sagen jedenfalls die Großkopfeten, zumindest in Berlin, daß wir nichts davon verstehen. Und wenn es dann wieder schiefgeht, haben wir wieder mal recht gehabt. Dem Barbier wird gesagt, er solle den Schnabel halten, nicht politisieren, sondern rasieren, sonst würde er noch den Gast schneiden. Doch soviel Blut fließt bei keinem Barbier der Welt, wie in diesem Lazarett in nur einer Stunde. Anderen würde ich gar nicht zu sagen wagen, was ich denke. Also, legt euch hier nur ganz ruhig hin! Ich schließe die Tür hinter euch ab, damit hier nicht irgend so eine Wildsau hereinkommt.«

25.

Ja, Friedländer! Stolz, mit geschwellter Brust traten wir am Morgen zum Tor des Lazaretts hinaus, denn wir hatten Papiere, einen echten »Schein«, mit dem wir uns legal in der Stadt bewegen konnten. Aber wenn man einen gültigen Ausweis hat, will ihn natürlich kein Mensch sehen – Unannehmlichkeiten kommen erst, wenn man betrügt oder etwas Verbotenes tut. Jede Minute begegneten wir einem Gendarmen, SS-Leuten oder ungarischen Offizieren – die würdigten uns keines Blickes. Wir salutierten streberhaft und schnittig, und sie schienen den Gruß gutwillig zu erwidern, als wüßten sie, daß bei diesen Juden alles in Ordnung war. Nowgorod Sewerski war eine hübsche Stadt, in Friedenszeiten würde ich hier Urlaub machen; ob Sie es glauben oder nicht, es ähnelt Großwardein – anstelle der Kőrös die Djessna, die lange Hauptstraße mit den gelb getünchten ebenerdigen Einfamilienhäusern, den alten Bäumen und den kleinen Vorgärten, erinnerte an die Georg-Lukács-Straße. Es war natürlich Winter, die Bäume waren kahl, und man sah nur die Umrisse der Beete in den Gärten. Doch ich sah auch strohbedeckte Rosenbeete, was seit der Besetzung eine Seltenheit war – und in der Hofecke überall Bienenstöcke mit rotgestrichenen Körben. Der Einbrecher bettelte in der ganzen Straße um Brot. Die Bevölkerung war auch hier zum großen Teil freundlich, nur an ein, zwei Stellen schlugen ihm nationalistische Ukrainer, die auch gerade packten, weil sie sich sicher waren, daß die Russen zurückkommen würden und sie lieber mit den Deutschen abhauen wollten, die Tür vor der Nase zu. Auch die Popen waren aufgeregt, denn sie vor allem hatten gemeinsame Sache mit den Deutschen gemacht. Die Deutschen rechneten selbst nicht damit, diese Stadt halten zu können und führten ganz offen Räumungsmaßnahmen durch – so hatten sie die Stroh- und Heuballen am Rand der Stadt in Brand gesteckt, und die brannten seit drei Tagen mit erstickendem Lodern. Die diesige Luft roch verbrannt, süßlich nach Karamel, wie in der Küche einer Konditorei. Der Geruch ging mir nicht aus der Nase, und mir drehte sich der Magen davon um. Meine Verdauung war sowieso nicht in Ordnung, ich hatte wohl die Rindfleischkonserven, die wir zum Frühstück von dem Karlsbader Barbier bekommen hatten, zu gierig verschlungen. Der Barbier gab jedem so viel davon, wie bei der Kompanie zehn bekommen, obendrein Kürbismarmelade, und dazu tranken wir drei *tschaika* Wasserkakao. Ich merkte gleich, daß ich mir den Magen damit verdarb – auch der Barbier und der Einbrecher hatten ordentlich zugelangt, aber ihnen machte das gar nichts aus. Wir hatten auch reichlich Wegproviant: drei ganze Brote, eine große Fleischkonserve und zwei Fischkonserven – alles Gaben des Sanitäters –, aber der Einbrecher bettelte trotzdem, er bettelte in jedem Haus, raffte alles Eßbare zusammen, so daß wir kaum noch wußten wohin damit – unsere Rucksäcke wurden wieder schwerer. Der Einbrecher bettelte nur noch aus Gewohnheit – in diesem Krieg haben die bewaffneten Soldaten geraubt und wir Zwangsarbeiter gebettelt, dazu noch meistens bei denen, die zuvor von den Soldaten ausgeraubt worden waren.

Zwischendurch erkundigten wir uns auch an offiziellen Stellen nach unserer Kompanie. Bei der deutschen Feldgendarmerie wußte man nichts. Bei der ungarischen Ortskommandantur sagte man uns, die Kompanie sei wahrscheinlich ans andere Ufer zurückgebracht worden, weil wir – sagte ein Feldwebel mit einem ungeheuren Schnurrbart voll optimistischer Begeisterung – wieder vorwärts marschieren bis zum Gehtnichtmehr. Aber genauere Hinweise bekamen wir auch hier nicht, und als wir fragten, wo wir hingehen sollten, sagte der Feldwebel, wir sollten den Judensammelplatz in der Stadt suchen, wo wir weitergeleitet würden. Doch dazu hatten wir überhaupt keine Lust, und so trieben wir uns mit dem deutschen »Schein« in der Tasche weiter in der Stadt herum. Am späten Nachmittag trafen wir einen Unteroffizier, der Postbote bei der Divisionskommandantur in Seredjina Buda war – von ihm erfuhren wir, daß die Kompanie irgendwo bei Orlowka stand, fünfundsiebzig Kilometer von der Stadt entfernt, in westlicher Richtung. Fünfundsiebzig Kilometer bedeuteten einen Marsch von drei Tagen. Es wurde bereits Abend, und da wollten wir nicht mehr aufbrechen. So mußten wir uns also wieder um ein Nachtquartier kümmern. Wir hätten das deutsche Lazarett nicht verlassen sollen.

Am Rande der Stadt standen die Bauernhäuser bereits dörflich zerstreut. In den meisten wohnte niemand. Wir versuchten an zwei Stellen, Unterkunft zu erbitten, aber mißtrauische, einsame alte Frauen schlugen uns die Tür vor der Nase zu, und noch lange wurden wir von zähnefletschenden Hunden verfolgt. Es war inzwischen völlig dunkel geworden. Es blieb uns nichts anderes übrig, als uns in einer halbniedergebrannten Scheune zu verschanzen. Ich weiß kaum noch, wie wir in diese Scheune gelangten, den ich hatte schrecklichen Schüttelfrost und wahnsinnige Magenschmerzen. Ich weiß nur, daß die Nacht höllisch für mich war. Der Barbier und der Einbrecher legten sich auf mich, um mich mit ihren Körpern zu wärmen. Und ich weiß auch noch, daß ich am Morgen in einer Windmühle auf einem Reisighaufen lag – der Windmühle fehlte ein Flügel. Ringsum Schlamm und Matsch: so wie am zwölften November innerhalb eines Augenblicks Schnee und Frost gekommen waren, hatte es diese Nacht zu tauen begonnen. Wie gesagt, ich lag auf einem Bündel Reisig in einer Windmühle und sah im Liegen die Landstraße, über die bereits das Tauwasser floß.

Und dann sah ich die Lastwagen – hoch spritzte hinter ihnen der Schlamm auf –, eine Schlittenkarawane, vor der der Schnee wegschmolz und die sich durch den Schlamm quälte. Jemand gab ausgerechnet vor der Windmühle einem Pferd, dessen Bein gebrochen war, einen Kopfschuß. Ja, darüber habe ich nicht gesprochen, Friedländer, durch wieviel Pferdeblut wir gewatet sind. Dann folgte ein langer Zug von bis zum Kopf dreckbespritzten Deutschen mit Motorrädern, hinter ihnen Männer, Frauen und Kinder mit weißen Bündeln auf den Rücken. Ein alltäglicher Zug – so zogen die kriegsgefangenen Russen, die Zivilarbeiter, die man samt ihren Familien zusammentrieb, um sie dorthin zu bringen, wo es plötzlich Arbeit gab –, so zogen hier eigentlich alle über die Landstraßen. Der Transport war der normale Zustand der Menschen – jede gute und jede schlechte Ortsveränderung geschah im Rahmen eines Transports.

Wer alleine ging, war bereits verdächtig und schutzlos. Der Transport, den ich durch den Fieberschleier sah, schlurfte ahnungslos und sorglos durch den Matsch – die Menschen sprachen miteinander, richteten sich gegenseitig das Bündel, wenn es verrutscht war, sie rauchten Pfeife oder Machorka aus Zeitungspapier, und einer von ihnen schlenkerte mit seiner Kunststoffhandtasche. Es war wohl diese Handtasche, die mich im Fiebernebel daran erinnerte, daß in diesem Zug auch der berühmte Augenarzt marschierte, den die Deutschen auf Bitten der Ukrainer am Leben gelassen hatten, obwohl er Jude war. Und dem kein anderer Augenarzt, weder in Prag noch in Berlin, das Wasser reichen konnte.

Am Ende des Zuges wieder schlammbespritzte Deutsche mit Motorrädern. Dann schmutzige deutsche und ungarische Soldaten. Gefolgt von zügellosen, um sich tretenden, räudigen Pferden, die von jüdischen Zwangsarbeitern angetrieben wurden. Der Anblick ihrer nackten Haut und der widerwärtigen Wunden verursachte bei mir Brechreiz. Ich erbrach auch alles, dann verlor ich das Bewußtsein.

Von da an kam ich nur zeitweise zu mir. Die Jungs erzählten mir später, gegen neun hätten sie eine Reihe von Minenexplosionen gehört. Vielleicht hatte der Barbier von Karlsbad die Wahrheit gesagt und die hundertsiebzehn Juden – die mit den Deutschen und Ukrainern gezogen sind – waren tatsächlich auf das Minenfeld getrieben worden. Doch Minenexplosionen hörte man hier ja ständig. Wir konnten natürlich nie Gewißheit darüber erlangen, was mit ihnen geschehen ist, Friedländer. Doch die Jungs hatten die Minenexplosionen von Pirchowka her gehört, also aus jenem Dorf, wo die Deutschen dem Sanitäter zufolge die Juden, die im besetzten Rußland nach zwei Jahren noch gelebt hatten, erledigen wollten.

Was danach passierte, weiß ich nur noch vom Hörensagen. Im deutschen Lazarett hatte der Typhus schon in mir gesteckt, und in der Scheune war er nun mit aller Macht ausgebrochen. In der Windmühle war ich bereits im Delirium. Es war ein besonderes Wunder, Friedländer, daß ich nicht auf der Landstraße verreckt bin.

26.

Der Barbier erzählte später, als er zur Kompanie zurückkehrte, daß ich erst einmal zwei Tage lang in der Windmühle lag. Die beiden hielten unterdessen jeden in Frage kommenden Wagen auf der Landstraße an und erkundigten sich, ob er uns mitnehmen oder zumindest zurück in die Stadt transportieren könnte. Aber weder die ungarischen noch die deutschen Wagen wollten uns aufnehmen – wer mich als Juden nicht sowieso schon zu Tode verurteilt hatte, fürchtete sich vor mir, dem Typhuskranken. Die guten Jungs versuchten und beratschlagten verzweifelt, bis der Einbrecher schließlich anbot, zurück in die Stadt zu gehen und den Karlsbader Sanitäter um Hilfe zu bitten. Am dritten Tag machte er sich tatsächlich auf den Weg, und ich blieb allein mit dem Barbier zurück. Der Arme hatte schon zwei Tage lang nicht geschlafen und wurde gegen Abend von der Müdigkeit übermannt. Als er nach einer halben Stunde aufschrak, bemerkte er entsetzt, daß ich nicht mehr da war. Er rannte aus der Mühle und fand mich nirgends in der Nähe. Schließlich entdeckte er mich auf der Landstraße, wo ich mit dem Gesicht im Schlamm lag. Das ist ein typisches Symptom des Fleckentyphus, Friedländer – die Evasion, der Ausbruch ins Freie –, der Bewußtlose erhält vom Fieber plötzlich einen Schub und wird wie von einer Bombenexplosion weit weg aus seinem Bett geschleudert. Der Schneematsch hatte mich fast zugedeckt – erzählte der Barbier –, und ich war wohl durch das eisig kalte Wasser mehr oder weniger zu Bewußtsein gelangt, weil ich zu ihm sagte:

»Du, Tibi! Wie viele Käfer hier summen! Große grüne Käfer. Sie summen ›Nje bojsa‹.«

»Nje bojsa« bedeutet auf russisch: keine Angst! Ich erinnere mich nicht, vor dem Fieber gewußt zu haben, was es bedeutet. Vielleicht ist jemand an mir vorbeigegangen und hat es auf russisch zu mir gesagt, was mir im Ohr geblieben ist. Ich hatte auch keine Angst. Nie hatte ich soviel Mut. Der Barbier erzählte, ich hätte mich in dem Schlamm ganz heimisch gefühlt. Ich wehrte mich, als er an mir zog, um mich wenigstens mit dem Gesicht nach oben zu drehen. Der arme kleine Barbier schaffte es nicht, mich aufzuheben, also hockte er sich neben mich, bis zu den Knien im Schlamm. Mit Müh und Not drehte er mich dann doch um, er suchte einen größeren Stein, den er mir unter den Kopf legte, und flehte mich an, es doch zu versuchen, auf die Beine zu kommen. Doch ich wollte nicht, konnte es auch nicht. Schließlich brach der Barbier vor Hilflosigkeit und Kummer in Tränen aus.

Es war bereits Abend, diesmal ein bewölkter Abend. Man mußte befürchten, daß uns ein Lastwagen überrollte, weil der Mond nicht schien. Doch seit Sonnenuntergang kamen keine Fahrzeuge mehr, denn die einsamen Fuhren fürchteten sich vor den Partisanen. Erst nach sehr langer Zeit kam ein Schlitten mit drei Panjepferden, an dessen Deichsel eine Ölfunzel schwach leuchtete. Schneewasser und Schlamm waren nicht mehr so weich, denn mit dem Abend war der Frost zurückgekehrt, wenn auch nicht mit der alten Kraft. Der Barbier stellte sich mitten auf die Straße, brüllte und fuchtelte mit den Armen, bis das Gefährt anhielt.

Die Troika wurde von einem ukrainischen *policaj*-Kutscher angetrieben. Hinten saß ein vornehmer älterer Herr in schwarzem Wintermantel und mit einer Astrachanpelzmütze, neben ihm eine Dame zwischen vierzig und fünfzig Jahren im Pelz und mit Kopftuch – gekleidet wie bei uns die Gutsherrinnen, wenn sie im Winter vom Gehöft zur nahegelegenen Bahnstation kutschieren. Der Barbier erzählte ihnen in gebrochenem Russisch, was mit mir los war. Der Herr mit der Astrachanpelzmütze schien kein schlechter Mensch zu sein, denn er zeigte sich gewillt, mich aus dem Schlamm aufzulesen. Der Polizist sprang sogleich ab, um zu helfen. Die Frau aber erhob gereizt Einspruch:

»Das lasse ich nicht zu! Wir bekommen alle Läuse! Wir nehmen keine Läuse mit in die neue Wohnung. Was seid ihr überhaupt?«

»Ungarn.«

»Ach Ungarn! Diebe. Die stehlen, was sie können! Aus Grinjewo hat euch der deutsche Kommandant auch verjagt, weil ihr ein Fahrrad geklaut habt!«

Der Barbier glaubte, Mitleid bei der Frau zu erwecken, wenn er sagt, daß wir Juden sind.

»Wir sind Zwangsarbeiter, Juden, nicht Ungarn.«

»Auch das noch, Juden!« keifte die Frau, und der Barbier erkannte sofort, daß davon auch dem Pelzbemützten sogleich die Menschlichkeit verging.

»Na, wenn ihr Juden seid, dann bleibt mal hier!« sagte er.

Nur der Polizist versuchte noch, sich für uns einzusetzen.

»Herr Ingenieur«, sagte er, »wir könnten sie doch wenigstens bis zum ersten Dorf mitnehmen!«

»Der Teufel soll sie mitnehmen«, kreischte die Frau und bedrängte gemeinsam mit ihrem Mann den Kutscher, die Pferde anzutreiben.

Es waren wahrscheinlich kollaborierende ukrainische Mittelständler. Doch der Polizist, der sich ebenfalls auf die Seite der Deutschen gestellt hatte, benahm sich sehr typisch. Bei denen, Friedländer, konnte man nie wissen, auf welcher Seite sie standen. Aus Spaß sagte man über sie: bei Tag *policaj*, bei Nacht Partisan. Vielleicht rührte sich in dem ukrainischen Kutscher, der ja immerhin die nachrevolutionäre Schule besucht hatte, doch die Lehre, daß ein Mensch dem anderen Menschen helfen muß, wenn der auf der Landstraße einsam vor sich hin krepiert. Auch wenn man im Krieg Tausende und Abertausende verrecken sieht. Sollen sich doch die Sanitätstruppe oder die Ärzte um die kümmern! Aber es ist doch etwas anderes, wenn man auf der menschenleeren Landstraße abends um zehn im nachwinterlichen Schlamm einen einzelnen Menschen dahingestreckt liegen sieht – diesem nicht zu helfen, ist eine Schande, ist unchristlich. Das mag dem *policaj*-Mann durch den Kopf gegangen sein, denn er trieb die Pferde nur widerstrebend an. Langsam fuhr er davon, hielt aber immer wieder an und rief etwas zurück. Dann aber ließ er die Zügel doch locker, und im schwachen Licht der Funzel entschwand er in der Dunkelheit.

Nun kam anderthalb Stunden lang niemand mehr. Es wurde immer kälter. Der Barbier breitete auch seinen eigenen Mantel über mir aus, damit ich nicht erfor. Ich war während der ganzen Zeit natürlich bewußtlos. Der Barbier versuchte wieder, mich an den Rand der Landstraße zu ziehen, doch schon bald war er zu erschöpft, er schaffte es nicht. Also blieb ich dort auf dem gefrorenen Schlamm liegen.

Endlich, nach langer Zeit näherte sich ein Bauernschlitten. Ein zwölfjähriger Junge hielt die Zügel, und ein älteres Ehepaar ließ seitlich die Beine herabbaumeln. Als der Barbier ihnen erzählte, was mit mir passiert war, sprang der Junge sofort vom Schlitten. Doch die Alten sahen gleichgültig vor sich hin, sie warfen weder einen Blick auf mich noch rührten sie sich. Der Barbier flehte sie an, mich auf den Schlitten zu lassen. Der Junge kauerte sich neben mir nieder, betrachtete mich, tastete meinen

Kopf ab, ging dann zu den Alten, und es entspann sich sofort ein heftiger Streit. Der alte Bauer sagte:

»Das sind Deserteure! Wenn wir Deutsche treffen, erledigen die uns gleich mit!«

»Wir sind keine Deserteure!« ereiferte sich der Barbier. »Hier sind unsere Papiere«, und er zeigte ihnen den zerknitterten Schein. »Wir sind jüdische Zwangsarbeiter!«

»Im Dorf sind Deutsche«, lamentierte die Alte. »Dort ist das Krankenhaus für die räudigen Pferde der Deutschen. Wenn die Deutschen euch finden, bringen sie euch sowieso um wie alle Juden!«

»Machen Sie sich darum mal keine Sorgen«, fuhr das Kind sie energisch an. »Sehen Sie nicht, daß der Mann hier erfriert? Der ist auch alt, wie Sie!«

Die alte Frau lamentierte weiter:

»Wo willst du ihn hintun? Auf dem Schlitten ist kein Platz. Willst du, daß wir zu Fuß gehen?«

»Ich werde zu Fuß gehen!« antwortete der Junge. »Sie glauben doch nicht etwa, daß ich ihn hier auf der Landstraße zurücklasse? Pack ihn an den Beinen!« forderte er den Barbier auf und packte mich an den Schultern.

Ich war schwer wie ein Salzsack oder wie eine Leiche – der zwölfjährige Junge hatte keine Kraft. Sie zerrten mich vorne auf den Schlitten. Die beiden, der Barbier und der Bursche, folgten dem Schlitten zu Fuß. Die Alten murrten noch eine Weile, verstummten dann aber, nickten sogar ein. So zogen wir drei Stunden lang über die Landstraße, bis wir im Morgengrauen in dem Dorf ankamen. Dort ergab sich eine weitere Komplikation: die Alten wollten mich nicht ins Haus lassen. Sie stritten sich, der Alte schimpfte mit dem Jungen, die Frau kreischte, bis sie schließlich einen Kompromiß schlossen: sie erlaubten dem Jungen, mich in den Stall zu legen. Im Stall stand nur eine Kuh und das Pferd, das uns bis hierher gezogen hatte. Sie betteten mich unter die Krippe, auf Streu und Mist. Der Barbier legte sich neben mich, da er schrecklich fror. Er erzählte mir, in dem Moment hätte ich die Augen geöffnet und ihn gefragt:

»Sind sie schon nach Hause gekommen?«

»Wer?«

»Die Frauen.«

»Woher?«

»Aus dem Terrassenlokal.«

»Aus welchem Terrassenlokal?«

Ich antwortete nicht und schloß wieder die Augen. Aber später rekonstruierte ich, daß die Frage in einen Fortsetzungstraum gehörte, den ich während des Typhus parallel zu einem anderen Traum hatte. Es waren eigentlich beides Wachträume. Der eine war verworren und verräterisch. Er muß irgendwie davon ausgegangen sein, daß ich noch immer nicht glaubte, daß man mit mir, einem an die Zivilisation gewöhnten Menschen, dem bekannten Journalisten, der schließlich trotz seiner oppositionellen Haltung zu den Behörden, ja sogar zu seinen Feinden gewisse stillschweigende ritterliche Kontakte pflegt, die ihm seinem Beruf und seinem Rang entsprechend eine bestimmte Sonderstellung gestatten, daß man mit mir all das tun kann, was man hier in der Ukraine tat. Also, ich war zwar in der Ukraine und hob tagsüber auch Gräber aus, doch abends dinierte ich mit meiner Frau und noch einer anderen Dame sowie mit dem Kompanieführer selbst im Terrassenlokal. Wissen Sie, welches das gewesen sein könnte? Die große, beleuchtete Schenke in Tátrafüred, dort, wo die Straße nach Poprád die Straßenbahnschienen kreuzt. Da gingen wir immer spätabends hin, wenn alle anderen Lokale schon geschlossen waren. Also, es war mir, als hätte ich mich abends nach der Arbeit immer mit meiner Frau dort getroffen. Der Kompanieführer ließ tagsüber nur zum Schein und nur, weil er mußte, auch mich Gräber schaufeln, abends aber waren wir wieder wohlsituierte Herren, die zusammen speisten und Wein tranken. Tagsüber waren wir gezwungenermaßen Feinde, abends schimpften wir gemeinsam auf die schmachvolle Zwangslage. Und die blonde Frau war vielleicht die Gattin des Kompanieführers, die Freundin meiner Frau. Die beiden Frauen wurden von jungen Männern zum Tanz aufgefordert, während wir Männer uns unterhielten. Sie amüsierten sich, und ich wollte sie nicht dabei stören. Ich ging früher nach Hause, weil ich wußte, daß ich um vier aufstehen mußte, halb fünf war schon Appell, und dann begann das Gräberschaufeln! Bevor ich mich aber auf französisch empfahl, stellte der Ober die Rechnung zusammen, und ich beglich sie, natürlich auch für die blonde Dame und den Kompanieführer. Und daheim, im Hotel, schreckte ich aus dem Schlaf auf, weil meine Frau, »die Frauen« noch tanzten und immer noch nicht zu Hause waren. Wahrscheinlich bezog sich darauf meine Frage, die ich dem Barbier im Stall gestellt hatte.

Es war ein dummer Traum, aber es war ein ungarischer Traum. Scheinbar war es lange unglaubhaft für mich, daß die Ungarn etwas so durchführen, daß es dabei keine Beziehungen, keine Ausnahmen gab – daß ein ehemaliger oppositioneller Journalist, den József Vass als Kumpel bezeichnet hatte, der zusammen mit dem Generalstabschef zum Empfang des Bankpräsidenten geladen war, der sich schließlich mit allen Parlamentsabgeordneten duzte, nicht erreichen konnte, dieses schreckliche Spiel nicht ernsthaft mitspielen zu müssen. Daß man nicht den Telefonhörer abnehmen und irgendwo im Ministerium erreichen konnte, nicht mit diesen kleinen Leuten, mit diesen »Lesern«, die niemanden kannten, zusammenwohnen zu müssen. Unverständlich, daß man – wenn man schon einberufen wurde – nicht in einem Hotel wohnen und von dort aus zum Gräberschaufeln gehen konnte!

Verstehen Sie, Friedländer? Irgendwie wurde bei uns nie so heiß gegessen, wie gekocht wurde. Daher rührt dieser dumme Traum. Es war noch immer unwahrscheinlich, daß nicht nur so heiß, sondern noch viel heißer gegessen wurde! Natürlich, es gab Reiche und solche mit guten Beziehungen, die zu Hause geblieben waren und tatsächlich vom Hotel zum Gräberschaufeln gingen. Aber uns Intellektuellen war man nicht gnädig gesinnt. Uns haßte man noch mehr als die Reichen. Und das ist es, was ich bis heute nicht verstehe – daß all jene, die sich wirklich an ihnen bereichert und über ihre Köpfe hinweg aufgebläht hatten, bis die Deutschen kamen, ziemlich geduldet und recht geschont wurden. Uns aber, die wir ihnen nur beibringen wollten, daß man auch anders denken und anders leben kann – uns wollten sie gleich beseitigen, damit wir sie in ihrer dummen geistigen Bequemlichkeit nicht stören und ihnen nicht eine Perspektive aufzwingen, die weiter als bis zum nächsten Kuhstalltor reicht. »Ich will Doktoren neben den Pferden sehen« –

krächzte Leutnant Körösztös, als wir in Kiew eintrafen. Nicht Bankiers, Fabrikanten, nicht einmal Devisenhändler, Friedländer! Doktoren. Die wollen nicht einmal die Juden umbringen, Friedländer, sondern die Zivilisation an sich.

Wäre ich nicht eingefleischter Rationalist, würde ich glauben, der andere Traum hätte etwas von diesem nächtlichen Bild und der Situation vorausgesagt. Ich lag also in meinem Traum genauso am Ende einer langen Reihe, auf einer Art Pritsche in einer Baracke oder Höhle. In weißer Kleidung, wie im »Kittel«, der Totenbekleidung der Juden. Nur auf dem Kopf trug ich einen arabischen Turban, mit einer Art Klemme befestigt. Es war eine Kulisse aus der Zeit der Völkerwanderung – ich lag im Quartier eines Volksstammes und wartete in dem leeren Raum darauf, daß der Stamm heimkehrt. Und nach einer gewissen Zeit füllte sich der Raum tatsächlich mit ähnlich gekleideten Gefährten. Woher sie kamen und was sie taten, weiß ich nicht! Bevor sie sich hinlegten, standen sie um mein Lager herum, aber ich weiß nicht, was sie sagten oder was sie wollten. Dann legten sie sich auf die in einer Reihe aufgestellten Pritschen, und es wurde dunkel. Mal war ich das älteste Mitglied des Stammes, eine Art Stammesoberhaupt, und mir war, als hätte ihr ehrfürchtiges Verhalten mit meinem Alter und meinem Rang zu tun, dann wieder war ich der Jüngste des Stammes, so als gälte die Verwöhnung meiner Jugend. Morgens dann stellten wir uns in eine Reihe. Ich immer am Ende der Reihe. Im Militärschritt brachen wir in der kargen, steinigen, gelbgetönten biblischen Landschaft auf, unser Tempo beschleunigte sich, als wäre es von Trommelschlägen diktiert oder als würden wir von hinten angetrieben. Schließlich kamen wir an einen Fluß. Das Wasser war im blauen Morgendunst nicht zu sehen. Der Stamm lief ohne nachzudenken in den blauen Dunst und verschwand lautlos darin. Ich wurde von Feigheit ergriffen, wagte es nicht, in den Dunst zu treten, schreckte vor dem Ufer zurück. Ich drehte mich um und rannte nach Hause. In der leeren Baracke oder Höhle legte ich mich wieder auf die Pritsche und wartete den ganzen Tag, daß die anderen zurückkehrten, die im Dunst verschwunden waren...

Also, das alles träumte ich unter der Krippe. Der Junge deckte mich mit einer klammen Pferdedecke zu, dann molk er die Kuh und wollte mir die Milch in den Mund gießen, aber ich wehrte mich mit zusammengebissenen Zähnen gegen die Nahrung. Nur Wasser verlangte ich ständig. Anfangs gab mir der Junge welches, bis er merkte, daß mein Durchfall davon noch schlimmer wurde. Der Barbier wollte um jeden Preis ein Medikament von dem Jungen – »Aspirin oder Ultraseptil«, erklärte er. Der Junge lief auch ins Krankenhaus für räudige Pferde, wo seine Schwester Marusja für die Deutschen putzte. Er verlangte die Arznei natürlich für sich selbst und bekam auch irgendeine Masse, die angeblich gegen Durchfall nützte. Mit gemeinsamer Kraft wollten sie es in mich stopfen, doch ich konnte nicht schlucken, und der größte Teil der Masse blieb um meinen Mund herum kleben. Mir ging es hundeelend, Friedländer, und ich zitterte so, daß Pferd und Kuh – so erzählte es der Barbier – dauernd auf das Klappern meiner Zähne horchten.

Die alte Frau kam vormittags mehrmals in den Stall. Anfangs zankte sie noch mit dem Jungen, weil er mich hereingelassen hatte, und der Junge gab Widerworte – sie stritten sich den ganzen Vormittag meinetwegen. Doch gegen Mittag schüttete mir die Frau, während sie noch leise vor sich hinschimpfte, eine Tasse *tschaj* in den Mund. Mir wurde wieder sehr schlecht, ich hatte kaum noch einen Puls, erzählte der Barbier, und mein Mund war blau umrandet. Sie dachten, es ginge in wenigen Minuten zu Ende mit mir. Da verlangte die Alte doch, daß man mich in die Küche trage. Sie legten mich in die Ecke aufs Stroh. Ich erinnere mich natürlich nicht an die Einzelheiten, nur an die rosafarbene Schnauze eines Kälbchens und an seine runden, feuchten Augen. Das Kälbchen wohnte in der Küche, im Stall wäre es im Winter ja erfroren. Der russische Bauernstall war aus Holz, nicht aus Lehm und Ziegeln, und nur die ausgewachsenen, abgehärteten Tiere hielten darin die vierzig Grad Frost aus. Das Kälbchen schien an irgend etwas in der Küche angebunden zu sein, es näherte sich mir nämlich ständig, stockte dann aber plötzlich und konnte mich nicht erreichen. Wenn es näherkam, weiteten sich seine Nasenlöcher ungeheuer, es streckte seine bläuliche Zunge nach mir aus, es war nur wenige Zentimeter von meinem Gesicht getrennt. Ich hätte nichts dagegen gehabt, wenn es mich abgeleckt hätte, ja ich reichte ihm mein Gesicht sogar zum Kuß – wahrscheinlich, weil ich hoffte, daß es meine heiße Haut kühlen würde, oder nur aus Sehnsucht nach Zärtlichkeit.

Am Nachmittag – so erzählte der Barbier – kämpften der Junge, der Kolja hieß, und die alte Frau bereits an gemeinsamer Front für mich gegen den alten Mann, aber vor allem gegen ihre Tochter Marusja. Der Alte wetterte nur, doch Marusja tobte und drohte. Marusja putzte im Krankenhaus der räudigen Pferde für die deutschen Pferdepfleger und brachte die Wäsche der Soldaten nach Hause, die die Alte für Brot, Margarine und Seife wusch und bügelte. Deshalb kamen die Deutschen oft zu dem Haus, was die Russen im Dorf mißbilligend beobachteten. Vor vier Tagen, als es so aussah, als ob die russischen Truppen die gefrorene Djessna überqueren würden, erhielt auch das Pferdespital den Befehl zum Abmarsch. Da beriet die Familie, ob sie nicht mit den Deutschen gehen sollten. Der Junge wollte natürlich nicht, doch Marusja schaffte es beinahe, die Alten zum Packen zu überreden. Auch diesmal wurden sie von dem Mädchen terrorisiert, mich aus der Küche zu jagen. Doch da stand nicht einmal mehr der Alte eindeutig auf ihrer Seite. Sie ging nach dem Essen zur Arbeit ins Pferdespital und warf die Tür drohend hinter sich zu. Es war ihr Pech, daß auch der Junge für zwei Stunden zum Schneeschippen wegmußte und der Barbier allein mit den Alten zurückblieb. Er erzählte, er hätte den alten Mann endgültig versöhnt, als er ihm den rötlich-grauen Bart stutzte. Die alte Frau fiel bis zum späten Nachmittag ins andere Extrem; sie kümmerte sich ununterbrochen um mich, machte mir Umschläge und zog mir saubere Wäsche an.

Gegen Abend kam Kolja. Er hatte doch noch eine Arznei besorgt, mit Salicyl, und die flößte er mir gemeinsam mit dem Barbier ein. Dann kam auch das Mädchen mit einem zwei Meter langen, einfältig dreinschauenden Pferdepfleger. Der deutsche Soldat wollte die Wäsche abholen. Die Alte hatte sie am Nachmittag gebügelt, während sie sich um mich kümmerte. Das Mädchen mußte den Deutschen gründlich aufgehetzt haben, denn gleich, als er eintrat, fuhr er den Barbier an:

»Na ihr abgehauenen Saujuden! Ich werd's euch zeigen, euch bei diesen braven Leuten einzuquartieren. Schert euch sofort weg!«

Der Barbier erschrak zutiefst, verlegte sich aber aufs Flehen:

»Mein Kamerad hat hohes Fieber. Bitte lassen Sie uns wenigstens bis morgen früh. Hier ist der Schein, bitte, wir sind keine Deserteure!«

»Fieber oder nicht. Schert euch sofort zum Teufel oder ich setze euch persönlich auf die Straße!«

Der Barbier wich zu mir zurück, als wollte er mich verdecken, mit seinem kleinen schmächtigen Körper schützen.

»Los, los!« drängte der deutsche Soldat.

Jetzt trat Kolja, der zwölfjährige Junge, zwischen sie.

»Tu ihm nichts, Kamerad! Er ist am Ende! Es ist sowieso aus mit ihm!«

»Umso besser«, sagte der Deutsche. »Dann soll er doch draußen im Graben verrecken!«

Die alte Frau mischte sich jammernd ein:

»Laß ihn doch, *pan ofiser!* Der schadet doch keinem mehr!«

»Doch. Der schadet, solange er lebt. Wegen denen sind wir hier! Die haben auch den Krieg über euch gebracht!«

Die Alte argumentierte weiter:

»Wenn ihr sogar räudige Pferde ins Krankenhaus steckt, kann man doch auch einen Menschen nicht krepieren lassen.«

»Die sind weniger wert als räudige Pferde. Wegen

denen ist das alles. Wegen denen wurde auch Barmen zerbombt, meine Stadt. Das Heizhaus, in dem ich gearbeitet habe. Die Seidenfabrik, in der meine Frau gearbeitet hat. Wenn der krepiert, gibt es einen Teufel weniger auf der Welt. Na, marsch, raus hier!«

Jetzt stellte sich der alte Mann vor ihm auf:

»Hör mal her, *pan ofiser!* Das ist meine Küche, mit Verlaub. Aus meiner Küche wirft bitte keiner diesen kranken Mann hinaus! Das ist kein Deserteur, er liegt in den letzten Zügen, das siehst du doch. Ich bin ein guter Christ, meine Frau auch. Mich gehen diese Juden nichts an, aber ich will mich nicht mit Gott anlegen!«

Der deutsche Soldat lachte roh auf und breitete die Arme aus:

»Na, wenn ihr nicht wollt! Von mir aus soll er hier in der Küche verrecken. Marusja hat mich gebeten, daß ich ihn rauswerfe! Aber wenn ihr nicht wollt? Wenn ihr die Gendarmen abwarten wollt?... Na, Marusja, was sagst du dazu?«

Die Augen des Mädchens blitzten.

»Wenn ihr in Schwierigkeiten geratet, werdet ihr diese Deutschen noch anbetteln, daß sie euch helfen!«

Der Junge ballte schon die Faust, er stürzte sich fast auf sie. Er beschimpfte sie mit dünner Stimme so schnell, daß der Deutsche kaum ein Wort verstand.

»Du kannst ja nicht in Schwierigkeiten geraten«, sagte er. »Das ganze Dorf weiß, daß du mit ihnen tanzt! Du putzt für sie, auch nachts! Und am Schluß gehst du bestimmt mit dem Pferdespital. Aber du wirst noch...«, und die Stimme versagte ihm.

Marusja fiel über das Kind her. Der Junge rammte ihr

den Kopf in den Bauch. Sie prügelten sich, bis die Alte sie klagend und kratzend trennte.

Der Deutsche wich zur Tür zurück und lachte dabei leiser und etwas verstört:

»Na, streitet euch nicht! Da fallen Geschwister wegen diesen Juden übereinander her! Ich würde am liebsten auf ihn treten«, und er machte eine Bewegung mit dem Bein. »He, Alte, gib die Wäsche her. Ich tue deinen Juden nichts, Junge. Soll sich der Henker darum scheren! Aber laßt mich in Ruhe, wenn die Gendarmen sie finden! Na, Marusja, kommst du mit? Das Abendbrot wird gleich ausgeteilt. Heute gibt's süße Nudeln.«

Das Mädchen ordnete sich vor dem Spiegel das zerzauste Haar. Dann nahm es die gebügelte Wäsche vom Tisch, und während es mit dem deutschen Soldaten zur Tür ging, keifte es abgehackt weiter mit dem Jungen. Kolja saß auf einem Holzscheit vor dem Kamin, sprungbereit, mit haßerfülltem Blick. Die Alte stand hinter dem Tisch und rieb sich mit dem Schürzenzipfel die Augen. Der Alte lehnte sich, die Arme auf dem Rücken verschränkt, ans Fensterbrett, blinzelte heftig und rieb sich den frisch gestutzten Bart.

Der Barbier erzählte, das Mädchen sei nachts nicht nach Hause gekommen. Der Junge und die Alte wachten abwechselnd die ganze Nacht über bei mir. Der Alte schimpfte, wenn auch etwas abgestumpfter, weiter mit ihnen. Zweifellos aber nur, um sein Ansehen zu wahren, denn er wollte unbedingt seinen ursprünglichen Standpunkt halten. Zwischendurch bot er dem Barbier trotzdem Machorka, Kartoffeln und Wodka an. Und als es wieder so aussah, als ob ich abkratzen würde, trat er mit einem Reflex der Teilnahme an mein Lager und betrachtete mich erschrocken. Also, diese drei empfanden nicht nur Mitleid mit mir, sondern waren nun auch bereit, eventuelle Folgen zu tragen. Zum Glück kamen die Gendarmen aber nicht. Im Morgengrauen schleppte sich der Überrest einer jüdischen Arbeitskompanie aus Miskolc ins Dorf. Diese Miskolcer hatten irgendwo an der oberen Djessna eine Brücke gebaut, die Russen beschossen bereits das halbfertige Holzgerüst, und die Pioniere ließen nicht zu, daß sie sich zurückzogen. Die Juden stürzten zu Dutzenden aus acht Meter Höhe auf das Eis, und wer nicht sofort starb, fror mit Schädelbasisbruch, gebrochenem Bein oder Rückgrat am Eis fest. Die Pioniere hauten dann ab, und die einunddreißig Miskolcer Juden, die übriggeblieben waren, wankten bis Nowgorod Sewerski. Dort in der Judensammelstelle wurden sie einem fünfzigjährigen, menschlichen, aber hilflosen Leutnant, einem Lehrer aus dem Komitat Abaúj, anvertraut, der ebenfalls seine jüdische Kompanie verloren hatte. Jetzt waren sie auf dem Rückzug und rasteten hier im Dorf für zwei Stunden. Als der Barbier den Miskolcern erzählte, daß in dem Bauernhaus ein Budapester Journalist liege, baten sie den Leutnant sogleich um Erlaubnis, mich auf einen der Schlitten zu legen. Unter den Miskolcern befand sich ein sozialdemokratischer Parteisekretär, der mir früher einmal persönlich begegnet war, als ich in Miskolc einen Vortrag gehalten hatte. Das Wort dieses jungen Burschen hatte, wie der Barbier sagte, Gewicht beim Kompanieführer, und von da an sorgte er für mich. Der Barbier erzählte, daß die alte Frau mir noch einen wattierten Bauernmantel umhängte, bevor ich hinaus auf den Schlitten gebracht wurde. Ich habe ihn sogar mit nach Hause gebracht und im Gefängnisbüro am Margarethenring abgegeben. Was dort aus ihm geworden ist, weiß ich nicht, denn ich bekam ihn bei meiner Freilassung nicht zurück. Und der Alte gab dem Barbier – noch immer mit düsterer Miene – zwei Handvoll Machorkas, und er drängte ihm auch einen krummen Stock auf, der ihm den Fußmarsch erleichtern sollte. Aber am Tor sagte er dann trotzdem:

»Na, bin ich froh, daß ihr endlich verschwindet.«

So zogen wir also mit der Schlittenkarawane der Miskolcer weiter. Der Barbier schritt hinter dem Schlitten, der mich zog, wie ein Familienmitglied hinter dem Leichenwagen. Auch Kolja begleitete uns bis ans Ende des Dorfes. Sie verabschiedeten sich mit Küssen voneinander. Kolja gab ihm seine Adresse, damit er nach dem Krieg schreibe. Die Miskolcer glaubten nicht, daß ich Orlowka lebend erreichen würde. Doch am Abend trafen wir ein, und ich lebte noch – aber dort wollte uns der Kommandant zuerst fesseln lassen, weil wir hinter der Kompanie zurückgeblieben waren. Doch als er mich von Angesicht zu Angesicht in dem Kolchosstall sah, in dem ich lag, und man ihn damit erschreckte, daß ich Typhus hätte, wagte er nicht mehr näherzukommen. Er erteilte Befehl, mich ins Lazarett der Sanitätskolonne zu bringen.

Der Arzt, der mich dort untersuchte, war ein untersetzter, grober Fähnrich mit grauen Schläfen und lässigen Bewegungen. Als er meinen Namen hörte, stieß er einen derben Fluch aus, warf dann seinen Mantel ab und verlangte brüllend Spritze und Ampullen von dem Pfleger. Er begann mir Injektionen zu geben. Er war so brutal,

Friedländer, daß jeder meinen konnte, er wolle mich umbringen – doch er wich bis zum Morgen nicht von meiner Seite. Der Krankensaal der Sanitätskolonne war eine große Halle ohne Fenster – sie muß vorher das Klubhaus des Kolchos von Orlowka gewesen sein. Die Patienten lagen auf Strohsäcken auf dem Boden. Nur ein Eisenbett stand im Saal und auf dem lag der Feldwebel. Der Barbier, der mich ins Lazarett begleitet hatte, erzählte, der grobe Arzt hätte den Feldwebel gleich angeschnauzt:

»Na, klettern Sie mal runter auf den Strohsack, Feldwebel. Den Mann hier muß ich aufs Bett legen, er bekommt Spritzen, und ich bin nicht bereit, mich deshalb ständig zu bücken.«

Er gab mir also das einzige Bett, Friedländer. Und dabei schnauzte und schimpfte er unablässig herum. Er schimpfte auf alles, auch auf die Juden. Die kranken Soldaten auf ihren Strohsäcken verstanden nicht, warum er die ganze Nacht bei mir blieb, während er die Zähne fletschte, als wolle er mir die Kehle durchbeißen. Sonst war abends nach sieben Uhr nur noch der Pfleger im Krankensaal, und der Arzt kam nur zum Vorschein, wenn jemand den Löffel abgeben wollte. Doch jetzt blieb er bis zum Morgen bei mir, es war schon hell, als er ging, doch vormittags um elf kam er schon wieder. Er hieß Doktor László Kovács, und ich weiß nur so viel von ihm, daß er in Zivil Arzt in Sopron war – hier zitterte die ganze Sanitätskolonne vor ihm –, und die Soldaten glaubten jetzt, er schreie mich an, weil ich Jude war. Sie begannen mich allmählich zu bemitleiden, weil er so grausam mit einem bewußtlosen Schwerkranken umging. Und auch später, als ich bereits bei Bewußtstein war, hatte er kein gutes Wort für mich. Blieb er vor der Visite vor meinem Bett stehen, sagte er höhnisch Dinge wie:

»Na, Sie Friedhofsanwärter! Lauter Haut und Knochen! Warum fressen Sie nicht? Schreibt ihm erste Diät auf!«

Die kranken Soldaten wunderten sich, daß er fortwährend brüllte, gleichzeitig aber erste Diät anordnete, die Schokolade, Milchreis und Hühnerfleisch enthielt. Auch unten im Wirtschaftsbüro schüttelten sie die Köpfe, da laut Heeresbefehl Juden so etwas in Spitälern nicht bekommen durften. Doch die Soldaten schöpften keinen Verdacht, sie wunderten sich nur, weil er mir das Essen aufzwang wie Offiziere beim Verhör die Fesseln. Ich spürte natürlich, daß dieser Mann alles für mich tat, was ein Arzt und zivilisierter Mensch tun konnte. Ich ahnte auch, daß es eine ältere Verbindung zwischen uns geben mußte – er wußte sofort, wer ich war, und er wußte auch, was ich mit den vielen überflüssigen, hoffnungslosen Kritzeleien wollte, die ich jahrzehntelang in Zeitschriften und Büchern veröffentlicht hatte. Ich spürte, er wußte auch, daß ich nie etwas Schlechtes für die Ungarn wollte, als ich ihnen von Freiheit und Bildung predigte. Die kranken Soldaten trösteten mich, als er mich mindestens zweimal täglich zusammenstauchte, und sie bezeichneten den Fähnrich-Arzt als Wildsau. Selbst die hochnäsigen Unteroffiziere, die sich im Krankensaal für Hitler aussprachen und den anderen erklärten, warum die Juden vernichtet werden müßten, schüttelten die Köpfe. Sie fanden es nicht richtig, daß sich ein Arzt in einem Krankensaal ein solches Benehmen erlaubte.

Drei Wochen später, als ich – auf siebenundvierzig

Kilo abgemagert – bereits auf den Beinen stehen konnte, wankte ich in der Dämmerung auf das Klosett am Ende des Flurs hinaus. Als ich mich an der Wand zurücktastete, kam mir der Arzt mit schnellen, wütenden Schritten entgegen. Auf dem Flur waren nur wir beide, und von weitem flackerte eine Ölfunzel. Der Arzt blieb plötzlich vor mir stehen, ergriff meine Hand und sagte leise und wütend zu mir:

»Zum Teufel mit dieser verdammten Welt! Sie tun mir sehr, sehr leid, mein Herr! Ich würde Sie gern nach Hause schicken, und ich werde das auch versuchen. Aber ich glaube nicht, daß diese Schweine es zulassen.«

Er ließ mich stehen und ging mit noch grimmigeren Schritten und noch verbissenerer Miene weiter. Und schon im Krankensaal brüllte er wieder; er hatte den Feldwebel und die Krankenschwester erwischt, als sie Siebzehnundvier spielten. Und am nächsten Tag brüllte er auch mich wieder an. Aber er hat mich gerettet, Friedländer! Er war ein christlicher Arzt aus Sopron. Doktor Kovács. Wenn ich das Ende erlebe, werde ich allen erzählen, daß auch so etwas vorgekommen ist. Der Milchmann von Tihany, dieser kluge, listige warmherzige Bauer hieß auch Kovács. Ich hatte Glück mit den Kovács', Friedländer. Deshalb sage ich, daß in jedem Augenblick eine Wende kommen kann, zufällige Menschen oder zufällige Ereignisse. Also, Friedländer, ich kann mir vorstellen, daß wir sogar dieser Hölle entkommen...

27.

Es wurde hell. Die Uhr der Kapuziner schlug halb fünf. Friedländer erhob sich von der Matratze.

»Wunder können geschehen, das ist sicher!« sagte er. »Doch seit der Bibel geschehen sie selten. Ich glaube auch nicht an Wunder, und ich glaube schon gar nicht an diesen Doktor. Wenn heute wirklich der erste Transport abgeht, werden auch wir weggebracht. Das steht fest! Ich nehme meinen Sohn jedenfalls mit raus, wenn wir Gräber schaufeln können... Vielleicht klappt es ja...«

Der freundliche Gendarm, der etwas mit dem langbeinigen, schielenden Mädchen hatte, rasselte jetzt in den Saal:

»Aufwachen!«

Alle schreckten hoch, und wer sich rühren konnte, setzte sich auf und guckte desorientiert blinzelnd vor sich hin.

Der Gendarm verkündete:

»Bei wem die aus dem ersten Abschnitt etwas versteckt haben, Uhren, Schmuck, Geld, Devisen oder irgendwelche Papiere, der soll es jetzt neben sich legen. Gleich wird durchsucht, bei wem etwas gefunden wird, der geht geradewegs in den Waggon!«

Auf der Kommandantur glaubt man scheinbar, die aus dem ersten Transport, die gewußt haben, daß sie am Morgen deportiert werden, hätten Wertsachen ins Krankenhaus geschmuggelt. Sie sind schon dutzendmal Leibesvisitationen unterzogen worden, die Ghettowohnungen wurden durchsucht, und noch immer nahm man an, die Leute hätten etwas versteckt. Diese Gendarmen waren tatsächlich davon überzeugt, daß den Juden das Geld sogar unter der Haut steckt.

Der freundliche Gendarm stampfte hinaus. Der Schreck hatte den Saal aufgewühlt, und wer sich noch rühren konnte, sprang von der Matratze und begann auf seinem Lager herumzunesteln und zu kramen, als befürchte er, daß ihm jemand in der Nacht ohne sein Wissen etwas ins Kissen oder in den Strohsack gesteckt hat. Die Menschen durchsuchten sich fast argwöhnisch selbst. Eine junge Frau riß sich entsetzt das Medaillon vom Hals: ein Engelchen, das sich auf ein Herz stützt, an einer dünnen Goldkette. Sie hatte es wohl zum zehnten Geburtstag bekommen und trug es seither so selbstverständlich wie ihr Haar oder ihre Fingernägel. Nun, da aus diesem hellblauen Engel eine verheimlichte jüdische Wertsache geworden war, zerrte sie so krampfhaft daran, daß sie würgen mußte. Dann warf sie es weit weg in die Ecke, wo die Besen lehnten. Andere durchsuchten ihre Hosentaschen, ob nicht irgendein »Nationalvermögen« darin verblieben war, und mit aufgeregter Hast zerrissen sie Briefe, Papierfetzen, ja sogar entwertete Straßenbahnkarten. Jeder mißtraute also sich selbst, und als er mit der Eigendurchsuchung fertig war, machte er sich an die Nachbarmatratze und sah bei den hilflosen Sterbenden nach. In der Ecke, bei denen aus dem Armenhaus, lag ein unwahrscheinlich hagerer Oberkellner eines Nachtlokals. Er war ein unangenehmer, zappeliger Kerl, der ständig herumtönte. Er hatte tatsächlich drei Hunderter versteckt, und nun drehte und wendete er sie ratlos, dann schlich er plötzlich zur Matratze des alten Krausz, des heute nacht verstorbenen Farbenhändlers, und schmuggelte das Geld in die Tasche seines Nachthemdes. Der Anwalt neben ihm bemerkte es und begann zu brüllen:

»Leute, das ist Leichenschändung! Oberkellner Jenö hat dem alten Krausz Geld in die Tasche gesteckt.«

»Ach was«, verteidigte sich der Oberkellner, »den Toten tun sie nichts, wenn sie bei ihnen etwas finden! Und mich schlagen sie tot!«

»Dieser Tote war sein Lebtag ein anständiger Mann!« konterte der Anwalt, der einst eine Rolle im öffentlichen Leben der Stadt spielte. »Er hat nie gegen das Gesetz verstoßen! Aber Sie...«

Der Saal zerfiel in zwei Lager. Das eine fiel auf das Pathos des Anwalts herein und beschimpfte den Oberkellner, der selbst hier noch mogelte. Die andere Partei beschwichtigte den Anwalt und vertrat den Standpunkt, daß man diesen Gendarmen gegenüber zu jedem Trick berechtigt war, um sich selbst zu schützen. Die Diskussion entglitt allmählich ins Theoretische, wurde aber plötzlich unterbrochen, weil die Tür aufging und drei Zivilfahnder eintraten, die bisher in der leeren Brauerei die gesunden Häftlinge bei Grammophonmusik folterten, um ihnen versteckte Wertsachen zu entlocken. Sie wurden von dem leichenblassen Dr. Németi begleitet.

»Na, Jungs!« rief der größte der Fahnder in den Saal. »Raus aus den Betten! In eine Reihe setzen, dort in der Ecke! Die ganze Simulantenbande!«

Wer sich irgendwie bewegen konnte, tappte eilfertig, die anderen schubsend, barfuß in die Ecke.

»He, warum bewegen sich die da nicht?«

»Die können sich nicht bewegen!« sagte Doktor Németi, »sie liegen im Sterben. Es sind auch Tote unter ihnen.«

»Tote! Euch Juden glaube ich weder, wenn ihr lebt, noch wenn ihr gestorben seid!«

Die Toten durchsuchten sie dann aber doch nicht. Sie wandten sich den Lebenden zu, der Gruppe von unvollständig bekleideten Männern, Frauen und Kindern, die sich an der Wand zusammendrängten, schmutzig und ungepflegt, vor Übermüdung und entstellender Angst häßlich und gleichzeitig infernalisch komisch: alte, aufgedunsene und aus der Form gegangene Frauen, alte Männer mit hervorstehenden Bäuchen und Hodenbrüchen, vom vollen Licht der aufgehenden Sonne gnadenlos ausgeleuchtet. Ich hätte nie gedacht, daß mich die Spießbürger von George Grosz, die ich mit so herzlichem Lachen verabscheuen konnte, zu einem Weinkrampf bringen könnten, wenn ich ihnen persönlich begegnete. Ich stopfte mir die Faust in den Mund, um nicht zu schreien. Und während mich der Krampf schüttelte, stand auch ich unter ihnen, und ich haßte mich mehr als die Gendarmen – weil der Mensch so ein feiger Hund ist und diese Unverschämten nicht einmal anschreit, ihnen nicht einmal ins Gesicht spuckt, wenn sie Dinge sagen wie:

»Na, Oma? Kein Mensch ist neugierig auf dein Ding. Warum verdeckst du es nicht? Willst du mich sogar hier noch verführen?«

Und so weiter. Minutenlang peitschten sie die Frauen mit dem tyrannischen Humor ihrer Unflätigkeit, der sich bis zur Neige befriedigen wollte, bevor es zur Durchsuchung kam. Dann mußten wir Männer uns zur Wand drehen. Die Großmütter und die Mädchen wurden in den kleineren Raum neben dem Saal getrieben, wo sich früher der Wunderrabbiner von Wisznice das Gewand anlegte, in dem er den Gottesdienst abhielt. In diesem Zimmer wurden die nackten Körper der Frauen von einer sachkundigen Amme aus Budapest inspiziert. Die Tür bebte vom Weinen und widerstrebenden, schamvollen Wimmern. Die siebzigjährigen Frauen schleppten sich aschgrau und tausend Jahre alt aus dem Raum, die Mädchen stürmten mit glutroten Gesichtern, irren, schwarzumringten Augen durch die Tür, als wollten sie aus der Welt hinausrennen. Und wir Männer starrten nur die Wand des Tempels des Wunderrabbiners an, und ich kaute auf meiner Faust, um mein krampfhaftes Weinen zu unterdrücken – und die anderen ballten ihre Hände nicht einmal zur Faust, sondern ließen sie nur hängen, und ihre Finger zitterten.

Mit uns waren sie schnell fertig – wir mußten die Hosen herunterlassen, sie lachten und spuckten vor uns aus. Erst dann folgten die Matratzen. Mit spitzen Stöcken durchstocherten sie die Lager und hatten sie einen Verdacht, schlitzten sie die Kissenhülle oder den Strohsack auf. Von den Sterbenden zerrten sie die Decken weg und fummelten angewidert mit ihren Stöcken an ihnen herum, als seien sie ein Haufen Dreck. Die Toten traten sie leicht mit ihren Springerstiefeln – und als sie nicht erwachten, gingen sie weiter. Doch endlich fanden sie etwas: in der Nähe der Bundeslade hob einer einen weggeworfenen Ehering auf.

»Wem gehört dieser Ehering?« brüllte er. »Der Besitzer soll sich sofort melden!«

Es meldete sich niemand.

»Wenn er sich nicht meldet, marschiert die ganze Bande in fünf Minuten in den Waggon.«

»Er gehört vielleicht nicht den Patienten, Herr Sekretär!« stammelte Doktor Németi. »Es waren auch Angehörige hier. Kein Patient hat einen Ring getragen, das garantiere ich.«

»Sie haben hier gar nichts zu garantieren!« brüstete sich der Fahnder. »Bei Ihnen ist doch nicht mal der Atem ehrlich, auch wenn Sie ein Doktor sind.«

»Glauben Sie mir, Herr Sekretär...«

Wir mußten natürlich nicht in den Waggon, denn die Transportaufstellung hätte man dem »Herrn Sekretär« zuliebe natürlich nicht umgeworfen. Sie ließen sich jetzt »Herr Sekretär« nennen – diese Gendarmerieermittler mochten herrschaftlich klingende Titel. In Soroksár mußte man sie zum Beispiel »Herr Chef« nennen. Die zivilgekleideten Unteroffiziere, deren Äußeres grenzenlose Macht und das Parvenügebaren von stumpfsinnigen Bauernburschen ausstrahlte, die vom Rausch des uneingeschränkten Plünderns wild geworden waren, suchten sich hier den Sekretärsrang aus. Sie hatten alle miese Visagen, vielleicht gar nicht von Haus aus, aber seit dieser Menschenfresser-Fasching andauert, sind sie wohl noch nie vor dem Morgen ins Bett gekommen. Sie soffen sich umsonst oder von dem ungezählten Geld aus dem »Nationalvermögen« zu Tode. Sie trieben es wohl auch mit Frauen, so viel sie konnten, und auch der Genuß der Grausamkeiten in den Folterkammern schien sie mitgenommen zu haben. In ihren Augen gab es keinen menschlichen Funken mehr – aber sie trugen einen Backenbart wie in ihrer Kindheit der Gutsverwalter oder der Stuhlrichter daheim, und dazu nicht einmal einen Hitler-Bart, sondern einen dichten, seidigen Schnurrbart wie die Helden in den miserablen ungarischen Filmen. Man sah, daß die zusammengestohlene Zivilkleidung, die sie trugen, nicht für sie geschneidert worden war, ihre Krawatten waren grell, an den Fingern trugen sie bunte, dicke, geraubte Ringe mit Steinen, an den Handgelenken gestohlene Armbanduhren – und einer trug sogar weiße Handschuhe. Ihre bestialische Grobheit und ihre dumpfe Sprache mit dem ländlichen Dialekt synchronisierten sie irgendwie mit Bewegungen, die sie für offiziers- oder beamtenmäßig hielten – doch mißriet ihnen diese herrschaftliche Bewegung so sehr, daß sie eher an die abstoßende Geschmeidigkeit von Homosexuellen erinnerte.

Es dauerte eine Dreiviertelstunde, bis die »Herren Sekretäre« die Lagerstätten durchsucht hatten. Sie arbeiteten gründlich, denn sie fanden auch das weggeworfene Engelchen unter den Besen. Triumphierend ließen sie den Engel an der Kette vor uns baumeln, während sie mit speichelspritzender Überzeugung die Niederträchtigkeit der Juden schilderten, die sogar hier, halbtot im Krankenhaus liegend, ja sogar tot das Vaterland berauben wollten. Dann zogen sie mit ihrer Beute von dannen, und die Männer, Frauen und Kinder legten sich zurück auf die Matratzen, als wollten sie auf der Stelle sterben. Dann, ein paar Minuten später, kam Doktor Németi zurück. In der Nacht hatte es neun Tote gegeben, die er in die Leichenkammer bringen ließ. Als der alte Farbenhändler auf die Trage gelegt wurde, sprang der Oberkellner aus dem Nachtlokal geschwind herbei und holte sich die dreihundert Pengö aus dessen Tasche zurück. Der Anwalt beschimpfte ihn wieder als Leichenschänder, aber keiner beachtete ihn mehr. Jemand steckte den Kopf zur Tür herein und verkündete schallend, die Totengräber von gestern sollten sich vor der Leichenkammer aufstellen. Gott sei Dank, Friedländer kann mit seinem Sohn hinaus...

Es war morgens Viertel sieben.

28.

Wie ein Orchester, das die Instrumente vor dem Konzert stimmt, ließen die Eisenbahner nach der nächtlichen Stille ein paarmal ihre Waggons quietschen. Die Lokomotive schubste die dreißig Viehwagen an, und die ungeölten Kriegsräder brachten die Saiten der verrosteten Schienen zum Klingen. Dieses Geräusch war so charakteristisch für das ganze Ereignis wie das Geiergekreische auf den Schlachtfeldern oder das Geheul des Schakals in der Wüste. Der Zug war jetzt also ein paar Meter weitergeschoben worden – vielleicht war das gar nicht notwendig und geschah nur aus beruflicher Wichtigtuerei oder Geltungssucht der Eisenbahner, um auf ihr Mitwirken aufmerksam zu machen. Diese Uniformierten leben in ständiger Rivalität miteinander. Und da hier wie überall anders auch die Soldaten und Gendarmen den Vorrang hatten, wollten die Eisenbahner zeigen, daß sie auch da waren, daß sie bei dem vaterländischen Akt ebenfalls gebraucht wurden. Deshalb also pfiffen sie, schwenkten ihre Wimpel und rangierten. Und am Ende standen die Waggons fast an derselben Stelle wie zuvor.

All das beobachtete ich aus der mit Zwiebelgeruch behafteten Kammer im Tempel des Wunderrabbiners. In der Wand der Kammer befand sich ein schießschartenartiges Fenster; hierhin hatte mich der zähneklappernde Doktor Németi gestellt, der mich – obwohl ich nur mit Unterwäsche bekleidet war – am Arm ans Fenster gezerrt hatte, damit ich mit ihm zusehe, wie der erste Abschnitt deportiert wird. Aus dem Fenster konnte man alles ganz genau sehen und hören. Ich beobachtete die Vorgänge in gefühllosem, fast teilnahmslosen Seelenzustand. Diesen Zustand kannte ich noch aus der Ukraine genau: Man ist sozusagen nur Beobachter, Voyeur der unsäglichen Grausamkeiten, die sich vor einem abspielen, aber auch der unglaublichen Ereignisse und Leiden, die man selber durchmacht. Es handelt sich nicht nur um eine viehische Abstumpfung und Apathie infolge der endlosen Heimsuchungen. Hier geht es darum, daß der Mensch einfach nicht glaubt, daß all das, was geschieht, wirklich geschehen kann. Er sieht sich so ausgefallenen Varianten und Abstufungen der Grausamkeit gegenüber, die alle bisher bekannten und vorgestellten schrecklichen Möglichkeiten übersteigen, und gerade deshalb kann man sie zwar erleben, aber nicht nachempfinden. Als Kind hat man zum Beispiel geglaubt, den siebenköpfigen Drachen gäbe es wirklich, und sieht man sich als Erwachsener in einer Höhle einem siebenköpfigen Drachen gegenüber, so wird man mit einem Unding konfrontiert, mit dessen Existenz man als Kind immerhin gerechnet hat. Aber hier war etwas, was weder im Märchen noch in

Erzählungen von Edgar Allan Poe, E.T.A. Hoffmann oder Erckmann-Chatrian, weder in Frankenstein-Filmen noch in der Geschichte vorkam. Und während es nun doch passiert, neigt man eher dazu, sich selbst für einen halluzinierenden Irren zu halten als zu glauben, daß es eine reale Welt gibt, die diese Halluzinationen verwirklicht.

Da stand nun auch ich an jenem Fenster, an der Schießscharte in der Kammer, als glaubte ich all das nicht – oft glaubte ich nicht einmal, daß die Wand, an der ich kratzte, eine echte Wand und das Blut, das von dem mit Glassplittern durchsetzten Putz aus meinen Fingern quoll, wirklich mein Blut war, obwohl bereits mein ganzer Schlafanzug blutverschmiert war. Der Nagel meines Zeigefingers war fast vollständig abgerissen. Doch ich ließ das Blut einfach heraustropfen wie einer, der nicht bemerkt, daß kein Korken auf der Flasche ist und sie einfach ausrinnen läßt. Es tat kein bißchen weh. Und es tat auch nicht weh, daß die Gendarmen hundert Schritte von mir enfernt mit Gewehrkolben, Stöcken und Stiefelspitzen, lachend und brüllend diese dunkel gekleideten Menschen mit den weißen Bündeln antrieben, sie auf einen Haufen zusammentrieben, wobei sie Staub aufwirbelten wie eine Herde auf der Landstraße bei großer Hitze, wenn die Viehtreiber sie zum Markt oder zur Schlachtbank führen. Dennoch schien es, als hätten diese Menschen in den dunklen Kleidern und mit den weißen Bündeln noch am ehesten mit meinem Fiebertraum im Winter zu tun – in der Windmühle liegend sah ich oder auf dem gefrorenen Reisig träumte ich, daß Männer mit ihren Frauen und Kindern, dunkel gekleidet mit weißen Bündeln an mir vorüberzogen: die letzten hundertsiebzehn Juden, die unter den Deutschen in Rußland übriggeblieben waren und nun angeblich auf ein Minenfeld geschickt wurden. Diese russischen Menschen zogen ebenso gleichgültig oder ahnungslos über die winterliche Landstraße in Rußland wie diese Juden aus Großwardein, die jetzt mit den antreibenden Gendarmen hinter sich auf die dreißig quietschenden Waggons zugingen. Mittlerweile ist mir klar, daß das weder Gleichmut noch Ahnungslosigkeit war. Auch hier ging es darum, daß diese Menschen nicht nur nicht glaubten, daß all das mit ihnen passiert, sie glaubten nicht einmal, daß sie identisch mit sich selbst waren. Schizophrenie nennt man die Krankheit, bei der sich die Persönlichkeit spaltet – ein paar Minuten lang denke ja auch ich, wohl ebenso wie sie, daß ich, der ich hier zuschaue, nicht ich sein kann, und sie, die sich zu den Waggons schleppen und zulassen werden, daß man sie hineinpfercht, nicht einmal die andere Hälfte ihres Ichs, sondern dritte Personen, Fremde seien. Und deshalb können sie das ganze nicht abschätzen, es schmerzt sie nicht, und sie empfinden keine Angst. Stumpf beobachten sie ihr fremdes Selbst, das in ihrer Maske all diese Absurditäten durchmacht. »Da geht er mit meiner Frau und meinem Kind hier neben mir, auf den Schienen, mit einem Bündel auf dem Rücken«, stellt der Südfrüchtehändler mit stierem Blick fest, als er seine neben ihm schlurfende Familie zur Kenntnis nimmt. Und als er in die leeren, starren Augen von Frau und Kind blickt, glaubt er, auch sie seien nicht echt – ja, auch sie seien Masken, die dritten Personen ihrer selbst... Die echten müßten ja daheim sein... die Frau in der Wohnung, in der

Küche, wo sie die Magd anweist... die Kinder im Englischunterricht, denn heute ist ja Donnerstag. Bis jetzt war es doch immer so – sogar noch, als der Südfrüchtehändler zweiundvierzig zur Zwangsarbeit in die Ukraine gebracht wurde. Frau und Kind wurden auch da von niemandem, von keiner Behörde behelligt. Ein netter Artillerieoffizier war bei ihnen einquartiert, der mochte das Kind. Und ist es möglich, daß jetzt Mutter und Kind hier am Rand der Stadt, wo sie wohl nie zuvor waren, mit einem Bündel zu den Waggons trotten?

Ist es möglich, daß der Bürgermeister, der Polizeipräsident und der nette, höfliche Stationsvorsteher all das wissen und gutheißen? Der Stationsvorsteher hatte ihn in den Jahren vor dem Krieg, wenn Ware aus der Türkei oder Italien kam, immer zuvorkommend im Geschäft angerufen: »Herr Kürschner, der Waggon ist eingetroffen! Bei verderblicher Ware schauen wir nicht nach den Formalitäten, sie können gleich ausladen.« Natürlich hatte er dafür Apfelsinen und Zitronen bekommen, und als ein paar Monate lang auch Bananen eingeführt werden durften, hatte er den Kindern des Stationsvorstehers immer eine Staude geschickt. Und zu Neujahr hatte der Stationsvorsteher natürlich auch Geld bekommen, fünfhundert Pengö. Mit dem Polizeipräsident war es etwas anderes, der war ein strenger Mann und nahm kein Geld an. Doch seine Frau war Kundin im Laden. Sie zahlte, natürlich nur symbolisch. »Zum Einkaufspreis«, sagten sie einander zuzwinkernd – sie bekam es eigentlich geschenkt. Gratis. Und jetzt das?

Allerdings steht da dieser schreckliche Gendarmerieoberst, der aus der Fremde gekommen ist, mit seinen

Offizieren. Und gerade ist auch der kleine, hagere deutsche Offizier mit dem Monokel eingetroffen – der einem der Priesterlehrer von den Prämonstratensern ähnelt, nur seine rechte Gesichtshälfte zuckt ständig. Es sieht aus, als würde er lachen, doch wenn das Zucken vorbei ist, wird sein Gesicht furchterregend, wie die Schnauze einer dänischen Dogge. Jetzt tritt er zu der Gruppe. Die Herren stehen stramm, erröten sogar leicht, sie verehren den Deutschen sehr, und vielleicht fürchten sie ihn auch. Rot im Gesicht, aufgeregt und lächelnd stellt sich ihm einer nach dem anderen vor, sie wechseln einen Händedruck. Sie disputieren bereits – und ganz bestimmt nicht darüber, was hier geschieht und bevorsteht –, es findet eine Art heiterer Annäherung statt, eine Männerplauderei wie vor einer Jagd, wenn sich Männer zum erstenmal begegnen, die bisher noch nicht miteinander Wild gejagt haben. Sie plaudern, vielleicht über die Vergnügungen der letzten Nacht, vielleicht über Frauen, später vielleicht auch über die günstige Wende der Kriegslage oder über die V1, der noch andere folgen werden. Sie wippen federnd mit den Füßen und scharwenzeln voreinander herum. Der Stationsvorsteher hat eine besonders lebhafte Gestik wie ein Stabsoffizier und redet viel. Er stammt aus Donauschwaben und kann gut deutsch, die anderen sprechen nur gebrochen. Sie stehen mit dem Rücken zu allem, zu den Waggons und den Juden, wie auf dem Ball die Smoking tragenden Herren ohne Damenbegleitung, die sich am Tanz nicht beteiligen und den Eindruck erwecken wollen, das ganze Vergnügen eigentlich zu verachten. Die Gendarmen werden unterdessen umso wilder, je mehr sie das Gefühl haben, man vernachlässige sie und schätze nicht genügend, was sie in dieser gottverdammten Hitze mit diesen gottlosen Juden anstellen.

Dieser deutsche Offizier ist ein SS-Offizier – ja, wir haben schon gehört, daß er als der Sachverständige gilt. Er hat ganz Polen und Holland »ghettoisiert«, und auch die ungarischen Behörden im ganzen Land bekamen bisher die Anweisungen, das »Rezept« von ihm. Dieser Kleine mit dem zuckenden Gesicht und dem Monokel war der am meisten berüchtigte, flinkeste »Deporteur« der Deutschen. Er wird immer dorthin geschickt, wo es wenig Waggons und Zeit und viele Juden gibt. Jemand hat mir erzählt, daß auch die slowakischen Juden nach seinem System und unter seiner Aufsicht in Rekordzeit nach Polen gebracht worden waren. Er ist Obersturmbannführer, muß aber »Herr Doktor« genannt werden – so läßt er sich ansprechen, denn auch er mag schöne Ziviltitel, wie die Gendarmerieermittler, die sich mit dem Kosenamen »Herr Sekretär« hätscheln lassen.

Der Gendarmerieoberst hatte sich schon kurz zuvor in den Schatten zurückgezogen, um mit seinen Offizieren und dienstleitenden Unteroffizieren zu beraten. Nun kehrte er zu der Gruppe zurück, und während er sich mit seinem Taschentuch die Stirn abwischte, rief er in deutsch mit starken Akzent:

»Herr Doktor! Wir können anfangen!«

In den Augen von Herrn Doktor Seidl funkelte der Monokel. Dann machte er scharf, militärisch-eckig kehrt in Richtung der Juden mit ihren Bündeln und fragte:

»Ist der Rabbiner unter euch?«

Aus der lose aufmarschierten Menge löste sich mit eilfertiger Geschwindigkeit ein rötlichblonder, hagerer junger Mann um die dreißig. Es war kein Rabbiner, wie ihn Doktor Seidl erwartete. Der deutsche Offizier hatte gehofft, einen älteren, Ehrfurcht gebietenden Rabbiner zu finden, der wegen seines Löwenhauptes und seines Kaftans humoristisch ausgebeutet werden konnte. Dieser Rabbiner erinnerte dagegen eher an einen Handelsvertreter, Apothekergehilfen oder angehenden Lehrer. Doktor Seidl schien zuerst ein wenig hilflos zu sein. Er war nicht zufrieden mit ihm, betrachtete ihn prüfend und befand ihn für nicht besonders geeignet für die Vorstellung. Na, aber egal – ein Rabbiner ist ein Rabbiner! Wenn er schon mal hier ist, fangen wir eben an!

»Hast du schon mal einen Rabbi auf dem Hintern rutschen sehen?«

»Das habe ich nicht«, antwortete der Rabbiner mit seiner ehernen Geistlichenstimme und hielt dem Blick des Deutschen eisern stand.

Der SS-Offizier wurde puterrot vor Wut und Überraschung. Der Rabbi verhielt sich in seiner militärisch aufrechten Haltung beeindruckend. Dem Deutschen war anzusehen, daß es ihn besonders wütend machte, nicht zu wissen, wie man diesen mageren, doch korrekt aussehenden jungen Mann mit dem verschwommenen Gesicht lächerlich machen könnte. Und die Tapferkeit des Rabbiners war die künstliche Härte eines Menschen, dem anzumerken war, daß er die Rolle, die in ähnlichen Situationen zu spielen ist, aus Schulbüchern, aus der Literatur und aus biblischen Beispielen in seiner Phantasie schon lange im voraus geformt hatte: wie verhält sich ein Geistlicher, wenn er für seinen Glauben jedes Leid, jede Erniedrigung auf sich nimmt! In seiner ehernen Stimme zitterte zwar die Angst des schmächtigen jungen Mannes vor körperlichen Schmerzen, doch die Rolle, auf die er sich wie auf eine Krücke stützte, bewahrte ihn vor dem Zusammenbrechen. »Dem Henker muß es gezeigt werden, aber es muß auch den Gläubigen gezeigt werden« – mag sich der Rabbiner eingeredet haben, der übrigens erst seit kurzer Zeit Geistlicher des progressiven, von der orthodoxen Religion losgelösten Teils der Juden war, bei denen der Geistliche sowieso kein allzu großes Ansehen genießt, auf den sie nicht hören, der als eine Art Angestellter der Glaubensgemeinde gilt und nur dafür gut ist, zweimal jährlich, wenn sie zu den großen Festtagen aus Tradition mal in die Synagoge gehen, die Predigt zu halten. Doch der junge Rabbiner wollte jetzt auch eine Prüfung vor seinen Gläubigen bestehen, von denen er wußte, daß sie, vor allem die Intellektuellen unter ihnen, viel mehr mit der materialistischen Philosophie, der Psychoanalyse, der Politik und der Literatur zu tun hatten als mit der Religion.

Der deutsche Offizier glaubte natürlich, die ganze jüdische Menge am besten über den Rabbiner erniedrigen zu können: tritt er den Rabbi, so schmerzt es alle, wie es den Katholiken schmerzen würde, wenn er den Bischof träte. Doch jetzt, als er mit seinem Springerstiefel gerade zum Tritt ausholen wollte, erwachte in ihm im letzten Moment doch noch so viel Sinn für Proportionen, daß er spürte: es wäre nicht sehr wirkungsvoll, dieses schmächtige Bürschchen mit seinem Stiefel zu erledigen. Wäre er alt, würdevoll und dickbäuchig, würden sich die Herren den Bauch vor Lachen halten, wenn er auf dem Hintern durch den Staub rutschte. Aber der hier war weder gut maskiert noch kostümiert, und sein spindeldürres Hinterteil war auch kein guter Zielpunkt für den Stiefel. Und wie der Schauspieler aus der Hauptstadt, dem bei seinem Gastauftritt in der Provinz der richtige Partner fehlt, um seine Rolle mit den in Budapest bewährten effektvollen Tricks zu spielen, vereinfachte er seine eigentliche Darstellung: anstelle des Trittes packte er ihn nur am Revers seines Mantels, schüttelte ihn und brüllte dabei im Takt:

»Rabbinerchen! Du bist verantwortlich dafür, wenn sich irgendeiner von den Leuten hier widerspenstig benimmt. Verstanden, Rabbinerchen? Wer dem Befehl nicht Folge leistet, stirbt, und du gleich mit.«

Und er schüttelte ihn wie der Hund die Ratte. Das bleiche Gesicht des Rabbis bewegte sich rhythmisch auf und ab, die Haare fielen ihm ins Gesicht, seine Krawatte riß, die Knöpfe sprangen ab. Und der Deutsche schüttelte ihn immer noch.

Die ungarischen Herren standen in einer Gruppe und sahen der Vorstellung mit sichtbar unterschiedlichen Gefühlen zu. Die Gendarmerieoffiziere lachten überzeugt, solidarisch und schallend. Der Bürgermeister grinste, aber immerhin etwas verlegen – ist dieser Mensch doch noch vor wenigen Wochen der Geistliche einer gottgläubigen, noch einigermaßen geduldeten Konfession gewesen, mit dem er als Oberhaupt der Stadt, wenn auch immer zurückhaltenden, so doch formellen Kontakt aufrechterhalten mußte. Vor zwei Jahren, an Horthys Geburtstag, mußte er in Vertretung der Stadt sogar in der Synagoge erscheinen und sich mit dem Zylinder auf dem

Kopf anhören, wie dieser Geistliche das Gebet für das Staatsoberhaupt sprach. Der Polizeipräsident verfolgte die Szene bereits mit einem offiziellen, pedantischen Gesichtsausdruck, wie jemand, den die Sache zwar nichts angeht, der aber auch nicht mißbilligt, was geschieht. Der Stationsvorsteher benahm sich wie ein lustiger alter Herr, Freund der Jugend, der nüchtern in eine zu allen möglichen »Streichen« aufgelegte, angeheiterte Gesellschaft platzt und sofort zum Mitmischen bereit ist, wobei er mit spaßiger Pseudoentrüstung den Kopf schüttelt: »Ei ei, was sind diese Jungs doch für tolle Kerle. Na, macht nur, macht nur.«

Als die kleinen Kinder der Juden mit den weißen Bündeln sahen, wie der Rabbi in den Händen des Deutschen geschüttelt wurde, brachen sie zum Teil in lautes Weinen aus, zum Teil lachten sie über den Anblick. Warum hätten die Kleinen auch nicht lachen sollen? – So etwas hatten sie bisher nur in Filmburlesken im Kino oder im Zirkus gesehen, wenn der goldbeknöpfte Herr der Manege den August Mores lehrte. Die bündelbeladenen Männer und Frauen versuchten, die Kinder – vor allem die lachenden – zur Ruhe zu bringen, sie preßten ihre Hände zusammen oder kniffen sie, damit sie lieber weinten. Mit angehaltenem Atem und inständig hoffte ich – und wahrscheinlich auch sie –, daß der kleine Rabbiner um Himmels willen seine Rolle fertigspielte und nicht zusammenbrach, nicht zu weinen begann – was wohl nahe bevorstand, wie man aus dem Zucken um seine Mundwinkel schließen konnte. Wir alle, die wir uns vom ersten Moment an unterwürfig im Ghetto geduckt hatten, erwarteten jetzt von diesem geschundenen Rabbi – den bisher keiner von uns besonders geschätzt hatte –, daß er in diesen letzten Momenten die Männlichkeit der ganzen Gemeinschaft rettete, daß er in diesem Duell die Oberhand behielt – als hinge von diesem Sieg auch nur das geringste ab!

Nichts hing davon ab, aber der Rabbi behielt die Oberhand. Der Deutsche merkte es auch sofort, hörte unvermittelt mit dem Schütteln auf, stieß den Rabbiner mit der Faust in die Brust, so daß er drei, vier Schritte zurücktaumelte. Aber er fiel nicht hin, nun erst recht nicht, sondern blieb auf den Beinen.

»Na, fahr zur Hölle!« keuchte der Deutsche. »Aber merk dir gut, was ich gesagt habe! Und ihr merkt es euch auch!« schrie er die bündelbeladenen Juden an.

Zwei Gendarmen packten den Rabbi am Arm und stießen ihn mit so frischer Wut vor sich her wie einen Verbrecher, der gerade bei der Tat ertappt wurde. Während er an seinen Platz neben seine kreischende junge Frau und sein lallendes, vier Monate altes Kind zurückgeschubst wurde, wälzte man ihn mehrmals im Staub. Sein Geistlichenanzug war grau geworden, seine bis zum Hals reichende Weste stand offen, sein Gesicht war mit Schweiß und Dreck verschmiert. Einer der Gendarme blieb noch bei ihm stehen und exerzierte ihn weiter, schleuderte seine klagende Frau mit dem Kind auf dem Arm mit unflätigen Worten beiseite, daß sie von den anderen Bündelträgern aufgefangen werden mußte.

Der SS-Offizier, der bei seiner Ankunft so fröhlich gewesen war, hatte von der Niederlage sichtbar schlechte Laune bekommen. Wie einem Schauspieler, der spürt, daß ihm heute nichts gelingt, war es ihm unangenehm, dem Publikum in die Augen zu schauen. Er hatte diesen ungarischen Herren zeigen wollen, was für Attraktionen er auf Lager hatte, wie heiter ein solch patriotischer Akt stimmen konnte. In Warschau, Preßburg, Wien oder Amsterdam wäre es ihm bestimmt auch gelungen, aber hier klappte heute gar nichts. Mit diesem Rabbi konnte er sie nicht zum Lachen bringen wie mit den anderen Rabbinern, und den Bündelträgern konnte er nicht einmal seine persönliche Überlegenheit zeigen. Vom gemütlichen Herrengeplauder wechselte er nun zum steifen, offiziellen Ton über – und tarnte damit seine Scham und seine Wut. Nun sprach nur noch er, knarrend, scharf, in kurzen Sätzen, die anderen standen steif und ernst vor ihm und nickten hin und wieder gleichzeitig. Die »Besprechung« dauerte zwanzig Minuten. Dann löste sich der Gendarmerieoberst mit seinen Offizieren wieder aus der Gruppe und ließ seine Stabsfeldwebel und Oberstabsfeldwebel zu sich kommen. Er erteilte ihnen Anweisungen – die Stabsfeldwebel mit den Hitlerbärtchen und die Oberstabsfeldwebel mit den Paradekutscherbärtchen salutierten und verteilten sich im Laufschritt vor den Juden. Sie richteten die Reihe der schlaff und locker herumstehenden Bündelträger gerade aus und begannen sie dann zu zählen. Jeder zählte fünfundsiebzig Menschen ab – und nach jedem fünfundsiebziger Abschnitt öffneten sie einen Spalt von drei Schritten. Als sie damit fertig waren, erstatteten sie dem Gendarmerieoberst wieder Bericht.

Dann brüllte der Oberst:

»Einsteigen!«

Die Stabsfeldwebel brüllten weiter:

»Einsteigen!«

Die niedrigeren Chargen ergänzten:

»Einsteigen, gottverfluchtes Schei...volk, hört ihr nicht, Juden?«

Und nun entfaltete sich die Gendarmenkette und zog einen lebendigen Zaun zwischen die Juden und die Ghettoplanken mit der dahinterliegenden Stadt.

Als hätte der Schaffner auf dem Großwardeiner Bahnhof ein, zwei Minuten vor der Abfahrt des Eilzuges nach Budapest »Einsteigen« gerufen, drängelten sich die bündelbeladenen Männer und Frauen so verzweifelt in die Waggons, als wollten sie um keinen Preis zurückbleiben, weil sie ein unaufschiebbar eiliges Reiseziel hatten oder als wäre es ihnen egal, wo der Zug sie hinbringt, Hauptsache, sie entkommen im letzten Moment der Pest oder dem Krieg. Natürlich drängelten und traten und haßten sie einander, um einen möglichst guten Platz zu ergattern: nahe zur Tür, nahe zum Fenster, zum Wasser oder zum Kübel. Oder um nebeneinander Platz zu finden: die Familie, die Freunde, die Gleichgesinnten. Männer zerrten ihre Frauen hinter sich her, Frauen zankten, die Kinder auf dem Arm, und aus dem Geräuschwirrwarr konnte man die zeternd-kreischenden, verschreckten Sätze heraushören: »Jancsika, wo bist du? Gerbers, hierher zu uns! Laßt den Opa nicht zurück!« – und so weiter. Die Gendarmen, die darauf gefaßt waren, die Juden mit Gewalt in die Waggons verfrachten zu müssen, standen mit den Händen in der Hüfte hinter ihnen und schauten bewegungslos und verwundert zu, wie die Waggons sich ohne ihr Zutun füllten. Nur zehn, zwölf Unbeholfene waren zurückgeblieben – auch sie drängelten, kämpften ungeschickt und kraftlos, um einzusteigen, doch die Draufgänger drängten sie immer wieder zurück. Nun machten sich die Gendarmen über sie her, traten und boxten sie und schlugen ihnen mit dem Gewehrkolben auf den Kopf. Und wenn die Unglückseligen es schon fast geschafft hatten, kam der Protest von oben. Jemand rief aus dem Waggon:

»Hier ist kein Platz mehr, Herr Oberstabsfeldwebel!«

»Kein Platz?« zischte der Gendarm. »Das werden wir ja gleich sehen, ob kein Platz ist! Rückt zusammen, Gesindel, sonst komme ich und mache Platz!«

Die da oben rückten erschrocken zusammen. Die Zurückgeliebenen wurden nacheinander von der gallertartig ineinanderfließenden Masse im Waggon verschluckt. Und wer sich schon halb hineingepreßt hatte, halb aber noch aus dem Waggon hing, wurde von dem Gendarmen wie ein Stück Fleisch in den Fleischwolf hineingestopft. Hier und da fuchtelten noch Beine und Arme in der Luft herum, als gehörten sie gar nicht mehr zu den Körpern. Und dann verschwanden auch diese rudernden Gliedmaßen. Während des Einsteigens herrschte ein ungeheurer Lärm. »Wie in der Synagoge!« feixte der Gendarmerieoberst, und erst jetzt wurden sie allmählich stiller. All dies spielte sich in weniger als einer Viertelstunde ab. Es waren zweiunddreißig Grad Hitze im Schatten, und die Sonne – anstatt innezuhalten oder dunkel zu werden – stieg ungerührt höher und spie immer feurigere Hitze aus. Dann schoben die Stabsfeldwebel die Waggontüren zu. Minutenlang herrschte eine Stille in den Waggons, als befänden sich lauter Tote in diesen mobilen Särgen mit der deutschen Aufschrift. Als sie sich jedoch bewußt wurden, daß man den Sarg über ihnen geschlossen hatte, brach plötzlich aus den zweitausend Scheintoten im Chor aus:

»Wasser! Wasser!«

Bestimmt riefen sie noch vieles – sie fluchten, beteten, zankten und weinten –, doch dieses »Wasser! Wasser!« war der einzige Part, der die ganze Zeit klar und in fast regelmäßigen Abständen zu hören war. Und als hätten sie einen gemeinsamen Dirigenten, leierten dreißig Waggons gleichzeitig, aufeinander abgestimmt und im gleichen Takt:

»Wasser! Wasser!«

Obwohl erst vor einer Viertelstunde die Waggontüren hinter ihnen geschlossen worden waren, war die Wasserkanne bestimmt schon unerreichbar, und jene, die nahe an ihr standen, hatten sie bereits in den ersten Minuten geleert. Und nie schien die Sonne heißer. Noch immer flanierte nur die Rangierlok zwischen der Bahnstation und dem Ghetto hin und her, denn schon hatte das kriegsübliche Warten auf den Schienen begonnen: aus Kriegsaspekten unwichtige Fracht hat Zeit, die Lokomotive wird woanders, an der Front benötigt. Das kenne ich aus Rußland – in Bachmatsch, als man uns zur Zwangsarbeit transportierte, hatten wir vier Tage auf eine Lokomotive gewartet. Doch wir durften wenigstens in Gruppen und unter Bewachung aussteigen und die Latrine benutzen. Manchmal durften wir uns morgens sogar waschen, wenn gerade kein deutscher oder ungarischer Soldat den Wasserhahn benutzte. Und obwohl wir sparen mußten, konnten wir an größeren Bahnhöfen manchmal Wasser fassen…

»Wasser! Wasser!«

Oh, dieser Stillstand – als hätten sie sich schon tausend Kilometer durch dieses blutige, exkrementebeladene, verseuchte, zerfallende, hungrige und schmutzige Neue Europa geschleppt – und als stünden sie nicht in der Stadt auf den Schienen, in der sie geboren waren, in der sie gelebt und in die sie stets zurückgekehrt waren, sondern als hätte man sie irgendwo in sehr weiter Ferne auf einem Abstellgleis vergessen, bis eine überflüssige Lokomotive vorbeizuckelt, die bereit ist, sie ins Gas zu bringen, oder bis Flieger kommen und sie bombardieren.

Da stehe ich nun mit dem Doktor vor der Schießscharte, und wir hören den Chor:

»Wasser! Wasser!«

Die Herren, an der Spitze der SS-Offizier und der Gendarmerieoberst, staksen jetzt mit gespreizter Amtlichkeit an den dreißig Waggons vorbei. Der Gendarmerieoberst bleibt vor jedem Waggon stehen und prüft persönlich die Plombe, rüttelt an dem Schloß. Ich stehe mit dem Doktor vor der Luke, und wir sehen zu, wie diese Herren nun mit amtlicher Würde und Gründlichkeit ihr Werk kontrollieren und vollenden, ihr Werk, mit dem sie zufrieden, auf das sie sichtbar stolz sind. Und wir stehen da und schauen zu, wie sich aus den mit Stacheldraht gesicherten Waggonfenstern Hände herausrecken, die Finger alter und junger, gepflegter und rauher Hände, und wie ausgerissene Spinnenbeine sinnlos zucken und gestikulieren. Als wollten sie noch etwas erklären oder fassen, sich an einem imaginären Strohhalm festklammern, der ihnen von der Heimat oder von Europa im letzten Augenblick gereicht wird – oder an einem Rettungsring, den die Christen ihnen zuwerfen aus den großen Türmen mit vergoldeten Kreuzen und Sternen, die über die Stadt herrschen. Da stehe ich mit dem Doktor, und wir schauen zu, wie ein Gendarm, gerade als die Herren die Plomben an den Waggons überprüfen, seinen Gewehrkolben mit beiden Händen packt und mit voller Wucht auf eine der zappelnden Altfrauenhände niedersausen läßt, die plötzlich schlaff niederhängt wie eine Frucht, bevor sie vom Ast fällt.

In dem stumpfen, betäubten Doktor Németi kommt plötzlich nüchtern der Fachmann zu Wort:

»Er hat ihr das Gelenk gebrochen!«

Wir stehen und schauen und verstehen nicht. Sie sind eingestiegen? Warum, um Himmels Willen, sind sie denn eingestiegen? Warum haben sie sich nicht umgedreht und sind weggerannt, jeder in eine andere Richtung, über die Planken hinweg, hinein in die Stadt, hinaus in den Wald? Warum haben sie nicht vorher getötet oder warum sind sie nicht vorher gestorben? Sie sind auf einfache Aufforderung eingestiegen. Der großartige Doktor Sebestyén und meine anderen Freunde, Gefährten aus der Jugendzeit, meine sympathischen und unsympathischen Bekannten, Geliebten, die ich verlassen habe, Geliebten, die mich betrogen haben – die seriösen, fleißigen, findigen Bürger, Intellektuellen und Arbeiter und all die Spaßvögel und Luftikusse, sind sie jetzt alle da drinnen hinter den verriegelten Türen?

Werde ich in fünf Tagen ebenso einsteigen und meine Frau hinter mir herziehen?

»Wasser! Wasser!«

Nein, in diesem Chor ist keine bekannte Stimme. Ich lausche, ob ich eine Stimme erkenne. Aber ich habe weder in Großwardein noch anderswo diese Modulation der Stimmen gehört. Auch nicht draußen im Krieg. In Paris, in irgendeinem Mysteriendrama, klang der Sprechchor der Leprakranken so. Ich glaube, das Stück war von Claudel. Damals war mir dieses so hochstilisierte viehische Klagegeschrei ganz fremd.

»Wasser! Wasser!«

Gegen Mittag traf endlich die richtige Lokomotive ein, aber auch die rangierte noch etwa eine halbe Stunde. Als der Zug angekoppelt wurde, ebbte der Chor plötzlich ab. Die Menschen waren bestimmt wieder etwas optimistischer geworden, weil etwas geschah, die Unbeweglichkeit, die Übergangszeit vorüber war. Die Lokomotive nahm sogleich Geschwindigkeit auf, als würde sie die Fracht mit besonderer Leidenschaft befördern. Oder als befürchte sie, im letzten Moment käme der Befehl, alles zurück! Also lieber beeilen!

Der Zug verschwand in Richtung Rhédey-Garten in Rauch, Staub und Sonnenschein. Wir schauten ihm durch die Luke nach und sahen schon lange nichts anderes mehr als den aufgewirbelten Staub neben den leeren Schienen, wohin am Morgen die Juden mit ihren weißen Bündeln getrieben worden waren. Dann sahen wir, wie die Herren ins Auto stiegen und die Gendarmen in Richtung Brauerei zogen, wo die ganze Zeit das Grammophon gespielt hatte.

Ich schrak auf, als Doktor Németi meine Hand packte:

»Mein Herr, Sie sind ja voller Blut! Kommen Sie, ich verbinde Ihnen die Wunde. Sie könnte sich sonst infizieren.«

Er brachte mich in den kleinen Operationssaal, wo

alles durcheinander herumlag, unordentlich, herrenlos, verschmutzt. Er untersuchte meinen Finger, von dem der Nagel abgebrochen war. Irgendwo fand er gebrauchten, grauen Mull und Watte und verband mir damit die Wunde.

29.

Zum Mittag brachte man uns in Wasser gekochten, gehobelten Kürbis. Selbst der alte Unteroffizier des städtischen Versorgungsamtes mit dem großen Schnauzbart und dem Lupusausschlag, der zu jeder Mahlzeit die zum Schleppen der Blechtöpfe abkommandierten Juden begleitete, schien von der Einwaggonierung etwas erschüttert zu sein. Deshalb wollte er uns vielleicht trösten oder entschädigen, denn mit aufmunternder Stimme rief er in den Saal:

»Leute, hier ist der gute, feine Kürbis! Erhöhte Portionen! Heute bekommt jeder anderthalb Kellen!«

Natürlich ist die Pro-Kopf-Ration angestiegen. Heute essen zweitausend Menschen weniger im Ghetto. Aber es wurde auch bisher nicht viel gegessen, und wenn doch, dann so mechanisch, zerstreut und nebenbei, daß ich mich zum Beispiel nicht mehr daran erinnere, was ich heute gegessen und ob ich überhaupt schon etwas gegessen habe. Doch an diesem Mittag rührte keiner etwas an, kaum jemand bewegte sich von der Matratze, als der Verpflegungs-Unteroffizier zum Essen rief. Nur ein paar gefräßige Alte aus dem Armenhaus und die immer gierigen und hungrigen Irren rappelten sich auf und fielen über die verlassenen, unbewachten Töpfe her. Sie stopften sich das Kürbisgemüse mit Löffeln und Händen in den Mund, drängelten und stritten sich. Der bittere, schlechte Geruch des Kürbis überdeckte in wenigen Augenblicken die verschiedenen üblen Gerüche des Saales. Die Alten und die Irren wateten schon bald in dem Gemüsebrei, der aus den umgekippten Töpfen gelaufen war und nun zwischen die Matratzen sickerte. Selbst ihre Haare waren verschmiert, weil sie die Köpfe in die Töpfe steckten und sie ausschleckten.

Und währenddessen hörte man ununterbrochen Lili Marlen, Fatia Negra und patriotische, gefühlsduselige Platten plärren. Das Grammophon in der Brauerei lief Tag und Nacht, denn die »Herren Sekretäre« arbeiteten ohne Unterlaß. Während des Einwaggonierens spielte es auch, wie wenn der Regisseur auf der Bühne die Wirkung durch Musik von außen erhöhen will. Jetzt wurde der morgige Transport verhört, damit ja nicht einer im Waggon davonfuhr, ohne daß man aus ihm zuvor herausgefoltert hatte, wo er sein Geld, seinen Trauring, sein Kinderfahrrad, seinen Füller, seine Uhr, Großmutters Wintermantel mit dem Persianerkragen – also das »Nationalvermögen« – versteckt hat.

Die Euphorie, die der Typhusplan des Gynäkologen im Morgengrauen in mir erweckt hatte, war verflogen. Es kehrte jedoch nicht der Nervenzustand der fast gefühllos machenden Apathie zurück, mit der ich noch am Abend zuvor die Ereignisse registriert und beobachtet hatte, gleichgültig nicht nur gegenüber dem Leben, sondern auch gegenüber dem Tod. Und verschwunden war auch die betäubende, schizophrene Entrückung von mir selbst und von der Realität, jetzt war nicht mehr nur alles wahrscheinlich, sondern auch wahr. Alles und jeder – auch ich – war identisch mit sich selbst. Und wie ich hier lag, gemeinsam atmend mit dem schwer atmenden Saal, in dem man so gut wie kein lautes Wort mehr hören konnte, seit die dreißig Waggons abgefahren waren, machte ich mir selbst verzweifelte, ungeduldige, ja fast wütende Vorwürfe, weil ich die Dinge so weit hatte kommen lassen, weil ich mich auch um anderes gekümmert hatte als um mich selbst. Anstatt am 19. März, an dem Sonntagnachmittag, als der Anruf aus Budapest kam, daß die Deutschen im Land, ja schon in der Hauptstadt waren, sofort die Zelte abzureißen und mich davonzumachen, mit falschen Papieren unterzutauchen oder über die nur einen Sprung entfernte rumänische Grenze abzuhauen, verkroch und versteckte ich mich in der Wohnung. Mal schlief ich im Keller, mal im Labor der Apotheke. Ich wollte mich keinen Schritt bewegen und betonte vor mir selbst und anderen, mit denen ich sprach, ständig, daß ich die Familie nicht verlassen wolle. Obwohl die Unglücklichen, die Eltern meiner Frau und auch meine Frau selbst, mich vom ersten Augenblick an wegschicken wollten, mich geradezu anflehten zu fliehen. Sie wiederholten immer wieder, daß ich in größeren Schwierigkeiten stecken würde als sie; wer schert sich schon um einen unbedeutenden Apotheker von Großwardein – sagte mein Schwiegervater und breitete die Arme aus. Sie seien farblose, unbedeutende Bürger, ihnen würde es genauso ergehen wie den anderen Juden!

»Aber du, den so viele von denen hassen, weil du gegen sie geschrieben hast... Die hätten dich schon draußen an der Front fast umgebracht. Denen gefällt es nicht, daß du lebend aus Rußland zurückgekehrt bist!«

Auch meine Schwiegermutter drängte mich ständig zu gehen, und ich muß zugeben – ich wäre auch gern gegangen. Einmal zum Beispiel, als die Juden mit dem gelben Stern noch in ihre Läden durften, lehnte sich ein junger Leutnant aus Budapest über die Theke und teilte meinem Schwiegervater halblaut mit, daß er gekommen sei, um mich abzuholen. Er hatte eine kleine Karteikarte mitgebracht, auf dem das mit meinen Freunden besprochene Stichwort »Ego sum via« stand. Mein Schwiegervater lief in die Wohnung hinüber, in der ich mich gerade versteckt hielt. Er wedelte mit dem Kärtchen und verlangte, ich solle am Abend mit dem Leutnant weggehen. Ich wußte, daß er mich in ein verhältnismäßig sicheres Schloß in Transdanubien bringen wollte. Meine Frau hatte bereits das Notwendigste für mich zusammengepackt – aber ich ging nicht. »Nein!« sagte ich zu dem Alten, »Wie stellst du dir das vor? Ich lasse doch *jetzt* nicht meine Frau und die Familie allein.«

Darin steckte natürlich genauso viel aufrichtige Anhänglichkeit wie verbohrte und eitle Pose. Ich mochte diese guten und treuen Menschen, doch eigentlich entschied diese zwanghafte Pose darüber, daß ich sie nicht verließ. Dabei hatte Gottlieb, der vor zwanzig Jahren aus Tschernowitz hierher geflohene Schächter, ein Freund der Familie, der die größte Weltuntergangsroutine von uns allen hatte, uns seit Einmarsch der Deutschen tagtäglich fachkundig erklärt, daß man nur einzeln erfolgreich fliehen könne. Jetzt sei jeder Nichtjude ein Detektiv – und Flüchtlinge in Gruppen, mit Familie seien auffällig und verrieten sich unweigerlich. Kinder und Mütter fielen aus ihren Rollen – und das war's dann. Natürlich brauche man – erklärte er – einen festen Punkt, einen sicheren Ort, an dem sich am Ende alle wieder treffen. Doch ich ging auch bei der zweiten Gelegenheit nicht, als meine Budapester Freunde den Zimmerchef vom Hotel Pannonia zu mir schickten, der zur Widerstandsbewegung gehörte und mir falsche Papiere auf den Namen Ferenc Pattermann, einem in Sarajevo geborenen Kellner, brachte.

»Nur wenn sie uns allen Papiere schicken. Der ganzen Familie«, sagte ich in Gegenwart der Familie effektheischend und schickte den Zimmerchef zurück nach Budapest.

Sie bewunderten meine Treue, und innerlich schämte ich mich, nicht ganz aufrichtig zu sein. Nur ich wußte, und dieses Wissen bereitete mir ständige Gewissensbisse, daß sich bei mir diese männliche Haltung zumindest ebenso aus Komödiantentum und dem Druck des in mir automatisch noch immer funktionierenden moralischen Gebots nährte wie daraus, daß ich meine Frau liebte und an meiner Familie hing. Es verging kein Tag, an dem mich mein Schwiegervater nicht überreden wollte:

»Schau mal«, erklärte er, »wenn du gehst, erleichterst du auch unsere Lage. Wenn die Gestapo oder die politische Polizei kommen und dich hier finden, werden wir einfachen Juden auch zu politischen Straftätern. Und dann wird es noch schwerer.«

Ich wollte nicht weg. »Ich werde doch nicht weggehen,

wenn meine Frau krank, frisch operiert daliegt«, protestierte ich. Und als Doktor Gottlieb die Papiere auf den Namen Samu Hirschler und Frau besorgte – denn ich wollte meinen berüchtigten Namen loswerden und zum einfachen, farblosen Juden werden –, verwickelte ich mich in ein spießbürgerliches Abenteuer: ich versteckte mich illegal inmitten der Familie, im Elternhaus meiner Frau und schließlich im Ghetto.

Dabei sage ich selbst jetzt noch, ich hätte auch allein gehen müssen. Denn: was haben sie davon, daß ich bei ihnen geblieben bin? Jetzt sind wir alle hier, im Ghetto, und die Familie, die im dritten Abschnitt des Ghettos wohnt, wird übermorgen einwaggoniert, wir in fünf Tagen. Was nutzte es, daß ich die ganze Zeit bei ihnen war und daß wir auch jetzt zusammen sind, wenn wir uns doch nicht gegenseitig helfen können? Ja, ich schäme mich vor der Familie sogar dafür, daß ich so hilflos bin. An der Front half mir immer das Bewußtsein, daß sie es nicht sahen, wie ohnmächtig und unbeholfen ich war. Ich kann auch meiner Frau nicht helfen, indem ich mit ihr zusammen den Waggon besteige – und selbst wenn sie in dem Waggon mit der offenen Wunde nicht innerhalb von Stunden zugrunde geht, wie es der Arzt verspricht, könnte ich sie denn beschützen, wenn auch nicht vor dem Tod, so nur davor, daß sie geschlagen wird? Habe ich doch draußen gesehen, daß die Deutschen die Frauen schlagen. Ja, jeder hätte laufen sollen, wohin ihn seine Beine trugen. Die neun Koffer haben uns aus Paris nach Hause gezogen, nach Hause getrieben, weil wir nicht über so viel Geistesgegenwart und Vorurteilsfreiheit verfügten, um den ganzen Krempel wegzuwerfen. Und jetzt ist die Familie hier. Jetzt hat uns die Familie ins Ghetto geschleppt. Und sie wird uns weiter mitziehen. Hinein in den Waggon. Wasser! Wasser! – und dann das Gas... Anstatt daß wir in dem Moment, als um uns herum alle gesellschaftlichen und moralischen Dämme brachen, uns voneinander losgerissen, einander abgeschüttelt hätten.

Und doch. Träte jetzt jemand an mein Bett und sagte mir, er würde mich alleine retten, hätte ich dann wenigstens den Mut, nicht zu lügen? Zuzugeben, daß ich bereit wäre, auch allein zu gehen?

Und schon antworte ich meinem imaginären Lebensretter mit erhobener Stimme und vorgerecktem Kinn, wie ein miserabler Schauspieler in einem miserablen Stück, in dem jedes Wort hölzern klingt: »Wie stellen Sie sich das denn vor, ich kann doch meine kranke Frau nicht zurücklassen... Und die Alten? Und das Kind?...«

Ob ich meine Frau liebe? Natürlich, ich liebe sie sehr. Während der letzten neunundzwanzig Monate, als ich in Rußland zur Zwangsarbeit war, hat sie für mich so viel getan, daß sie unter den Frauen der Zwangsarbeiter schon eine Art Ruhm erlangte. Die Viehwaggons mit der jüdischen Kompanie, in die ich zur Strafe gesteckt worden war, hatten Großwardein noch nicht verlassen, als sie bereits den Kampf für mich gegen die ganze militärische und politische Bande aufnahm, die mich zugegebenermaßen mit der schriftlichen Anweisung fortgeschickt hatte, es sei »aus christlich-nationalem Aspekt nicht wünschenswert«, daß ich heimkehre. Doch meine Frau ließ meinen persönlichen und politischen Freunden keinen Moment Ruhe, sie lag ihnen in den Ohren, riß sie schon am frühen Morgen aus dem Schlaf und rief sie noch um Mitternacht an. Sie konnte jene, die in dem Augenblick gleichgültig wurden oder mich aufgaben, da ich meinen Fuß aus der Stadt gesetzt hatte, in der ich doch so viele Anhänger hatte, mit ihrer hartnäckigen Sorge aufrütteln und ständig mit meinem Schicksal beschäftigen. Und sie stand im kalten Winter vor dem Bahnhof und hielt jeden beurlaubten Soldaten an, ob ich nicht irgendwo gesehen worden war, ob jemand mit mir gesprochen oder wenigstens etwas von mir gehört hatte. Sie traf sich mit der Geliebten des Ministerpräsidenten, und sie lud die Frau des Lageraufsehers zum Abendbrot ein und gab ihr ihren Wintermantel. Sie drang in Ämter ein, auf deren Türen stand, Eintritt für Juden verboten. Mit einem Trick drang sie sogar bis zum Generalstabschef vor, schlug auf den Tisch und schleuderte ihm ins Gesicht, daß es im Offizierskorps Mörder gäbe. Schließlich gelang es ihr, mich nach Hause zu weinen, nach Hause zu drängeln, nach Hause zu terrorisieren – ich hätte es ihr zu verdanken, daß ich am Leben bin, wenn es dafür irgend etwas zu danken gäbe. Und wenn ich jetzt die Frage aufwerfe: Habe ich sie nur deshalb nicht zurückgelassen, weil ich sie liebe oder weil ich ihr dankbar bin? Nein, in erster Linie nicht deshalb. Sondern wegen des moralischen Terrors, des noch immer selbsttätigen gesellschaftlichen Terrors, weil man in Gefahr seine Frau nicht verläßt, nicht verlassen kann, schon gar nicht, wenn sie krank ist. Wenn ich so etwas in einem Roman las, fand ich es langweilig und warf ihn beiseite, oder wenn man sich derlei im Café Abbasia erzählte, wo die spießbürgerlichen Stammkunden solche Sentenzen losließen, verzog ich mit nachsichtigem Spott die Miene. Was heißt schon, man verläßt seine Frau nicht? Hat noch nie jemand seine Frau ermordet? Noch nie jemand sie verlassen? Und die Ehemänner auf der Titanic, die ihre Frauen von der Leiter stießen, um vom sinkenden Ozeandampfer eher ins Rettungsboot zu gelangen? Naja, die hatten keine Zeit gehabt, eine Pose einzunehmen, der Lebensinstinkt hat in wenigen Augenblicken gehandelt – haben die sich darum geschert, was ihre im Eiswasser ertrinkenden Frauen von ihnen dachte, bevor sie für immer untertauchten, oder was in ihrem restlichen Leben die Gesellschaft davon halten würde, daß sie ihre Frauen ins Meer gestoßen hatten, um selbst am Leben zu bleiben? Sie sollten vor Scham in der Erde versinken! Und wenn sie mit roten Ohren und eingezogenem Kopf durchs Leben gehen? Sie leben wenigstens!

Ja, wenn keine Zeit mehr für die Lüge bleibt – aber mit Vorsatz kann ein einigermaßen anständiger Mensch die Pose seiner Menschenwürde und seines gesellschaftlichen Anstandes doch nicht aufgeben.

Ich verscheuchte diese quälende und beschämende Aufrichtigkeit und wollte vor lauter Scham und schlechtem Gewissen handeln, etwas tun. Die wichtigste Aufgabe im Moment war, die Eltern meiner Frau und ihre Tochter aus erster Ehe auf irgendeine Weise aus dem dritten Abschnitt ins Spital herüberzuholen, bevor sie deportiert wurden. Bis übermorgen früh, wenn der dritte Transport abging. Wenn wir schon weg müssen, dann wenigstens in einem Waggon. Ich bat Doktor Németi, der am Nachmittag für ein paar Minuten im Krankensaal vorbeischaute, zu versuchen, die Familie ins Spital herüberzuschmuggeln. Doch er konnte mir nichts versprechen. Er sagte, die Abschnitte des Ghettos seien bereits vollkommen voneinander isoliert. Die Gendarmen würden niemanden aus den Ghettohäusern auf die Straße lassen, der jüdische Arzt könne nicht einmal mehr Kranke ins Spital einweisen, nur der Amtsarzt, wenn der Fall schwer oder ansteckend sei, wenn also Hoffnung bestehe, daß der Patient bis zum Morgen verstirbt. Er würde es aber versuchen – versprach der Doktor –, er habe einen Gendarmen als Patienten, der in der Stadt Gonorrhöe bekommen hat und sich damit nicht zum Militärarzt wagt, weil Geschlechtskranke bestraft werden. Der läßt sich nun insgeheim von ihm behandeln. Ein Bauernjunge, aber aus Oberungarn, wo er eine slowakische Schule besucht hat. Er mag die ganze Sache nicht und macht nur lustlos und beklommen mit. Also, mit ihm würde er es besprechen, vielleicht fällt ihm etwas ein. Ich bitte Doktor Németi auch, meiner Frau im oberen Stockwerk Bescheid zu sagen und sie ein bißchen damit zu trösten, daß wir bald alle zusammen sein würden.

Bis zum späten Nachmittag geschah nichts, ausgenommen eines zehnminütigen Luftalarms – von weitem konnte man die Bombardierung aber noch eine Dreiviertelstunde lang hören. Mein Nachbar teilte mir auch flüsternd seine »Information« mit:

»Bestimmt wird der Zug mit unseren Leuten bombardiert. Das ist besser für sie als an Durst zu sterben. Alles ist besser als der Waggon!«

Gegen Abend wurden dann wieder halb totgeprügelte Juden aus der Brauerei gebracht. Inzwischen konnte man nur noch über die Brauerei mit Müh und Not ins Spital gelangen, wenn einem laut Diagnose des Amtsarztes nicht mehr zu helfen war. Gerade wurde der reichste Jude der Stadt von der Trage geladen. Rechtsanwalt, Bankier, Hotelbesitzer, Ziegelfabrikant und Besitzer fast aller mehrstöckiger Häuser in Großwardein. Er ist fünfundsiebzig, mit dem Aussehen eines Gelehrten; er wirkt mit seinem goldenen Zwicker wie ein alter Soziologieprofessor aus Heidelberg, der einst eine reiche Bankierstochter geheiratet hat, oder wie ein schweizerischer Nationalrat aus irgendeiner Kleinstadt, wo sich aber zu Kongressen und in der Winter- und Sommersaison die ganze Welt trifft. Dieser Mann ist der erbarmungsloseste Raffer, Wucherer, der berüchtigste Bösewicht der Stadt. Der konservative Großbürger verbündete sich auf den Hintertreppen mit Hehlern. Es gab kaum einen Anleger in der Stadt, dessen Geld seine Bank nicht einbehalten hätte, keinen Schuldner, dem er nicht angedroht hätte, sein Hab und Gut bis zum letzten Nagel unter den Hammer zu bringen. Doch nicht nur sein Vermögen wuchs durch diese Hamsterei, sondern auch sein Ansehen war einzigartig in der Stadt. Er war verhaßt bei den Leuten, wurde aber für die Kontinuität seiner Skrupellosigkeit, für seine Schamlosigkeit und seine Findigkeit auch bewundert und beneidet. Ein schlechter Mensch, doch wie wohlhabend und wie begabt, sagten sie, und sie wählten den Millionär überall zum Vorsitzenden, wo ein Vorsitzender gebraucht wurde – von der Glaubensgemeinde bis zum Sportklub. Sie bewunderten an ihm, was sie selbst gern getan hätten, aber nicht tun konnten oder nicht zu tun wagten – und wenn sie es taten, brachte es ihnen keine ähnlichen Erfolge, ja meistens zahlten sie drauf oder wurden erwischt. Dieser Mann war seit zehn Jahren Witwer, und sein Bruder – der, wie in einem Dickens-Roman, sein Gegenpol war: ein wirklich guter Mensch – hatte sich, nachdem er in der Bank seines Bruders sein gespartes Geld verloren hatte, das Leben genommen. Seine beiden Söhne hatte er aus dem Haus gejagt, er sprach seit Jahren nicht mit ihnen und gab ihnen keinen Heller. Und als er am Nachmittag des 19. März erfuhr, daß die Deutschen bereits in Budapest waren, wickelte er sein Gold, seine Devisen und Wertpapiere ein und vergrub sie irgendwo, ohne irgend jemanden einzuweihen. Er hatte eine alte Köchin, die seit dreißig Jahren für ihn kochte und die bei ihm genauso boshaft geworden war wie er selbst – doch nicht einmal die wußte etwas. Als dann die »Herren Sekretäre« von Budapest angereist kamen, um das »Nationalvermögen« aus den Juden von Großwardein zu prügeln, wurde er natürlich als erster in die Brauerei gebracht. Anfangs wurde er fast höflich behandelt, da man sogar in Budapest von seinem großen Vermögen wußte, und diese Backenbärtigen respektierten unwillkürlich den Herrn der Millionen wie daheim den jüdischen Pächter, der doch immerhin in einem Schloß wohnte. Als er aber dann nicht mit der Sprache herausrückte, begannen sie, ihn zu schlagen; sie prügelten ihn nun auf grausamste Weise, folterten ihn mit Strom, ließen ihn bei gesalzenem Hering Durst leiden, banden Kilogewichte an seine Hoden. Nach der Folter gestand in der Brauerei jeder ohne Ausnahme, wenigstens irgend etwas – dieser Mann war der einzige, aus dem sie keinen Heller prügeln konnten. Er erbrach Blut, er urinierte Blut, aber er sagte nichts. Er war ein kluger Mann, er wußte, was Faschismus bedeutete und er war bestens über die deutschen Lager informiert. Er wußte, daß man hier nicht überleben konnte, und wenn doch, dann würde er den Waggon nicht überleben, und sollte er den Waggon doch überleben, wußte er Bescheid über das Schicksal der Alten an dem Ort, wo die Waggons eintrafen. Aber mit ihm wurden sie nicht fertig. Er wußte, daß niemand etwas von dem versteckten Vermögen haben würde, denn niemand würde es je finden. Nicht nur der Nation würde es nichts nützen, auch seinen eigenen Söhnen nicht. Denn dieser so boshafte, so raffinierte Mann hatte alles so versteckt, daß erst fünfzig Jahre später ein Tagelöhner beim Graben eines Kanals oder beim Sprengen darauf stoßen würde. Und obwohl er sich innen und außen in Fetzen reißen ließ – die Finger brechen, die Nägel mit glühenden Eisen ausbrennen –, gestand er nicht, und wer ihn in der Brauerei gesehen hatte, erzählte mir, er habe sein diszipliniertes, leicht hochmütiges Verhalten, sein gutes, distinguiertes Benehmen, das selbst für seine niederträchtigsten Verhandlungen typisch war, keinen Augenblick lang aufgegeben. Er schöpfte so unermeßliche Kraft aus seinem Glauben an das Heiligtum des Privateigentums, wie ein Märtyrer aus seinem heiligen oder hohen Ideal. Und wie er da so auf der Matratze lag, die in wenigen Momenten rot von seinem überall herausrinnenden Blut wurde, hielt er die Augen offen und preßte sogar bewußtlos seine blutig geschlagenen geschwollenen Lippen zusammen, um nicht im Delirium zu verraten, wo er sein Vermögen versteckt hatte. Und mit offenen Augen und fest geschlossenem Mund starb er dann auch bis zum nächsten Morgen.

30.

Gegen sieben Uhr kam Friedländer vom Friedhof zurück. Gestern erzählte er, wie er einen seiner Söhne beerdigte, heute berichtete er, wie er dem anderen zur Flucht verhalf. Wieder waren sie von dem nachdenklichen, beklommenen grauhaarigen Gendarmen aus Somogy begleitet worden. Friedländer sagte, er habe an fast unmerklichen Zeichen, an den Blicken und Reflexen der Passanten, ja sogar an ihren matteren Feindseligkeiten und Beschimpfungen gespürt, daß die Antipathie der Stadt von gestern auf heute nachgelassen hatte. Vielleicht war man verblüfft, daß wahr geworden war, was man seit Jahren vollmundig und doch verantwortungslos forderte: die Juden abzuschaffen. Viele hatten es vermutlich doch nicht ganz so gewollt – nicht, daß sie von dem Tatbestand der Deportation im letzten Moment erschauert wären, doch nach und nach wurde ihnen die Größe des Risikos bewußt: vielleicht klappte ja nicht alles so, wie sie es kalkuliert hatten. Die Mehrheit in der Stadt hätte es gern beim jetzigen Zustand belassen: die Juden bleiben hinter den Planken, sie bekommen alles weggenommen, dürfen nicht arbeiten, promenieren, im Café sitzen, sich in fremde Angelegenheiten einmischen – aber sie sollen nicht überflüssig ermordet oder an einen unbekannten Ort gebracht werden. Denn vielleicht würde eines Tages doch Rechenschaft von ihnen gefordert werden. Blieben diese Juden hier im Ghetto, könnten sie sich immer noch damit verteidigen, daß sie sie nur so vor den Deutschen retten konnten – und diese Juden sind ja so weich, nachgiebig oder indolent; wenn sie frei sind, werden sie froh sein, in ihre leeren Wohnungen heimkehren zu können. Und vielleicht würden die meisten nicht einmal etwas zurückfordern, sondern sich freuen zu leben, und zäh und fleißig, wie sie nun einmal sind, werden sie in einem halben Jahr wieder Möbel und Silber in ihren Wohnungen haben. So etwa hätten die Spießbürger von Großwardein die Angelegenheit gern geregelt, und wie Kriminelle, die sich im Augenblick des Verbrechens bereits damit beschäftigten, wie sie sich im Fall der Festnahme verteidigen würden – so erwägten sie, was sie sagen würden, wenn die Deutschen doch besiegt werden, die Russen doch die Karpaten überqueren, es doch zur Landung der Alliierten käme. Dann wird der westliche oder der östliche Feind kommen, sie am Schlafittchen packen und auf die Schwellen der vielen tausend Wohnungen stellen und fragen: »He, ihr Ungarn, wo sind denn die Bewohner? Wo habt ihr die alle hingesteckt, die laut Meldeschein oder Grundbuch hier wohnen müßten?«

Ja, es herrschte also Nervosität in der Stadt, erzählte Friedländer, Bedrücktheit, Niedergeschlagenheit. Aber vielleicht lag es auch nur daran, daß sie eine ungünstige Kriegsnachricht bekommen haben: Budapest wurde höllischer bombardiert denn je, oder im Osten ist wieder irgendein größerer Eisenbahnknotenpunkt gefallen. Wir hier im Ghetto haben seit Tagen keine Zeitung gesehen, wir wußten nichts von der Front. Unsere letzte Nachricht von der Ostfront war, daß die Russen den Paß von

Djimesch erreicht haben. In Italien standen die Angelsachsen noch immer vor Rom. Und von der Landung sprach gar keiner mehr.

»Landung!« sagt Friedländer geringschätzig. »Der Gendarm meint auch, und der ist kein Freund der Deutschen, der englische Rundfunk habe gemeldet, die falle aus. Die Angelsachsen wollen im Westen nur noch in der Luft kämpfen. Das dauert zwar länger, aber sie haben es nicht so eilig.«

Doch wenigstens war Friedländers Sohn die Flucht geglückt. Die professionellen Totengräber erwarteten sie am Morgen schon auf dem Friedhof, man mußte sie nicht erst aus der Kneipe holen, und sie hoben die Gräber an Stelle der jüdischen Totengräber aus – es war alles genauso wie gestern. Friedländer sagte dem Feldwebel gleich morgens, als sie angekommen waren, daß er seinem Sohn zur Flucht verhelfen wolle. Der Gendarm antwortete nicht und ging davon. Nach etwa einer Viertelstunde kam er zurück, winkte ihn herbei und fragte:

»Hat er einen Ort, wo er hin kann?«

Friedländer sagte, er wolle dem Jungen über die Grenze helfen, wage aber nicht, ihn blindlings loslaufen zu lassen. Er habe in der Stadt ein paar enge Freunde – die wolle er erst gerne hierher rufen. Er kenne auch den rumänischen Konsul gut, erklärte Friedländer. Wichtig wäre also, daß er mit seinen Freunden Kontakt aufnähme.

»Wenn Sie wollen, können Sie in die Stadt gehen«, sagte der Gendarm. »Aber Sie werden sicher erkannt. Sie können aber einen der Totengräber mit einer Botschaft losschicken.«

Da gab Friedländer Onkel Kukucska, dem ältesten Totengräber, drei Adressen seiner engsten arischen Freunde. Onkel Kukucska kam gegen Mittag etwas angetrunken zurück. An der Tür des einen Freundes hatte er vergebens geklingelt, scheinbar war niemand zu Hause. An der anderen Stelle waren die Leute sehr nervös, als er ihnen sagte, warum er gekommen war, und sie taten so, als hätten sie den Namen Friedländers nie im Leben gehört. Der dritte Busenfreund hatte ihn ungeduldig herausgeschubst und gesagt, er solle ruhig zurückgehen, am Nachmittag käme er hinaus oder würde jemanden schicken. Nachmittags kam tatsächlich ein Botenjunge angeradelt, gab ein Lebensmittelpaket und etwas zu rauchen ab und machte auch schon kehrt.

Der Gendarm fragte mehrmals:

»Na, gibt's schon was?«

»Nein, nichts«, antwortete Friedländer niedergeschlagen.

Der Gendarm patrouillierte, ebenso wie gestern, zwischen Friedhof und Landstraße auf und ab, während die Gräber ausgehoben wurden. Auf der Landstraße herrschte der gleiche Verkehr wie gestern. Militärlastwagen, Bauerngefährte, manchmal Personenwagen, Soldaten auf Fahrrädern und ausgebombte fremde Zivilisten. Gegen halb vier näherte sich von der Stadt her eine Zigeunerkarawane mit drei Planwagen. Der Gendarm stellte sich mitten auf die Straße, hob streng die Hand, und die Wagen hielten dicht an dicht. Große, glänzende, verschreckte, listige Zigeuneraugen schauten unter der Plane hervor. Man konnte hören, wie der Gendarm sie anfuhr:

»Wer von euch ist der Häuptling?«

Ein alter Zigeuner mit schulterlangem, fettigen schwarzen Haar, grauem Bart und goldenen Ohrringen steckte den Kopf hervor. Und er stieg auch gleich aus dem Wagen.

»Herr Feldwebel«, sagte der zwei Meter lange Zigeunergreis, »wir sind Kesselflicker mit Gewerbeschein! Im Ersten Weltkrieg war ich Unteroffizier bei der Honvéd-Armee. Bitte durchsuchen Sie uns, wir haben nichts!«

»Mir nach, Häuptling!« knurrte der Gendarm ihn an und ging Richtung Friedhofstor.

Der Zigeunerhäuptling folgte ihm gebeugt und bleich. Er wußte nicht, was der Gendarm mit dem Bajonettgewehr unter den Friedhofsbäumen wohl von ihm wollte. Wie es heutzutage in der Welt zuging, würde er ihn vielleicht sein eigenes Grab ausheben lassen und ihn dann abknallen.

Auf halbem Weg zwischen Friedhofstor und neuem Grab blieb der Gendarm stehen und begann leise mit dem Zigeunerhäuptling zu verhandeln. Auf dem Gesicht des alten Häuptlings zeichnete sich allmählich verwirrtes Staunen ab. Er verstand nicht, daß der Gendarm ihm nicht nur nichts antat, sondern ihn, den Zigeuner, sogar um etwas bat. Er forderte nicht die Einhaltung des Gesetzes von ihm ein, sondern wollte ihn dazu bringen, es mit ihm gemeinsam zu brechen.

Und als die Unterredung beendet war, rief der Gendarm Friedländer zu sich.

»Wenn Sie wollen«, sagte er und zeigte auf den Häuptling, »nimmt dieser Zigeuner Ihren Sohn mit. Er versucht es bis zur Grenze. Oder, wenn es geht, nimmt er ihn auch mit über die Grenze.«

»Ich nehme ihn mit rüber, das mache ich gerne!« sagte der Häuptling, geradezu benommen von der Ehre, zum ersten Mal in seinem Leben in einer Front mit einem Gendarm zu stehen und sich sogar mit ihm zu verbünden. »Jidd oder Zigeuner, das läuft aufs gleiche hinaus«, fügte er noch hinzu.

»Jetzt tu mal nicht vertraulich, Häuptling!« schnauzte ihn der Gendarm an, der sich an Friedländers Stelle beleidigt fühlte. Er war ein Gendarm alten Schlags mit grauen Schläfen, zwar hart verpackt, aber in Friedenszeiten aufgewachsen, und er dachte offensichtlich, was auch immer heutzutage geschah, ein Zigeuner dürfe sich doch nicht mit studierten Bürgern, mit den Herren von gestern und vielleicht von morgen, wie auch dieser anständig wirkende Jude einer zu sein schien, in einer Reihe wähnen. Doch Friedländer fühlte sich nicht beleidigt, und begeistert rief er auch schon seinen Sohn herbei. Als der Junge kam, maß ihn der Zigeunerhäuptling von Kopf bis Fuß.

»Na, der junge Mann sieht in dieser Kleidung nicht gerade wie ein Zigeuner aus. Aber wir stecken ihn ganz nach hinten! Oder wir sagen, er sei ein Musiker aus Budapest.«

»Steckt ihn in irgendwelche Lumpen!« befahl der Gendarm.

»Das ist eine gute Idee«, griff der Häuptling den Vorschlag auf und betrachtete die stahlblaue Jacke des Jungen mit großem Behagen »Der junge Herr wird sich als Zigeuner verkleiden. Mit seinen Kleidern und Schuhen machen wir schon irgend etwas.«

»Kleider und Schuhe können Sie haben«, sagte Friedländer. »Ich würde auch Geld geben, aber ich habe jetzt keinen Heller.«

»Später! Das macht nichts, gnädiger Herr. Ich kenne Sie, gnädiger Herr. Sie werden mir schon auch noch helfen. «

Die anderen jüdischen Totengräber verfolgten die Szene natürlich gespannt. Der Gendarm war, wie gesagt, ein höchst anständiger Mann und fragte den Zigeunerhäuptling:

»Könntest du noch mehr mitnehmen?«

»Zwei gingen schon noch«, sagte der Alte. »Auf jeden Wagen paßt einer.«

»Fragen Sie mal«, gab der Gendarm an Friedländer weiter, »ob noch zwei Leute mit ihnen gehen wollen.«

Die Juden umringten Friedländer aufgeregt. Gestern hatte es noch keiner gewagt zu fliehen, aber heute, unter dem Eindruck der Deportation, hätten sie sich lieber auf diese Planwagen als in die Waggons gedrängelt. Nach kurzer, fieberhafter Beratung einigten sie sich darauf, daß zwei junge Männer mit den Zigeunern wegfahren sollten. Der eine war Medizinstudent, der andere noch Gymnasiast. Sollen doch die Jungen gehen! Für sie lohnt es sich noch. Sie können das alles in einem langen Leben vielleicht noch verwinden!...

Sie warteten noch etwa eine halbe Stunde, bis der Verkehr auf der Landstraße etwas schwächer wurde. Dann versteckte der Zigeunerhäuptling die Jungs einzeln unter der Wagenplane. Den Sohn von Friedländer in seinem eigenen Wagen. Als Friedländer in seiner Erzählung an diesem Punkt anlangte, begann ihn ein Weinkrampf zu schütteln. Er erinnerte sich wohl an die Umstände des Abschieds, an die Worte, an die in einer

Staubwolke entschwindenden Wagen. Einer seiner Söhne lag in dem gestern ausgehobenen Massengrab, der Vater war heute den ganzen Tag darüber gestampft. Der andere Sohn wird von Zigeunern mitgenommen – wie in einem Groschenroman oder einem Opernlibretto. Aus dem Rachen der Gesellschaft weißer Menschen, die seit tausend Jahren getauft sind und in Steinhäusern wohnen, mußte er seinen Sohn von diesen wilden, in Zelten hausenden, im Straßengraben geborenen, auf Baumästen in den Schlaf gewiegten, aasfressenden, Pferde stehlenden, verlogenen und falschen Nomaden retten lassen. Sie beten nicht zu unserem Gott, sie haben keine Heimat und leben in Inzest. Ach ja, und sie stehlen, und wenn es sein muß, wenn sie großen Hunger haben, töten sie vielleicht auch. Doch aus den gleichen Gründen wie die wilden Tiere. Denn wenn die nichts zu fressen haben, fressen sie erst Spülicht und das letzte in den Abfall geworfene Aas, bevor sie einen lebendigen Menschen angreifen. Und wenn sie etwas haben, töten sie nicht, nur weil auch andere etwas haben – wie diese zum Staat, zur Gemeinde organisierten Europäer hier in den Städten. Dabei sind es Arier – sie sind die echten, reinrassigen Arier. Aber sie haben Friedländers Sohn und die beiden anderen Juden auf ihren Wagen mitgenommen, und während Friedländer schluchzt, spüre ich seine Erleichterung – er fürchtet den Zigeunerhäuptling weniger für seinen Sohn als den Bischof von Großwardein, den Bürgermeister oder den Schulamtsleiter. Die richtigen Arier haben Friedländers Sohn mittlerweile vielleicht schon bis zur Grenze gebracht – und ihn womöglich bereits über die Grenze manövriert. Und die Arier in der Brauerei verhören inzwischen bei Grammophonmusik den zweiten Abschnitt, mit dem morgen früh dreißig Waggons vollgestopft werden müssen. Die Eisenbahner-Arier rangieren, pfeifen und winken schon eifrig mit Fahnen und Lampen – sie lassen die Waggons quietschen, denn sie stellen den neuen Zug für morgen zusammen.

Da fragte mich Friedländer:

»Glauben Sie immer noch, daß man hier rauskommen kann?«

»Was weiß ich? Und wenn schon...«, antworte ich verzagt.

Wir schwiegen und schauten auf den schmutzigen Boden.

»Wissen Sie«, brach Friedländer die Stille, »ich bin richtig wütend auf Ihren Schwiegervater. Als die Deutschen kamen, habe ich ihn gleich um Gift gebeten. Er ist ein richtiger verrückter Apotheker: ich solle ein Rezept bringen, sagte er. In solchen Zeiten ein Rezept! Hätte er mir Gift gegeben, gäbe es jetzt keine Probleme mehr. Ich hätte die ganze Familie ausgelöscht.«

»Daran hätten Sie nicht gut getan. So ist wenigstens einer Ihrer Söhne davongekommen.«

»Hoffentlich. Den einen habe ich begraben, der andere schafft es vielleicht. Alles andere interessiert mich nicht mehr. Wer ist morgen dran?«

»Der zweite Abschnitt. Kaufleute und Rechtsanwälte aus der Hauptstraße.«

»Meine Schwester und ihre Familie sind dabei!« sagt Friedländer kalt. »Haben Sie etwas von der Sache heute vormittag gesehen?«

»Ja, das habe ich.«

Er bat mich nicht darum zu erzählen, was ich gesehen hatte. Er saß gebeugt da und stützte, genau wie gestern, sein Kinn in die Hand. Dann richtete er sich auf, streckte sich und krächzte gähnend:

»Na, morgen gehe ich nicht mehr zum Grabschaufeln. Es hat gereicht. Ich habe überall in den Armen und den Beinen Muskelkater, dabei habe ich gar nicht gegraben! Und diese höllische Hitze! Also ich gehe jetzt. Heute ziehe ich mich aus und lege mich hin, vielleicht kann ich etwas schlafen. Gute Nacht.«

Schlurfend und gebeugt ging er auf die Tür des OP-Raumes zu. Kurz vor Mitternacht kam Doktor Németi zu mir – weder entsetzter noch bleicher als sonst. Er hat Friedländer am Fensterkreuz des OP-Raumes gefunden, wo er tot an seinen Hosenträgern hing.

31.

Am nächsten Tag ging der zweite Transport ab. Ich lugte nicht mehr durch die Schießscharte. Ich saß auf der Matratze und lauschte. Der ganze Saal, jeder, der konnte, saß so da, die Hände auf den Knien gefaltet, mit starren Augen, und horchte. Die Geräusche waren die gleichen wie gestern. Proberangieren, Räderquietschen, Pfeifen, auffahrende Gendarmenstimmen vom Ghetto her – dann das Zischen der Lokomotive beim Anfahren, schließlich das verhallende Rattern des entschwindenden Zuges und von draußen, von der Stadt her, Straßenbahnklingeln,

Autohupen, über das Kopfsteinpflaster rumpelnde Leiterwagen, das Gekreisch der Marktfrauen vom nahe gelegenen Markt – nur die Glocken läuteten heute schneller. Es war Feiertag, Fronleichnam oder Himmelfahrtstag, die fallen auf Ende Mai oder Anfang Juni.

An Fronleichnam ist die Prozession: Der Bischof schreitet mit roter Kopfbedeckung, in weinrotem Talar, sanftmütig unter dem Baldachin dahin, als könnte er nicht bis zehn zählen, als gehöre die Zeitung von Großwardein, die zum Menschenfressen anheizt, nicht ihm. Die vier Stangen des Traghimmels werden von vier alten, angesehenen, religiösen und trinksüchtigen Handwerksmeistern getragen. Und hinter oder vor ihnen die Jungfrauen, die ihre Kommunion erhalten: aus ihren kleinen Körben streuen sie Rosenblätter auf den Tisch. Die angeseheneren katholischen Bürger der Stadt stellen vor ihren Häusern Zeltaltare auf, vor denen die Prozession kurz verweilt – der Bischof spricht ein Gebet am Hausaltar. Vor fünf Jahren war ich gerade zur Zeit von Fronleichnam auf Besuch bei den Eltern meiner Frau. Im Nachbarhaus wohnte ein königlicher Notar, und seine Frau hatte auch einen Altar vor dem Haus aufgestellt. Wir aßen gerade zu Abend, als es klingelte und sich die Notarsfrau einfach so im Hauskleid bei uns einstellte.

»Ich bitte dich, meine Liebe«, sagte sie zu meiner Schwiegermutter, »mir doch deine beiden silbernen Kerzenständer für den Altar morgen zu leihen.«

Meine Schwiegermutter lieh sie ihr natürlich. Die beiden Kerzenständer hatte mein Schwiegervater von seinem Vater geerbt, der Oberrabbiner in Arad gewesen war. Er war einer der ersten jüdischen Geistlichen, die auf ungarisch predigten und die Notwendigkeit verkündeten, die ungarische liturgische Sprache einzuführen. Er war also einer der Vorreiter der Assimilation – in seiner Lebensführung war er gleichzeitig provinziell ungarisch, westlich und bürgerlich weltlich. Er war ein Freund Jókais, mit dem er jeden Winter in San Remo war. Ihm wurde sogar der ungarische Adel verliehen. Mein Schwiegervater achtete alles als persönliche und religiöse Devotionalie, was ihm von seinem Vater verblieben war. Und als die silbernen Kerzenständer, die sie auch bei ihren religiösen Zeremonien am Freitagabend benutzten, für einen katholischen Altar entliehen wurden, war er betroffen und erhob nachträglich schwachen Einspruch.

»Wir hätten sie nicht weggeben dürfen!«

»Schau mal«, beruhigte ich ihn, »eigentlich haben wir im Sinne deines Vaters gehandelt. Er war der erste, der die ungarischen Juden und die ungarischen Nichtjuden einander näherbringen wollte. Und diese beiden Kerzenständer symbolisieren das.«

Wo mögen diese beiden silbernen Kerzenständer nun sein? Bevor man uns ins Ghetto schaffte, mußten die Kerzenständer ebenso wie die Silberschalen, Löffel, Gabeln und die Sportmedaillen der Tochter meiner Frau an die Gendarmen abgeliefert werden. Die Frau Notarin braucht sich jetzt wahrscheinlich keine Kerzenständer mehr auszuleihen. In einer der Zeitungen von Großwardein, die ins Ghetto gelangt war, las ich einen Aufruf des Bürgermeisters an die »bedürftige« Bevölkerung aus der Mittelschicht der Stadt, sich im Rathaus zu melden, wo von Juden konfiszierte Kleidung billig verteilt werde. An Bauern und Arbeiter war der Aufruf nicht gerichtet –

wie würde ihnen auch das bürgerliche Sakko oder der protzige pelzbesetzte Wintermantel eines Juden stehen? Aber es muß schon komisch sein in so einer Kleinstadt: hier kennen die Leute die Kleidung der anderen. Da treffen sich die Bürger in der Hauptstraße, grüßen einander: Servus, wie geht's, und der eine erkennt am anderen den karierten Überzieher von Doktor Sebestyén, und der andere an dem einen den mausgrauen Wintermantel meines Schwiegervaters. Sein Mantel hat die gleiche Farbe wie der von Sylvester Bonnard. Der Alte ist schon ein Sonderling, er läßt seine Frau nicht zu seinem Schneider, besteht darauf, den Stoff und den Schnitt selbst auszuwählen. Die Farbe der Anzüge ist natürlich stahlblau und der Schnitt vom Jahrhundertbeginn. Und da er seine Sachen jahrelang trägt, bekommt er die Beschimpfungen meiner Schwiegermutter jahrelang täglich zu hören.

Ja, sie müssen herübergeschmuggelt werden, wie auch immer. Es sollen alle da sein: die Alten, und worüber am schwersten zu sprechen ist: das Kind. Die vierzehnjährige Tochter meiner Frau. Ein süßes Mädchen, für das ich voller zärtlicher Gefühle bin, die ich aber aus Taktgefühl zurückhalte, um das Verhältnis zu seinem Vater nicht zu stören. Nach einer langen Scheidungsschlacht und persönlichen Kämpfen beschlossen ihre Eltern als Kompromiß, sie solle weder bei uns noch bei ihrem Vater, sondern bei ihren Großeltern wohnen. Meine Frau fuhr einmal im Monat für ein, zwei Wochen zu ihr und brachte sie in den Sommerferien zu uns nach Budapest. Mit ihrer Mutter hatte sie eher ein schwesterliches, freundschaftliches Verhältnis, und meine Frau erlernte eigentlich nie wirklich die Mutterrolle, vielleicht, weil sie nicht ständig mit ihr zusammenlebte – sie bewunderte, liebkoste ihre Tochter und führte sie vor, verstand aber nicht viel von ihr. Sie betrachtete sie mit solch stolzer Verwunderung, als sei sie stets aufs neue überrascht, dieses Kind zustande gebracht zu haben. Doch aus Paris war sie vor allem seinetwegen nach Hause gekommen. In der Rue de Grenelle hatte sie mir an den Kopf geworfen:

»Sie? Sie können das nicht verstehen! Sie haben ebenso wenig ein Kind wie Hitler! Was wissen Sie schon, wie es ist, wenn man durch den Krieg von seinem Kind getrennt wird!«

Deshalb, vor allem deshalb ist sie zurückgekommen. Und nun ist sie hier, und das Kind auch. Es wohnt mit den Alten zweihundert Schritte entfernt im Ghettohaus in der Szacsvay Straße – und morgen wird es in einen Waggon verladen. Wir sind dreitausend Kilometer gereist, über befestigte, verminte Berge, durch Tunnel, über Brücken, die Fronten fast streifend, um da zu sein, wenn das Kind uns braucht. Nun sind wir da!

Bevor das Kind ins Ghetto kam, begehrte es jedesmal, wenn es das pessimistische Lamentieren der Erwachsenen hörte, mit tierischem Lebensinstinkt auf:

»Ich sterbe nicht!« rief es prahlerisch. »Ich habe keine Angst, ich bin stark und gesund. Ich werde Magd oder helfe bei der Ernte. Aber ich werde am Leben bleiben!«

Die alte Hausnäherin meiner Schwiegermutter huschte zwei Tage vor dem Ghetto ins Haus, brachte gleich Kleidung von Arbeiterkindern mit und bot an, das Kind mitzunehmen. Meine Schwiegermutter schickte die Näherin wieder weg.

Sie war bereits in sehr schlechtem Nervenzustand, wirkte wie irre, als sie schrie:

»Ich gebe es nicht her! Wir kommen um, und Gott weiß, was mit dem Kind geschieht. Vielleicht verkauft sie es!«

Die Näherin war eine Witwe mit gutem Ruf, sie mochte die Familie und das Kind, und sie wollte helfen. Doch meine Schwiegermutter redete den ganzen Tag davon, daß das Kind auf die Straße geraten wäre, wenn sie es mitgelassen hätte. Die Gestapo klingelte bereits stündlich an den Toren und schleppte Männer, Frauen und Mädchen in den Keller des Rathauses, doch diese Frau hatte bis zum Schluß die Hirngespinste aus den Friedenszeiten im Kopf. Und als bereits das Plakat des Bürgermeisters auftauchte, daß die Juden nur eine Garnitur Unterwäsche für sich behalten dürfen, rief sie die Waschfrau, die laut Gesetz nicht mehr bei Juden arbeiten durfte, ließ insgeheim eine große Wäsche machen und beharrte darauf, die Herrenhemden wie immer eigenhändig zu bügeln. Und während sie bügelte, schluchzte sie von Zeit zu Zeit wie besessen auf:

»Mir ist es egal, wenn ich umgebracht werde! Man soll mich nur nicht foltern! Nicht foltern!«

Alle halbe Stunden war dieser Aufschrei bis in den Dachboden zu hören, wo ich mich damals versteckt hielt. Als der Portier des Pannonia kam, um mich mit gefälschten Papieren nach Budapest zu bringen, überlegte ich, das Kind zu schicken, wenn schon ich nicht gehen würde. Meine Frau willigte auch ein. Doch meine Schwiegermutter protestierte mit hochrotem, verzerrten Gesicht:

»Ich lasse sie nicht weg! In Budapest kann ihr alles Mögliche zustoßen! Und ein Hotelportier! Wer weiß, der verkauft sie vielleicht!«

Alles war schon verloren, die Gendarmen begannen bereits, die Wohnung auszuräumen, in der Apotheke herrschte ein Fremder. Doch die bedrückendste Vision meiner Schwiegermutter war, daß ihr Enkelkind auf die Straße geriete. Mit spießbürgerlichem Bibbern fürchtete sie den moralischen Niedergang.

Ich erklärte ihr, dem Kind würde nichts zustoßen, das könne sie ruhig glauben. Den Portier kannte ich schon lange, er war ein Herr, ein deutschfeindlicher, anständiger Mann. Und er würde das Kind auch gleich an einen christlichen Ort zu Freunden bringen.

»Nein, nein, nein!«

Meine Frau mischte sich mit verzweifelter Aggression in den Streit. Sie fielen fast übereinander her.

»Wie kannst du es wagen, das Kind nicht gehen zu lassen? Übernimmst du die Verantwortung, wenn es wegen deiner Wahnvorstellungen umkommt?«

Meine Schwiegermutter brach zusammen und sagte mir leise und heiser, damit es mein im Nebenzimmer auf und ab gehender Schwiegervater nicht mitbekam:

»Hören Sie! Seit die Deutschen hier sind, wollen wir jede Nacht das Zyan einnehmen. Aber mal frage ich, mal fragt mein Mann: Ja, aber was wird dann mit dem Kind?«

Wenn das Kind also wegginge, würden die Alten das Zyan einnehmen. Zweifellos würden sie es einnehmen. Sie tragen es in der Tasche, in einer kleinen Phiole. Wir hatten auch jeder eine. Aber – und plötzlich stieg Härte in mir auf – nur, damit sie kein Zyan nehmen, sollte das Kind nicht gerettet werden? Sehen wir den Tatsachen doch mal ins Auge: die Alten sind gemeinsam mit uns so gut wie zum Tode verurteilt. Und ich hege den Verdacht, daß sie auch nicht allzu sehr am Leben hängen, nie sehr daran gehangen haben. Sie haben damit auch nicht viel anfangen können, als die Situation noch nicht so schlimm war. Sie waren stille, arbeitsame, müde, passive, freudlose Menschen – wer weiß, wann und warum, aber die Lebensfreude war ihnen schon in frühen Jahren vergangen. Sie waren Arbeitstiere, Pflichttiere. Aber dieses Kind mit seinem elfenhaften Apfelgesichtchen, seiner drängenden Neugier, seinem Ehrgeiz, seiner Eitelkeit und seinen vor Tatendrang glänzenden Sternenaugen? Soll es hier bei uns bleiben und mit uns umkommen, weil die Alten sonst das Zyan nehmen würden?

Die Entscheidung lag bei meiner Frau. Sie schwärmte fast neurotisch für ihren Vater. Und nun stand sie hier und sollte entscheiden, ob das Kind mit dem Portier nach Budapest gehen und ihr Vater daran sterben sollte. Sie konnte nicht, sie wagte nicht zu entscheiden. Schluchzend brach sie zusammen. Und meine Schwiegermutter siegte: das Kind blieb da.

Doch jetzt möchte ich wenigstens erreichen, daß es im gleichen Waggon wie seine Mutter deportiert wird. Und ungeduldig erwarte ich Doktor Németi, der erst gegen Mittag auftauchte, als der zweite Transport schon weg war.

»Heute gab es kein Theater«, erzählt Doktor Németi, »heute ging alles schneller, offizieller, emotionsloser.« Aber was doch passiert ist? Rechtsanwalt Kádár ist an Herzschlag gestorben, als er den Waggon betrat. Sie haben ihn hinausgeworfen, er liegt auch jetzt noch dort neben den Schienen. Und ein adlig-jüdischer Gutsverwalter in Reithosen und mit Wachtelfeder am Hut hat einen Ostjuden laut angeschnauzt, weil der ihn zufällig gestoßen hat.

»Was schubsen Sie hier herum, wir sind nicht in Polen!« brüllte auf dem Bahnsteig der Gutsverwalter, der in den zwanzig Jahren, während in Großwardein die Rumänen herrschten, am trotzigen Gentrystammtisch des großen Kaffeehauses gesessen und Horthy zurückgewünscht hatte. Er rauchte einst gemeinsam mit den Herren der Stadt und des Komitats, die aus ihrem Herrentum und ihren Ämtern, aus ihren Gütern und Schwindelgeschäften gepurzelt waren. Er war mit ihnen zusammen auf der Jagd und im Bordell gewesen. Er amüsierte sich ganz in der Art des ungarischen Kleinadels mit ihnen, lachend und die verlorene Vergangenheit beweinend, und er hoffte auch mit ihnen. Für ihre fröhlich weinenden Gelage bekamen diese Herren aus Budapest Geld, und das nicht einmal heimlich – und für diese ungarischen Steuergelder sollten sie den Irredentismus schüren, doch statt dessen verjubelten sie das Geld und machten mit der Zeit sogar Geschäfte damit, denn sie hatten es gelernt, damit zu arbeiten und stiegen mit ein paar resoluten Juden in Schmuggelgeschäfte und andere Abenteuer ein. War das Geld verbraucht, bekamen sie Nachschub aus Budapest. Um sich aber auch mal um öffentliche Angelegenheiten zu kümmern, ließen sie sich, wenn gerade kein Rumäne in der Nähe war, von den Zigeunern ab und zu ein irredentistisches Lied spielen. Da man vom Stammtisch den ganzen Korso der Hauptstraße im Auge behalten konnte, ließen sie hin und wieder mal einem ungarischen Mädchen, das mit einem rumänischen Offizier promenierte, ausrichten, daß sie alles sehen und notieren würden – und wehe, wenn sie wieder zurückkämen. Der Gutsverwalter war natürlich für sein eigenes Geld irredentistisch. Für das Geld, das er von seinem jüdischen Großpächter aus Bukarest als Gehalt bekam und für das, was er nebenher noch so an Geld machte. Und dann kamen die Horthy-Ungarn zurück und brachten gleich das Gesetz mit, daß Juden weder Pächter noch Gutsverwalter sein dürfen.

»Auf mich bezieht sich das nicht!« schnitt der jüdische Gentry auf, doch drei Wochen später wurde er aus seiner Stellung gefeuert. Nun saß er den ganzen Tag am Gentrystammtisch, aber außer ihm saß keiner mehr da, denn die Gentries waren wieder in Amt und Würden. Er war allein auf seinem Wachtposten zurückgeblieben, den Kopf in die Hand gestützt, in trotziger Einsamkeit, der letzte Irredentist. Wenn ab und zu doch einer aus der alten Gesellschaft hereinschaute, wäre er am liebsten schon auf der Schwelle umgekehrt, wenn er ihn da sitzen sah, oder er ging notgedrungen für einen Moment an den Tisch und hörte sich unter verstörtem Nicken an, was dieser weitschweifig hervorbrachte, versprach alles und entfloh. Die Juden an den Nachbartischen lachten schadenfroh. Als die Deutschen kamen, ging er weiter ins Kaffeehaus an den Stammtisch, obwohl Juden damals öffentliche Lokale nicht mehr betreten durften.

»Auf mich bezieht sich das nicht!« krakeelte er. Und als dem Polizeipräsidenten gemeldet wurde, daß der jüdische Gutsverwalter das Café besuche, ordnete dieser an, ihn in Ruhe zu lassen. Immerhin hatten sie zwanzig Jahre lang zusammen gebechert, gemeinsam gejagt und gehurt – wenn er heute auch Jude war, so ist er damals doch ein guter Ungar gewesen. Es kamen Deutsche ins Café, und der Gutsverwalter, der gut deutsch sprach, lud sie sogleich an seinen Tisch ein. »Kamerad«, rief er den Betrunkenen mimend und breitete die Arme aus. »Zu mir!« Er trank bis zur Sperrstunde, ließ die Zigeuner spielen, umarmte die Deutschen, zeigte ihnen, wie sich ein ungarischer Herr amüsierte. Und die christlichen Bürger, die nicht deutsch konnten, beneideten ihn, bis es ihnen schließlich reichte.

»Na na«, murrten sie, »das ist dann doch zu viel! Dieser Jude soll bloß nicht Gott weiß was glauben...«

Einmal verrieten sie auch einer deutschen Gesellschaft, die sich mit ihm amüsierte, daß der Gutsverwalter Jude war. Es waren junge Wehrmachtoffiziere, der mit dem höchsten Rang war ein etwa fünfundzwanzigjähriger Hauptmann mit energischem Gesicht.

»Na und?« fragte der deutsche Offizier den Kellner, den die Herren mit der Nachricht zu ihm geschickt hatten. »Ein feiner Kerl! Mich geht das nichts an! Und andere auch nicht!«

Als der gelbe Fleck eingeführt wurde, setzte sich der Gutsverwalter ohne Stern ins Kaffeehaus. Ein Ermittler verlangte seine Papiere und wollte ihn festnehmen. Er rührte sich nicht vom Fleck.

»Ich gehe nicht. Sagen Sie dem Polizeipräsidenten, ich habe ein Recht hier zu sitzen! Ich habe dieses Recht in zwanzig Jahren erworben.«

Der Ermittler wagte es nicht, ihn festzunehmen und

erstattete dem Polizeipräsidenten Bericht. Der winkte nur ab: »Laßt den Unglücksvogel, ich sage euch, der war ein guter Ungar. Er war mein Duzfreund.« Und so streifte der Gutsverwalter den ganzen Tag ohne Stern durch die Stadt und war den Juden gegenüber stolz, anders zu sein als sie, die sich nur mit einem Stern auf der Brust auf der Straße sehen lassen durften, und auch das nur in den zwei Stunden, die der Bürgermeister genehmigte. Dann kam das Ghetto. Zum Pech des Gutsverwalters schickte der Innenminister fremde Ordnungskräfte in die Stadt, um die Juden von Großwardein einzufangen. Man kam abends, um den Gutsverwalter abzuholen, er war zu Hause. Vergebens protestierte, stritt und rechtfertigte er sich – er mußte mit.

»In Ordnung, ich komme mit!« sagte er drohend. »Aber vorher schreibe ich meinem Freund, Herrn Ritter Jenö Horthy, ein paar Zeilen. Wissen Sie, wer das ist? Der Bruder seiner Durchlaucht des Reichsverwesers. Er ist mein Waidmannsgefährte und mein Busenfreund.«

»Schreiben Sie, was Sie wollen! Aber Sie müssen mitkommen.«

So schrieb er dem Bruder des Reichsverwesers einen Brief und zog mit einem spöttischen, schadenfrohen Lächeln auf den Lippen ins Ghetto: was für einen Tadel werden diese Gendarmen abbekommen, wenn sein Freund erfährt, was sie ihm anzutun wagten! Im Ghetto zeigte er demonstrativ seine Abscheu vor den vielen Juden, doch einigen vornehmeren, wohlhabenderen jüdischen Bekannten versprach er beschützerisch, da draußen für sie einzutreten, denn sein Freund, Ritter Jenö Horthy würde ihn innerhalb weniger Tage befreien. Und so lebte er im Ghetto isoliert wie ein Fremder, der sich in einer Verkleidung das Ganze einmal näher ansehen wollte, oder wie ein Protektor, der helfen will, sich vorher aber mal anschaut, was eigentlich vorgeht. Und bis zum letzten Augenblick erwartete er, daß sein Name ausgerufen würde: der Bruder seiner Durchlaucht des Reichsverwesers läßt den Herrn Gutsverwalter suchen!

So ging er auch jetzt mit ungarisch-herrschaftlicher Hoffart zu dem Waggon. Und beim Einsteigen verwikkelte er sich tatsächlich in eine regelrechte ritterliche Affäre mit dem Ostjuden. Er krakeelte bis zum letzten Augenblick, beharrte auf seinen schlechten Eigenschaften, die er den ungarischen Herren abgeguckt hatte.

Und jetzt, als Doktor Németi seinen Bericht beendete, fragte ich, was mit der Familie meiner Frau würde.

»Der Gendarm kann sie leider nicht herüberbringen«, sagte er verärgert, »aber er versucht vielleicht, sie in den vierten Abschnitt zu verlegen. So gewinnen wir doch einen Tag! Und morgen kann noch etwas passieren.«

Ich bat ihn, zu meiner Frau zu gehen.

»Sagen Sie ihr, daß sie bereits im vierten Abschnitt sind. Machen wir der Armen etwas vor! Einen Tag!«

Der gute Doktor Németi ging auch hinauf zu meiner Frau und sagte, die Familie sei bereits im vierten Abschnitt. Aber der Gendarm konnte sie nicht in den vierten Abschnitt verlegen. Am nächsten Mittag wurden sie mit dem dritten Transport weggebracht. Als meine Frau das verhallende Quietschen der davonrollenden Waggons hörte, lag sie ruhig und apathisch da. Ruhig, weil sie dachte, es gäbe noch einen Tag. Ruhig, weil sie noch nicht im Waggon, weil sie noch hier waren...

In der Rue de Grenelle, im Taxi, hatte mir meine Frau ins Ohr geschrien:

»Was gehen mich Ihre Ideen, die Politik, die Literatur an? Ich bin eine Bürgerin von Großwardein, ich will nach Hause zu meinen Eltern und zu meinem Kind!«

Vor der Botschaft hatte ich an die Scheibe zum Chauffeur geklopft, und ich hatte das schweizerische Transitvisum geholt.

Ihretwegen sind wir nach Hause gekommen.

32.

Nun war auch der vierte Transport weg, und morgen früh ist das Spital an der Reihe. Wir sind auch dran. Meine Frau weiß noch nicht, daß ihre Mutter, ihr Vater und ihr Kind schon gestern morgen weggebracht worden sind. Der gute Doktor Németi hält sie noch immer in dem Glauben, der Gendarm hätte sie herübergeschleust und morgen würden wir zusammen den Waggon besteigen. Und morgen werden wir ihr vorspiegeln, man habe sie nicht in den Waggon einteilen können, in dem wir sind. Sie seien irgendwo weiter hinten, doch dort, wo wir ankommen, an der Endstation, würden wir uns auf jeden Fall treffen.

Vom Abtransport des vierten Abschnitts gibt es keine besonderen Details. Die eingeteilten Gendarme, die bei den ersten beiden Transporten die Methoden und Kniffe der schnellen und effektiven Deportation erlernt hatten und bereits routiniert arbeiteten, wandten jetzt die Erfahrungen der ersten beiden Tage an. Diese unterschieden sich höchstens insofern von den anderen, als der Transport durch seine Reibungslosigkeit nach und nach an Interesse für die Herren verlor, und deshalb brachten sie Tag für Tag weniger Zeremonie, Temperament und Gemüt dafür auf. Die Sache lief jetzt von allein, wie geschmiert – die Obrigkeit mußte sich so gut wie gar nicht mehr einmischen. Die zuverlässigen Unteroffiziere und die hervorragend ausgebildete, zur perfekten Maschine erzogene Gendarmerie erledigten das allein. Die Offiziere der SS und der Gendarmerie beobachteten das Einwaggonieren nur noch aus der Ferne. Sie verhielten sich wie höhergestellte Offiziere beim Inspizieren auf dem militärischen Übungsplatz; während sie ein paar flüchtige Blicke auf die Soldaten werfen, überlassen sie das alltägliche, hundertfach wiederholte »links-rechts« den Subalternen. Und jeden Tag erschienen weniger Zivilisten bei der Abfahrt – bestimmt redeten sie sich damit heraus, daß es auch noch anderes auf der Welt gebe als Juden und die Stadt schließlich nicht ohne Führung bleiben könne. Die ganze Angelegenheit verflachte. Aber morgen, wenn wir weggebracht werden, wird das Einwaggonieren doch ein wenig umständlicher. Es ist bereits verkündet worden, daß die Kranken samt Matratze in den Waggon geladen würden und ein Operationswagen an den Zug gekoppelt würde. Und jedem Waggon würden ein Arzt oder Medizinstudent, ein, zwei Pfleger und ein Apotheker zugeteilt. Die Deutschen denken in Kategorien. Krank ist krank – und ein Kranker wird auch ins Gas oder auf den Scheiterhaufen so befördert, wie es einem Kranken zusteht.

Heute hat sich allerdings die Nachricht im Spital verbreitet, daß wir nicht an denselben Ort gebracht werden wie die anderen, sondern nach Nyiregyháza, wo die Kranken der ungarischen Ghettos in einem riesigen Barackenspital gesammelt würden. Dieses Zugeständnis hat die ungarische Regierung angeblich auf Roosevelts Androhung eines Luftangriffs hin gemacht. Ein Teil der Leute glaubt das auch, vor allem die Gesunden mit Beziehung, die sich wie ich im Spital verstecken, sind optimistisch. Aber ich weiß, daß wir aus dem Spital, ob wir nun krank sind oder Simulanten, auf dem kürzesten Weg direkt in den Tod gehen. Ich erinnere mich gut daran, was in dem Londoner Protokoll stand, das ich 1942 via Ankara erhielt: Während aus den normalen Transporten nur die Schwachen und die Alten vernichtet werden, gibt es bei den Lazarettzügen nicht einmal eine Selektion; die Beförderten kommen geradewegs ins Gas. Ich weiß, daß unsere Waggons schon hier vor der Abfahrt gekennzeichnet werden, damit man denen an der Endstation überflüssige Arbeit erspart.

Seit ich hier im Ghetto bin, stand ich der Frage von Leben und Tod unterschiedlich gegenüber. Als ich hierher gebracht wurde, hatte ich zwei Jahre Zwangsarbeit und Militärgefängnis hinter mir, und nach ein paar kurzen Tagen der Freiheit kam die deutsche Besatzung. Damals hatte ich das Gefühl, genug, es reicht – und verhielt mich dem Leben gegenüber nicht einmal gleichgültig, sondern geradezu ablehnend. Dann kam das langbeinige, schielende Mädchen damit, daß der freundliche Gendarm zu helfen bereit sei, und auch meine Frau wäre gern geflohen, wenn es ginge – das hat mich ein wenig aufgerüttelt. Aber wirklich aus dem Gleichgewicht hat mich der Frauenarzt gebracht, als er mich mit der Typhusseuche verrückt machte. War die Deportation in Klausenburg tatsächlich wegen Typhus eingestellt worden? Wahrscheinlich stimmte das gar nicht. Auch hier wird sie nicht eingestellt werden. Es ist nichts geschehen, und bis morgen früh kann auch nichts mehr geschehen. Und inzwischen macht es mir auch nichts mehr aus, daß ich mit dem Lazarettzug bei den Deutschen eintreffen werde – bringen wir das ganze endlich hinter uns. Ich habe keine Lust, für ein paar Wochen oder Monate Lebensverlängerung noch einmal die ukrainische Odyssee durchzumachen. Um die Zwangsarbeit in Kőbánya, auf einer Rodung, in einer unterirdischen Munitionsfabrik oder sonstwo fortzusetzen. Und wieder aufstehen, im Winter früh um vier, kilometerweit zur Arbeit laufen, während man keinen Augenblick sicher sein kann, nicht von hinten getreten oder erschossen zu werden. Und wieder hungern, verlausen, stinken, ohne Zigaretten. Und dann kommen die Russen früher oder später – und die Deutschen bringen uns entweder um, wie die russischen Gefangenen an der Front, als der Feind nur noch dreißig Kilometer entfernt war, oder wieder Rückzug, zum drittenmal mit diesen Deutschen.

Was alles ist mit mir geschehen in diesem bösen Jahrhundert, in das ich zufällig hineingeraten bin? Wenn ich jetzt darüber nachdenke, was in meiner Familie seit dem frühen Tod meines Vaters im Jahre 1902 bis 1914, bis zum Ausbruch des Ersten Weltkrieges, das ausgefallenste Ereignis war, das unser Zuhause aufwühlte, kann ich nichts anderes sagen, als daß am Fasching 1905 ein

Schal unserer Schlafzimmervorhänge brannte. Meine arme Mutter wollte zu einem Wohltätigkeitsball – damals wurden die Einnahmen der Bälle für die Bekleidung von Negerkindern, zur Unterstützung ferner Hochwasser- oder Brandopfer verwendet, als wäre in der Nähe alles in Ordnung gewesen. Meine Mutter stand vor dem Spiegel, das Dienstmädchen half ihr beim Ankleiden. Irgend etwas an dem Ballkleid schien nicht zu passen und mußte mit Stecknadeln korrigiert werden. Die Stecknadeln wurden bei uns in den Gardinen aufbewahrt. Und während das Dienstmädchen mit hochgehaltener Kerze nach ihnen suchte, erfaßte die Flamme den Gardinenstoff. Die Feuersbrunst, die größte und reizvollste Gefahr meiner Kindheit, gelangte bis dahin nur über nächtliche Sturmglocken und Trompetensignale in mein Bewußtsein und nun war sie hier, zwei Meter von meinem Gitterbett entfernt, und ich glaubte nicht, daß unser Haus mit dem Ziegeldach in Flammen stehen könnte, so wie ich auch nicht glaubte, daß unser Hund Szuszu tollwütig werden könnte. Tollwütige Hunde gab es damals auch in der Stadt, aber es waren immer die Hunde der anderen, die tollwütig wurden, und sie bissen immer andere, und es gab auch Feuer, aber es brannte immer woanders – und nun war es zu uns gekommen, nun war bei uns eine Feuersbrunst. Der brennende Vorhang wurde heruntergerissen, es wurde darauf herumgetrampelt und mit einer Schüssel Wasser das Feuer gelöscht. Noch jahrelang sprachen wir in der Familie von dem Feuer, und als ich zur Schule kam, log ich viele Jahre lang und schnitt bei den anderen Jungen damit auf. Das war bis 1914 unsere Familiensensation. Es war eine Zeit, in der es Feuer gab, in der es auch tollwütige Hunde gab, aber der normal lebende Mensch kannte das nur vom Hörensagen. Es gab auch Erdbeben, aber in Messina, und Krieg gab es auch, aber in der Mandschurei und in Kuba. Und es gab auch Ehebruch, aber irgendwo in Rouen, bei der Familie Bovary – denn in Komárom betrog bis 1914 keine einzige Frau ihren Ehemann.

Den Tod gab es auch, aber er war eine leichte, einfache Angelegenheit. Man mußte dafür nicht Tausende von Kilometern laufen, hungern, verlausen, in Schnee und Hitze arbeiten, im Gefängnis sitzen, politisieren und tagelang in Waggons gepfercht reisen. Als ich in der Ukraine den Tod nahe fühlte, beneidete ich nicht jene, die in Budapest im Café saßen, Frauen umarmten, Geld verdienten und Karriere machten, sondern meinen Vater, der 1902 in beneidenswerter Bequemlichkeit gestorben war. Er bekam einen kleinen Abszess, rief den Hausarzt, der ihm riet, nach Budapest zu fahren und sich von einem Professor anschauen zu lassen. Er setzte sich in den bequemen Budapester Schnellzug, nahm im Speisewagen sein Mittagessen ein, wurde in einem gummiberäderten Zweispänner zum Hotel Hungaria gefahren, und am Abend sah er sich Lujza Blaha im Volkstheater an. Am nächsten Tag setzte er sich wieder in den Fiaker und sagte dem Kutscher die Adresse von Professor Herzl an. Herzl war damals der beste Chirurg. Der Professor empfahl eine Operation, und mein Vater legte sich in das fast nagelneue, komfortable Sanatorium in der Allee am Stadtwäldchen. Zwei Wochen später brachte mein Großvater mich nach Budapest, damit ich meinen Vater im Sanatorium besuchte. Sein Zimmer hatte cremefarbene Wände, er lag in einem weißen Bett, und eine weißgekleidete Krankenschwester verwöhnte ihn lächelnd. Er war gutgelaunt, als sei er jenseits aller Gefahr. Auf seinem Nachtisch stand eine Flasche Selterswasser, ein halbes Glas Milch und Obst. Vor dem Fenster hing ein grüner Vorhang, und im ganzen Zimmer war ein Licht wie bei uns in der Laube, in der wir im Sommer immer zu Mittag aßen. Unter dem Fenster bewegten sich große Platanen in der leichten Brise. Ich saß bei meinem Vater auf dem Bettrand, und er hatte mir zwei Muscheln ans Ohr gelegt, die Kopfhörer des Telefongrafs. Diese phantastische Erfindung war damals entstanden: über den in die Muschel führenden Draht konnte man Militärmusik hören, obwohl sie mindestens anderthalb Kilometer entfernt, auf dem Elisabethplatz gespielt wurde. Mein Vater las unterdessen Zeitung und spaßte mit mir. Mittags verabschiedete ich mich von ihm, als ich aus der Tür trat, stand fast die ganze Familie auf dem Flur und tuschelte mit den Ärzten. So ist mein Vater am Nachmittag gestorben, ohne dafür auch nur den kleinen Finger rühren zu müssen.

Draußen an der Front sehnte ich mich immer nach diesem grünen Licht – nach dem Vorhang am Fenster des Sterbezimmers mit den leicht schwankenden Bäumen dahinter. Und nach der ganzen reizvollen Umgebung, die leise tuschelnde, erschrockene Familie, die auf Zehenspitzen gehenden Krankenschwestern – nach dem taktvollen, zärtlichen Tod auf Zehenspitzen, der die ganze Arbeit allein erledigt und den Sterbenden sich nicht zu Tode schuften läßt. Und es ist ja auch nicht ganz egal, ob man nur so verscharrt wird und wo man verscharrt wird. Daß man in der Fremde zurückgelassen wird, daß die anderen einen fallenlassen und weitergehen, so wie wir an der Front unsere Toten begraben haben! Man hat eben auch in dieser Richtung einen postumen Anspruch auf einen passenden Friedhof – hin und wieder denkt jeder mal daran, wo er gern liegen würde. Ich ging, seit meinem dreißigsten Lebensjahr, immer öfter zu Beerdigungen, weil wir immer mehr Freunde und Altersgenossen beerdigten. Und da sah ich mir immer die Erde an, in die ich voraussichtlich gelangen würde. Ich freundete mich mit dem Sandboden in Rákoskeresztúr an, gewöhnte mich allmählich an ihn. Und es ist auch nicht gleichgültig, wann man stirbt: ich empfand es immer als Grausamkeit, wenn die Familie den Toten im Winter in der knochenhart gefrorenen Erde zurückläßt. Es wäre also schön gewesen, bequem zu sterben und im Sommer zu sterben. Und jetzt muß ich noch weiß Gott wieviel rackern, und wenn sie mich an der Endstation für geeignet halten zu arbeiten, dauert es vielleicht bis zum Herbst, bis ich abkratze. Und da oben kommt der Winterfrost früh, und die polnischen Friedhöfe sehen aus wie nach Paniksituationen, als wären die Einheimischen auch im Frieden infolge einer Katastrophe zufällig dahin geraten. Nirgends habe ich häßlichere Friedhöfe gesehen. Als wir an die Front zogen und ich aus dem Waggon die polnischen Dorffriedhöfe sah, wirkten alle so, als wären sie für gefallene Soldaten oder für die Opfer eines Erdbebens oder von Pogromen improvisiert worden.

Der gute Doktor Németi naht, schneller und aufgeregter als sonst. Und da ist er auch schon bei mir angelangt und beugt sich hinab:

»Hören Sie bitte zu!« flüstert er. »Ziehen Sie sich etwas

an, aber möglichst unauffällig, versuchen Sie es unter der Decke. Ich möchte nicht, daß die Nachbarn etwas merken.«

»Was ist?«

»Sie werden jetzt sofort ins Seuchenspital verlegt.«

»Wieso? Hat es geklappt? Und was wird aus dem ganzen Spital? Werden auch die Leute nicht weggebracht?«

»Doch, die werden weggebracht. Der Gendarmerieoberst hat nur erlaubt, die Verdächtigen und ihre Angehörigen hier zu lassen. Nicht wegen der Kranken, er will nur nicht, daß das Begleitpersonal angesteckt wird.«

»Wieviel Leute würden hierbleiben?«

»Neunundzwanzig.«

»Und ich... soll ich denn hierbleiben, wenn die anderen weggebracht werden?« flüsterte ich protestierend. Aber ich war nicht aufrichtig. Doktor Németi hatte das Theatralische in meiner Stimme auch bemerkt, und er fuhr mich fast derb an:

»Na, machen Sie keine Sperenzien! Wer hierbleiben kann, soll hierbleiben. Niemand hält Sie für treulos oder feige, weil Sie hierbleiben. Da bleibt den anderen wenigstens mehr Luft und Wasser im Waggon übrig. Die Quarantäne dauert drei Wochen, entweder geschieht bis dahin etwas oder nicht. Ich freue mich, daß Sie hierbleiben. Vielleicht können Sie eines Tages davon berichten, was hier mit den Menschen geschehen ist. Sie werden darüber schreiben.«

Nach längerem Schweigen fragte ich:

»Bleibt meine Frau auch bei mir?«

»Ihre Frau zieht sich bereits an. Natürlich fragt sie nach der Familie. Ich habe ihr vorgelogen, Sie würden sich drüben im Seuchenspital treffen. Es wird schwer werden, ihr die Wahrheit zu sagen. Die Schuhe brauchen Sie nicht anzuziehen, Sie werden auf einer Trage gebracht... Und stützen Sie sich auf mich, wanken Sie, schlurfen Sie. Sie müssen jetzt hohes Fieber haben.«

»Bleiben Sie auch bei uns, Herr Doktor?«

»Nein, ich bleibe mit dem Spital zusammen, das heißt ich fahre morgen mit ihm zusammen weg.«

»Und ich soll jetzt gehen? Soll mich von Ihnen verabschieden und diese Menschen zurücklassen, mit denen ich...?«

»Na, reden Sie nicht soviel!« unterbrach mich Doktor Németi.

Es war sehr peinlich, aber ich stand auf und ging los.

Auf den Arm von Doktor Németi gestützt, wankte ich durch die Spitaltür. In der sternhellen Nacht sah ich zuerst nichts anderes als eine Trage, auf die ich gelegt wurde. Links standen Frauen und Kinder in einer Gruppe – die Angehörigen der Typhuskranken –, sie brauchten die Krankheit nicht zu simulieren. Nach zwanzig Minuten setzte sich der Zug in Bewegung, durch das ganze Ghetto, in dem bereits niemand mehr wohnte. Wir gingen an der Brauerei vorbei: das Grammophon war verstummt. Es gab niemanden mehr zum Durchsuchen und Foltern, das »Nationalvermögen« war in die Hände der Nation gelangt. Am anderen Ende des Ghettos, in einem großen, unheimlichen, einzeln stehenden Haus unmittelbar neben den Planken war das Seuchenspital. Es muß ein Fabrikbüro oder die Wohnung des Fabrikdirektors gewesen sein. Große, tapezierte Zimmer, eine Glasveranda. Als man uns im Zimmer abgelegt hatte, impften uns die Ärzte sogleich mit einem Serum gegen Bauchtyphus, das hohes Fieber und Typhussymptome verursacht – das war notwendig, damit der Betrug nicht aufflog, wenn die Gendarmen oder die Deutschen zum Inspizieren herkamen. Meine Frau wurde mit den Angehörigen der anderen »Kranken« vorläufig im Luftschutzkeller untergebracht. Die Morgendämmerung brach bereits an, bis wir uns eingerichtet hatten. Zu diesem Zeitpunkt standen die englischen Kommandos und die amerikanischen Fallschirmspringer auf der Halbinsel Cotentin bereits in erbittertem Kampf gegen die deutschen Truppen des Atlantikwalls. Es war der frühe Morgen des sechsten Juni. Der Morgen der Landung. Die Angelsachsen begannen den Festlandkrieg. Die Ungarn beendeten die Deportation aus Großwardein.

33.

Die Landung war vollzogen – aber ich hatte Schüttelfrost, und die Lippen sprangen mir von der Typhusspritze auf. Die Symptome legten sich erst gegen Abend wieder – da fühlte ich mich aber bereits so zerschlagen, als hätte man mich hundert Stufen in einen tiefen Keller hinabgetreten. Die künstlich erzeugte Krankheit hatte mich umgehauen, ich hatte keinerlei Appetit, der leere Magen und der schmerzhafte Brechreiz ließen mich bis zum Morgen nicht schlafen. Doch wir mußten diesen täglich aufs neue erzeugten Zustand auf uns nehmen, denn jeden Moment konnte alles auffliegen. Ein klein wenig erleichterte es die Lage, daß die Gendarmen nach der Deportation des Spitals des Rabbiners von Wisznice ihre Rolle erfüllt hatten: das Ghetto war geleert. Und nun wurden sie in andere Städte zum Deportieren abkommandiert. Die Bewachung des sich selbst überlassenen Seuchenspitals mit den sieben Kranken, den zweiundzwanzig Angehörigen und den beiden Ärzten übernahm die Polizei der Stadt. Der Kommandeur des Wachpersonals war der Polizeikommissar, der jahrelang die Überwachung der Cafés, Kneipen und Garnihotels geleitet und sich mit dieser Arbeit ein schönes Einfamilienhaus erworben hatte. Er war ein alter Bekannter der beiden Ärzte, die auch die Wachposten gut kannten und denen sie früher, wenn sie im Auto an ihrem Posten vorbeifuhren, um Krankenbesuche zu machen, oder wenn sie nach der Sprechstunde mit Frauen auf der Hauptstraße spazierengingen, ebenso salutierten wie dem Bürgermeister. Die Doktoren waren Vereinsärzte, ihnen stand die amtliche Ehrenbezeigung von der Polizei zu. Und die Polizei war auch deshalb weniger furchterregend, weil wir alle wußten, daß die Polizisten von oben bis unten korrupt waren. Die Gendarmen aus Transdanubien, die nach der deutschen Besatzung in die Stadt kamen, traten wie Strauchdiebe auf. Schon lange vor Erlaß der Anordnung machten sie sich individuell ans Requirieren und an Hausdurchsuchungen ohne Ermächtigung, sie stahlen also auf eigene Faust. In den ersten Tagen, als die Juden noch mit dem Zug reisen durften, kam es auch vor, daß einige

Gendarmen die eintreffenden Juden in den Wartesaal trieben und unter der Begründung, ihre Wertsachen seien sowieso unrechtmäßig erworben, ihnen einfach Bargeld, Uhren und Eheringe abnahmen und einsteckten. Die Polizisten hingegen blieben vorsichtig und konservativ. Selbst jetzt, als sie sahen, daß man mit den Juden alles machen konnte, ließen sie sich lieber bestechen als zu rauben. Das war eine jahrzehntelang eingefleischte Berufsgewohnheit: für einen Gespritzten nicht zu bemerken, daß die Kneipe die Sperrstunde überschritten hatte. Für eine Zigarre ein unvorschriftsmäßig verkehrendes Auto durchzulassen. Für einen Zwanziger ein Liebespaar aus dem Garnihotel seines Weges gehen zu lassen. Für einen Hunderter eine unbequeme Akte zu entfernen – und so weiter. Sie waren also in erster Linie durch diese traditionelle Korruptheit menschlich, und deshalb streiften sie ohne jede besondere Steifheit und ohne Ehrgeiz in zehn, zwölf Metern Abstand um das Spital, das nur eine Armeslänge vom Bretterzaun entfernt war. Und vor den Planken zog sich die lückenhafte Straße der Fabrikvorstadt hin – gegenüber, von leeren Grundstücken unterbrochen, das widerlich riechende Melasselager, die hintere Brandmauer des zerfallenen Kühlhauses und eine Schmiedewerkstatt, deren Amboß vor dem Haus auf dem Hof stand, und den ganzen Tag lang wurden darauf Hufnägel in die Hufeisen der in einer langen Reihe wartenden Bauern- und Militärpferde geschlagen. Der Schmied und seine Familie trugen Pfeilkreuzlerkleidung. Doch die Polizisten schoben schlampig und lässig Wache vor dem Haus, so, als wollten sie mit ihrem Verhalten sagen, daß sie sich nicht mit dem identifizierten, wofür sie benutzt wurden. Die Polizisten waren von der ersten Minute an wütend auf die Gendarmen, einerseits, weil sie es als beleidigend empfanden, daß die Obrigkeit ihnen nicht vertraute und von Transdanubien »zuverlässige« Ordnungskräfte kommen ließ, andererseits, weil sie zähneknirschend mit ansehen mußten, wie die Gendarmen sich an der »jüdischen Sache« bereicherten – kein Schwein forderte von ihnen Rechenschaft, wenn sich ihre Soldatentruhe oder ihr Vulkanfiber-Koffer mit »Judensore« füllte. Sie waren empört, weil die Gendarmen das ihrer Meinung nach alles ihnen wegschnappten.

Nun wandelten sie also hinter den Planken, um das Spital herum und vor den Planken – und sie benahmen sich so lethargisch wie Wachposten zu Friedenszeiten. Sie spazierten bis zur Ecke, verschwanden Viertelstunden lang um die Ecke und ließen das Gelände völlig unbeaufsichtigt. Jemand, der jung und elastisch genug war, um sich über die zweieinhalb Meter hohen Planken zu schwingen, hätte sogar fliehen können. Auch im Spital war spürbar, daß unsere Gefangenschaft immer weniger streng, weniger erstickend war – die Situation reizte geradezu zum Aushecken von Fluchtplänen. Und das Verhältnis zwischen den Polizisten und dem Spital wurde auch von Tag zu Tag freundlicher. Die Ärzte ließen sich von den Wachposten, die alle drei Stunden ausgewechselt wurden, sogar Zigaretten und Zeitungen sowie Obst vom Markt bringen und um Unterstützung flehende Telegramme zum Postamt bringen. Dann besorgten die Ärzte Geld aus der Stadt und gaben dem obersten Polizeikommissar davon. Zur Entspannung trugen auch die Zeitungsnachrichten bei – die Angelsachsen wurden, entgegen den Voraussagen des Blattes, das dem Bischof von Großwardein gehörte, nicht ins Meer zurückgedrängt, sondern waren bereits in die Vorstädte von Cherbourg vorgedrungen.

Mich beschäftigte natürlich selbst mit klappernden Zähnen nur die Landung – nicht unter dem Aspekt des Davonkommens, sondern aus automatischem politischen und beruflichen Interesse. Mit Fluchtplänen befaßte ich mich aber schon deshalb nicht, weil ich mich in diesem künstlichen Typhus-Zustand kaum zur Toilette schleppen konnte. Und dann war da noch meine Frau, in schrecklicher körperlicher und seelischer Verfassung. Am dritten Tag im Keller hatte sie erfahren, daß man sie irregeführt hatte und die Familie und das Kind weggebracht worden waren. Nach einem schaudererregenden Nervenzusammenbruch, dem eine sechsstündige Ohnmacht folgte, war sie in schwermütige Passivität, Stummheit und Hungerstreik gefallen. Dann quälte sie sich in Selbstgeißelung. Zwei Tage lang wälzte sie sich auf dem nackten Stein des Luftschutzkellers, ihre operierte Wunde öffnete sich wieder, so daß die Ärzte sie erneut nähen mußten. Mit Müh und Not wurde sie schließlich nach oben in ein leeres Zimmer des Hauses gebracht. Als sie nur für wenige Minuten allein gelassen wurde, riß sie sich die Schlagader am Handgelenk auf und kaute sich beim Weinen die Faust blutig. Und ich lag ohnmächtig auf der Matratze im Krankenzimmer, zusammen mit den anderen mit Typhus geimpften Juden und konnte ihr nicht einmal mit Worten helfen – stumpf hörte ich zu, als die Ärzte erzählten, was die Unglückliche mit sich anstellte, und am Schluß fragte ich, ob es etwas Neues aus

Caen gäbe. Dann kam sie wieder auf die Beine und forderte wahnwitzig, sofort zu den Gendarmen geführt zu werden. Sie verlangte, in einen Waggon gesteckt und ihrer Familie nachgeschickt zu werden. Die Ärzte beschwichtigten sie. Da begann sie zu brüllen – wenn man sie nicht zu den Gendarmen ließe, würde sie den ganzen Betrug aufdecken und Ärzte und Patienten anzeigen. Wenn ihr Kind weggebracht worden war, sollten alle weggebracht werden. In den Fenstern des Spitals war kein Glas, die Straße, auf der die freien Bürger von Großwardein verkehrten, war kaum fünf Meter von dem Zimmer entfernt – jedes Wort drang nach draußen. Die Ärzte hielten sie entsetzt fest und gaben ihr Beruhigungsspritzen. Nach ein paar Tagen war sie dann erschöpft und gebrochen. Sie bekam einen Schwesternkittel und Arbeit. Manchmal kam sie in den Krankensaal und setzte sich auf den Rand meiner Matratze. Mit ihren verweinten, leeren Augen sah sie mich wortlos an, ratlos oder vorwurfsvoll – und sie hielt die Schüssel, wenn ich mich nach der Spritze übergeben mußte.

Wir lagen zu neunt im Krankensaal – die neun Typhuskranken; sieben schmächtige, wachsgelbe polnische und bukowinische Juden in verschmutzter Wäsche, die mit ihrer Unsauberkeit und Verlaustheit den Typhus glaubwürdig machten, und wir beiden Zwangsarbeiter, die diese Krankheit in der Ukraine durchgemacht hatten – wir gaben das verseuchte Blut zu diesem gräßlichen Spiel. Wir alle zitterten in jeder Minute des Tages aus Angst, entdeckt zu werden, doch die zotteligen Juden schüttelte die Panik noch mehr als das Fieber. Mit angstbebender Stimme sprachen sie miteinander, in einem Jiddisch, das weder dem Deutschen noch dem in Ungarn gebräuchlichen Jargon ähnelte. Ich verstand kein Wort davon, was mich immer nervöser machte – mich reizte auch ihre Exklusivität, die uns gegenüber selbst in diesem gemeinsamen Schicksal nicht nachließ. Ihre Familien waren im Keller, gramerfüllte, desorientierte und unbeholfene Frauen mit einer Horde Kinder, die den ganzen Tag ohne Unterlaß lärmten. Und da sich anfangs niemand um das Spital scherte, wagten sich die Kinder langsam aus dem Keller hervor, glitten den abgestumpften Müttern aus den Händen und zerstreuten sich um das Spital herum, auf dem unkrautbewachsenen alten Fabrikhof. Ihr argloses Spiel und ihr Krawall beunruhigten uns, denn wir befürchteten, daß sie die Aufmerksamkeit der Bevölkerung oder der Deutschen auf uns lenken würden. Gegenüber, aus der Schmiedewerkstatt, beobachtete man uns bereits bösartig. In der Stadt wußte, außer den Behörden, kaum jemand, daß ein paar Juden in dem Typhus-Spital zurückgeblieben waren – die Großwardeiner lebten in dem bedrückenden Triumph, daß es in der berüchtigten Judenstadt endlich keinen einzigen Jude mehr gäbe. Und nun blieben die Passanten wegen des Getöses der Kinder hinter den Planken stehen und lauschten dem Jargon, machten diese und jene Bemerkung, adressiert an die Schmiedebande, die vor dem Haus arbeitete. Durch das offene Fenster hörten wir, wie eine rohe Frauenstimme sagte:

»Na sowas, die sind wohl noch da? Ich dachte, die Luft ist schon rein.«

»So leicht wird man die nicht los«, erwiderte der Schmied.

Und eine Viertelstunde später eine Kapaunenstimme:

»Was ist das hier? Ein jüdischer Kindergarten? Vielleicht kriegen diese kleinen Blutsauger auch noch Milch, wo es in der ganzen Stadt keinen Tropfen Milch gibt.«

»Auch jetzt noch nehmen sie es den unseren weg«, lamentierte die Frau des Schmieds.

Geschüttelt von Fieber wandte ich mich an meinen Nachbarn, den Tag und Nacht betenden und zitternden Herrn Leimsieder, der Schammes in Kolomea war, bevor er hierher floh und dessen sieben Kinder da unten herumlärmten:

»Sie fragen mich zehnmal am Tag, ob wir nicht an die Wand gestellt werden. Das kann schneller passieren, als Sie denken, wenn Sie da unten keine Ordnung schaffen.«

Der Schammes von Kolomea bebte, sah mich aber trotzdem argwöhnisch an:

»Du lieber Gott, was ist denn? Was soll da unten sein?«

»Es wäre gut, wenn die Frauen die Kinder wieder in den Keller holen würden.«

»Was haben die Kinder denn getan?« fragte er betreten und verteidigte seine Kinder auch schon.

»Hören Sie den Lärm nicht?«

»Lärm?« Er lauschte. »Na ja. Aber das ist kein Lärm. Die Kinder unterhalten sich doch nur. Es sind Kinder.«

Der arme Leimsieder hatte sich in dem einzigen Zimmer, in dem er mit seiner Frau und den vielen Kindern wohnte, in den langen Jahren so an den ständigen Lärm gewöhnt, daß er ihn gar nicht mehr bemerkte. Und dann argwöhnte er sogleich, daß ich nur aus Antipathie gegen die kleinen Schläfenlocken räsonierte, daß ich ihnen, den kleinen Sündenböcken, nur etwas in die Schuhe schieben wollte. Er hatte sich daran gewöhnt, daß alles, selbst berechtigte Kritik, eine unbegründete Beschuldigung war. Alles war nur Hetze, Judenhaß, Vorwand. Und seine Kinder ließ er nicht angreifen, er winkte auch gleich ab: »Wie kann man von den armen Kindern verlangen, zu verstummen und in dem dunklen, kalten Keller zu sitzen?« Und als ich ihm sagte, sie sollten wenigstens nicht im Jargon reden, wies er mich beleidigt zurecht:

»Sie können nicht anders, nur jiddisch. Nu und? Das ist ihre Muttersprache!«

Und schließlich versuchte er mich noch mit seinem Vertrauen in Geld, in Bestechung zu beruhigen:

»Ich habe Angst, ich habe immer Angst, aber den Kindern passiert nichts. Der Polizeikommissar bekommt genug Geld von uns! Und wenn er bemerkt hätte, daß die Kinder Scherereien machen, hätte er sie bestimmt ins Haus zurückgejagt. Solange – sollen die armen Kinder doch an der Luft sein!«

Es gingen natürlich auch anständige Menschen an den Ghettoplanken vorbei – an einem Vormittag zum Beispiel warf jemand ein Bündel holzige Radieschen über den Zaun. Wir schwärmten für den unbekannten Spender – wahrscheinlich war es eine Hausfrau auf dem Heimweg vom Markt –, die Radieschen stimmten uns optimistisch, sie wurden zum Symbol, zum Beweis, daß es auch noch jenseits der Planken Menschen gab. Und die Angehörigen, die nicht bettlägerig waren, bemerkten, daß ein junger Mann mit dem Fahrrad täglich fünf-, sechsmal an den Planken vorbeifuhr und im Vorbeifahren jedesmal etwas hereinwarf: Zigaretten, Brot, Zwiebeln, Zeitungen, manchmal sogar Blumen – ohne langsamer zu fahren, damit die Polizisten ja nichts bemerkten. Die Polizisten kümmerten sich gar nicht darum, doch der Schmied in seiner Pfeilkreuzlerkleidung, seine Familie und seine Gesellen gegenüber behielten uns von früh bis spät im Auge und kommentierten jede Bewegung des Spitals und der Straße böswillig. Und der Schmied und seine Bande hatten nicht nur etwas auszusetzen, wenn jemand den Verdacht erweckte, er würde sich den Planken nähern – kaum daß ein Passant in die sonst menschenleere Straße einbog, rief sofort einer aus der Werkstatt:

»Der Bürgersteig dort darf nicht benutzt werden! Los, rüber auf diese Seite!«

Die meisten gingen auch hinüber, mechanisch der frechen Behörden- oder Parteistimme gehorchend. Die meisten Passanten hatten ja auch gar nicht im Sinn, mit uns gemeinsame Sache zu machen. Aber hin und wieder gab es eben einen, der die boshafte Wachsamkeit der Schmiedeleute ausspielte und etwas herüberwarf oder aus dem Profil, ohne den Kopf zu den Planken zu wenden, über den Zaun rief und etwas Ermunterndes, Beschämtes, Mitfühlendes sagte. Oder manche fluchten einfach nur ordentlich, was ihren Protest ausdrückte. Einmal passierte es sogar, daß eine Männerstimme, als ihn die Schmiedeleute auf die andere Seite des Bürgersteiges hinüberdirigieren wollten, selbstbewußt zurückrief:

»Was geht es Sie an, wo ich langgehe? Ich gehe, wo es mir paßt!«

»Das ist Befehl!«

»Wer hat das befohlen? Ich bin dem Polizisten begegnet, der hat nichts gesagt. Er hat nicht gesagt, wo ich entlang gehen muß!«

»Das ist Vorschrift«, kreischte eine Frauenstimme.

»Sie sollten sich schämen! Lassen Sie diese Menschen auch jetzt nicht in Ruhe? Meinen Sie, ich erschrecke vor dem grünen Hemd? Ich bin mindestens so ein Christ wie Sie!«

Eine jüngere Männerstimme von der Seite des Schmieds hielt dagegen:

»Sie ein Christ? Ein Christ spricht nicht so!«

»Sie müßte man gleich dazusperren!« ergänzte die Frauenstimme. »Deren Gören schlabbern auch jetzt noch Milch!«

Die rechtschaffene Stimme ließ sich nicht unterkriegen.

»Wer hat Sie beauftragt, Ordnung zu schaffen?«

»Es stand auch auf den Plakaten, daß Passanten dem Ghetto nicht auf zehn Schritte näherkommen dürfen!«

Die rechtschaffene Stimme entgegnete:

»Wer hat Sie gefragt, gute Frau? Warum sprechen Sie mich an? Kenne ich Sie?«

»Sicher haben Sie sich letztes Jahr noch als Walache bezeichnet«, verdächtigte ihn die Frauenstimme.

»Ich bin ein christlicher ungarischer Handwerksmann!« beharrte der Rechtschaffene.

»Sie sind Handwerker? Solche wie Sie werden aus der Gewerbezunft hinausgeworfen! Ich kann mir vorstellen, was für ein Handwerk Sie ausüben!«

»Ich bin der Schuhmacher Ferenczy aus der Pavelstraße. Was quatschen Sie hier? Schmieden Sie weiter und stecken Sie Ihre Nase nicht in die Angelegenheiten anderer!«

»Alle Schuster sind rot«, hetzte die junge Männerstimme.

»Das stimmt nicht, weinrot!« verteidigte sich der Schuster.

»Den Schuster schmerzt es natürlich, daß die Juden weggeschafft worden sind. Die haben auch den Schwarzmarktpreis für Schuhe gezahlt. Leute wie wir können das nicht bezahlen, nur die Juden!«

Ich hörte mir das, unter Zähneklappern, wie ein Hörspiel an. Inzwischen war auch der Polizist eingetroffen. Er hatte den Streit mitbekommen und wollte Ordnung schaffen. Die Schmiedeleute – Männer und Frauen – sprachen alle auf einmal und überfielen ihn mit ihren Verdächtigungen und Anschuldigungen:

»Er lief ganz dicht an den Planken entlang, Herr Wachmann! Er wollte etwas hinüberwerfen. Wenn wir nichts gesagt hätten, hätte er es auch gemacht!«

Der Schuster leugnete selbstbewußt:

»Gar nichts wollte ich hinüberwerfen. Aber wenn ich es gewollt hätte, geht es sie auch nichts an. Dafür sind die Polizisten hier.«

»Was sagen Sie dazu, Herr Wachtmeister?« hetzte die Frauenstimme.

Der Polizist antwortete erst nach einer kleinen Pause:

»Die Frage ist, ob er etwas hinübergeworfen hat oder nicht.«

»Das habe ich nicht«, beharrte der Schuster.

»Haben Sie es gesehen oder nicht?«

»Er wollte etwas hinüberwerfen. Durchsuchen Sie ihn doch!«

»Das möchte ich sehen, daß mich, einen freien ungarischen christlichen Handwerker, jemand durchsucht.«

»Ich habe nicht das Recht, ihn zu durchsuchen«, antwortete nach kurzem Abwägen der Polizist. »Und Sie«, fuhr er die Schmiedeleute schärfer an, »haben kein Recht, die Passanten zu belästigen. Sind Sie eine Behörde oder was? Zum Aufpassen sind wir da.«

»Das ist nicht ganz so«, widersprach eine Männerstimme von seiten der Schmiedeleute. »In der Anordnung steht, daß jeder verpflichtet ist, auf die Juden aufzupassen. Und auch auf Judensöldlinge, die eine rote Krawatte tragen, während Budapest kaputtgebombt wird. Wir tun nur, was das Gesetz vorschreibt. Wir sind der Behörde behilflich.«

Der Polizist wurde unsicher.

»Dazu sind Sie berechtigt. Aber Sie haben kein Recht, jemanden grundlos zu verdächtigen. Wenn der Herr etwas hinübergeworfen hätte...«

»Er wollte es gerade.«

»Es nur zu wollen, reicht nicht.«

»Mein Sohn ist an der Front«, kreischte die Frauenstimme.

»Meiner ist bereits gefallen«, erwiderte der Schuster schlagfertig.

Solche und ähnliche Dialoge spielten sich vor den Planken ab – wie gesagt, wir hörten es nur, doch die Ärzte und die herumlaufenden Angehörigen sahen die Beteiligten auch aus dem Fenster. Und nach ein, zwei Tagen wußten sie bereits alles über die Schmiedeleute und den jungen Mann mit dem Fahrrad: über unsere verhaßtesten Feinde und unseren besten Freund. Über den Schmied und seine Leute wußten sie, daß die Gendarmen während der Deportation ständig schwer bepackt bei ihnen ein und aus gingen. Sie luden ihre Beute bei ihnen ab, oder der

Pfeilkreuzler war ihr Hehler, über den sie die »Judensore« losschlugen. Daß sie Pfeilkreuzler waren, war kein Geheimnis, denn sie stolzierten stets in straffer Uniform, sie schlugen das Eisen in Uniform und behuften auch die Pferde in Uniform. Und einmal hörte jemand, wie die Frau des Schmiedes ihrem Sohn in der Jungmannenuniform nachrief:

»Bruder Jóska! Ich hab vergessen zu sagen, daß du noch Spiritus holen sollst!«

Die Pfeilkreuzler-Mutter nannte also sogar ihren Sohn »Bruder«.

Abends versammelten sich Männer und Frauen in Pfeilkreuzleruniform bei ihnen. Sie aßen und tranken, diskutierten, lachten laut und klirrten mit dem Geschirr und den Gläsern. Wenn Fliegeralarm war, gingen sie nicht in den Luftschutzkeller – die glaubten noch immer nicht, daß die Engländer und die Russen in der Lage waren, ernsthaft zu bombardieren. Die treiben sich nur hier herum, weil die Deutschen es zulassen, aus Taktik, um sie vom Westen in den Osten zu locken. Großwardein bombardierten sie nur einmal, und auch da trafen sie nur das Spital und ein paar alte Bruchbuden. Die Radionachrichten hörten sie in voller Lautstärke, damit sie bis zu uns zu hören waren – auch die deutschen Sender, von denen sie kein Wort verstanden, wahrscheinlich glaubten sie, die Deutschen kündeten die ganze Zeit nur von ihren Siegen und beschimpften die Juden. Dabei verursachte der deutsche Wehrmachtbericht zu dieser Zeit nur noch uns laue Freude. Die Angelsachsen standen bei Avranches, und die erste russische Patrouille war in Csíkszereda eingezogen...

Die persönlichen Verhältnisse des jungen Mannes mit dem Fahrrad waren dem Spital inzwischen auch bekannt. Er war Schneidergeselle und hervorragender Stürmer der Fußballmannschaft der Stadt, hieß Sanyi Papp, sein Vater war Ungar und seine Mutter Rumänin. Das Spital hatte bereits eine direkte Verbindung zu ihm geschaffen. Jemand wartete immer ab, wann er auf dem Fahrrad näherkam und warf im letzten Moment ein Papierknäuel hinaus. Der Fußballer beugte sich wie ein auf dem Pferd galoppierender Cowboy während der Fahrt hinab und hob es auf. Wem in seiner Verzweiflung noch eine letzte, unwahrscheinliche Adresse eingefallen war, der schickte über den Fußballer ein SOS oder wenigstens eine letzte Flaschenpost vom sinkenden Schiff auf den Weg.

Nur wir schickten niemandem eine Nachricht. Ich dachte überhaupt nicht daran, und meine Frau wankte noch immer mit der steifen Unbeseeltheit einer aufziehbaren Wachspuppe durch die Räume. Doch meine Nachbarn waren alle voll angespannter Erwartung – die Botschaft war abgegangen, und nun warteten sie eifrig auf den Lebensretter. Wir warteten auf niemanden.

34.

Am Morgen des achten Tages erwachten wir davon, daß auf dem nahen Industriegleis wieder Waggonräder quietschten. Das Spital erstarrte in Todesangst. Die Ärzte brachten jedoch schon bald in Erfahrung, daß in der

Nacht die Juden aus dem Komitat Bihar hergebracht worden waren. Sie wurden hier »ghettoisiert« und sollten von hier aus deportiert werden. Es waren auch Gendarmen mitgekommen, aber nicht unsere Gendarmen. Vorläufig blieben wir noch in den Händen der Polizisten.

Bisher waren wir der Meinung, und das war auch aus den Zeitungen und den Nachrichten aus der Stadt zu entnehmen, daß die Juden nur aus dem Grenzbereich weggeschafft, im Inneren des Mutterlandes aber in den örtlichen Ghettos bleiben würden. Alle beneideten die Juden aus Püspökladány, die im Ghetto ihrer Stadt, ein paar Kilometer von uns entfernt, den Waggons entkamen. Nun stellte sich heraus, daß auch diese Nachrichten nicht stimmten, wie sicherlich auch nicht stimmte, daß die Deportation des Klausenburger Ghettos wegen Typhus eingestellt worden war. Das Ghetto war also wieder hier, es war zu uns zurückgekehrt und hatte auch die Gendarmen wieder mitgebracht. Als es weggebracht wurde, waren wir alle – so sehr uns auch die Verschleppung unserer Familie, unserer Freunde und Kameraden quälte – doch erleichtert, mit grausamer Offenheit, als habe man eine Epidemie überlebt, die den Nachbarn dahingerafft hatte, oder als sei man einem brennenden Haus entkommen, in dem außer einem selbst die ganze Familie umgekommen war. Nun hatten wir das Ghetto wieder am Hals und nun stand fest, daß wir nicht zu retten waren: es wird uns unweigerlich aufsaugen und einschmelzen.

Wir waren uns von Anfang an darüber im klaren, daß mit dem Typhustrick höchstens Zeit zu gewinnen war –

keinesfalls mehr als die vorgeschriebenen drei Wochen Quarantäne –, und laut wagten wir das »Glück« auch nicht höher zu bewerten, das wir mit unserem Hierbleiben hatten, als daß die Reise im Waggon bequemer sein würde, weil wir nicht fünfundsiebzig, sondern nur neunundzwanzig sein würden. Im tiefsten Inneren aber – vielleicht weil uns seit einer Woche keiner behelligte – hatten wir uns schon allmählich an den Gedanken gewöhnt, endgültig hierzubleiben, bis zum Ende des Krieges hier vergessen zu werden.

Und wir brachten auch jeden Tag einen neuen Typhusfall zustande, um der Behörde im städtischen Spital gegenüber unsere Situation zu festigen. Innerhalb von zehn Tagen hatten wir vier »Positive«, was eine rasante Verbreitung der Epidemie unter Beweis stellte. Und selbst die Ärzte hofften, daß wir immer wieder von vorne beginnen können, daß die Quarantänezeit immer vom letzten Erkrankungsfall an gerechnet würde. Aber jetzt, da das Ghetto wieder da war, klappten wir im Spital zusammen und mit uns auch die Ärzte. Wir erwarteten, innerhalb von Tagen, ja Stunden zu den Juden aus dem Komitat geschlagen zu werden. Und wer bisher Fluchtpläne mit einer gewissen optimistischen Bedachtheit vorbereitet hatte, begann sie jetzt zitternd zu überstürzen.

Das erneute Quietschen der Waggons brachte meine Frau plötzlich zu sich. Die Reaktionen, die die seelischen Insulte dieser Wochen hervorriefen, hatten eine besondere Psychologie. Sie ähnelten am ehesten denen der körperlichen Krisenkrankheiten – der Lungenentzündung oder Meningitis. Nach einer schwankenden, verschärften

Periode auf der Schneide zwischen Leben und Tod beginnt der schnelle Prozeß in Richtung Tod oder Leben. In kritischen Tagen starb man an den Schicksalsschlägen, nahm Gift ein, oder man kam unerwartet auf die Beine und wurde von Tatendrang ergriffen. Als meine Frau von der Deportation ihrer Familie erfuhr, hing ihr Leben an einem dünnen Faden. Ich zitterte tagelang davor und war in jedem Moment darauf gefaßt, daß man mir die Nachricht von ihrem Selbstmord bringen würde. Doch als sie das Räderquietschen hörte – die Musik des Ungeheuers, die vor neun Tagen der *marche funèbre* der Familie gewesen war, kam sie plötzlich zu sich, richtete sich auf, ging rachsüchtig und waghalsig auf den Hof hinunter und lauerte dem Jungen mit dem Fahrrad auf. Sie warf ein Papierknäuel mit dem Text für ein Telegramm nach Budapest hinaus. Nicht der Lebenswille mobilisierte sie, sondern aggressive Trauer, die Hoffnung auf Rache. Für die Rache muß man am Leben bleiben oder es wenigstens versuchen. Mir erzählte sie nicht, daß sie um Hilfe gebeten hatte. Sie befürchtete, daß der Junge das Telegramm doch nicht aufgeben würde, und sie wollte keine vergeblichen Hoffnungen in mir wecken.

An diesem Abend begann die Flucht aus dem Spital. Die Ärzte hielten die Kranken vorläufig noch zurück, doch die Angehörigen entwichen, als es dunkel war und man von der Schmiedewerkstatt nicht mehr bis zum Tor sehen konnte. Drei bestochene Polizisten waren bereit, die Juden für tausend Pengö pro Kopf hinauszulassen. Die galizischen und bukowinischen Frauen und Kinder hatten sich irgendwoher rumänische und ungarische Bauernkleidung beschafft. Als sie aus dem Ghetto traten, wurden sie an der Ecke von dem Fußballer erwartet und in zuverlässige Häuser, vor allem zu Rumänen, geführt. Geld nahm der Fußballer nicht an.

35.

Das Gebäude des Seuchenspitals war früher das Hauptbüro einer stillgelegten Chemiefabrik – die Maschinen der Fabrik waren im Laufe der Jahre demontiert und als Alteisen verkauft, das abgetragene Baumaterial zu anderen Baustellen gebracht worden. Der Hof war von Unkraut überwuchert, ebenso die verrosteten Industriegleise der Fabrik, die wir bisher unter dem Unkraut gar nicht entdeckt hatten. Sie verliefen vierzig bis fünfzig Schritte von unserem Fenster entfernt. Wir waren seit zehn Tagen im Typhusspital, und wir erwarteten, jeden Moment abgeholt und in das neue Ghetto gebracht zu werden. Am Vormittag bogen dann drei Leiterwagen in den Hof ein, hochbeladen mit Reisekörben, Reisetruhen, Necessaires und Koffern. Deutsche Soldaten luden das Gepäck auf den Hof und fuhren dann mit baumelnden Beinen auf dem Wagen vom Hof. Nur ein Wächter mit Bajonett blieb zurück, um auf die Koffer aufzupassen. Dann, etwa eine Viertelstunde später, trafen Lastwagen mit ähnlicher Ladung ein, schließlich schleppten deutsche und ungarische Soldaten sowie auf der Straße aufgelesene, unrasierte und zerlumpte Hilfsträger in langer Reihe zu Fuß die sichtbar schweren Gepäckstücke an. Sie bauten eine hohe

Mauer daraus. Gegen Mittag, als die Mauer bereits menschenhoch war, zogen sie ab, und nur der deutsche Soldat mit dem Bajonett spazierte rauchend vor der Gepäckwand auf und ab.

Meine Frau beobachtete aus ihrem Zimmerfenster, wie die Mauer aus den Koffern der Juden von Großwardein gebaut wurde. Plötzlich drehte sie sich um und lief zu mir in den Krankensaal:

»Stellen Sie sich vor«, sagte sie aufgewühlt. »Ich habe die Koffer gesehen.«

»Wo?«

»Sie sind gerade auf den Hof gestellt worden. Es sind ganz sicher unsere Koffer.«

»Warum soll man sie hergebracht haben?«

»Das weiß ich nicht.«

Sie rannte zurück zum Fenster und betrachtete wie hypnotisiert den Kofferberg. Ja, dort waren auf einem Haufen fast alle Judenkoffer von Großwardein. Die Schweinsledernen, die auf Hochzeitsreise in Venedig oder Paris waren, die Schiffskoffer, die mit den abenteuerlichen und neugierigen Großwardeiner Globetrottern mit den Cosulich-Schiffen bis zu den Kanarischen Inseln oder mit der Hapag bis zum Nordkap gereist waren. Denn es fuhr keine Reisegruppe aus Budapest oder Bukarest ab, in der nicht auch Großwardeiner gewesen wären. Da waren die feinen Koffer mit dem grünen oder braunen Bezug und den Aufklebern der großen Hotels, und sogar hier erdrückten sie das kleinbürgerliche Kunstleder, die Pappe und das Vulkanfiber, die schon angeschlagen waren, bevor sie mit all dem Krimskrams in sich, den ihr Eigentümer besaß, endlose Reisen in der dritten Klasse von Personenzügen antraten. Und die Reisekörbe der armen Leute waren auch hier mit Bindfäden zugebunden, weil ihre Schlösser seit Jahren kaputt waren. Und da waren die Musterkoffer der Vertreter und listige Koffer mit doppelten Böden, in denen verbotene Dinge, behördlich verfolgte Währungen über die Grenze schlichen. Und da waren auch unsere Koffer – meine Frau schwor, sie habe die schwarzen Buchstaben des roten Scheins vom Gare Pajol, dem Pariser Expreßgüterbahnhof, gesehen: *Colis express.*

Ja, die neun Koffer waren hier...

Am Vormittag brach dann die Panik im Spital aus. Zwei Waggons wurden auf die im Unkraut verborgenen Industriegleise geschoben. Alle glaubten, wir würden einwaggoniert.

Doch die ungarischen und deutschen Soldaten und die Hilfsträger luden die Koffer in die Waggons. Mit großen, weißen Buchstaben malten sie auf die Waggonwände:

GESCHENK DER UNGARISCHEN NATION
AN DIE AUSGEBOMBTEN DEUTSCHEN BRÜDER

Meine Frau beobachtete das Beladen auf Zehenspitzen. Sie schwor, unsere Koffer gesehen zu haben. Ob sie sie nun gesehen hat oder es sich nur einbildet – diese Koffer haben uns nach Hause gebracht, weil sie weder im Madrider noch im Marseiller Zug Platz hatten! Nur im Simplon-Expreß, der uns unerbittlich über die feindliche fremde und noch feindlichere heimatliche Grenze warf – sie hatten uns nach Ungarn abgeschoben wie ein Gendarm.

Zuerst – wie schon gesagt – hatte ich meine Frau in Paris angefleht: Lassen wir diese Koffer, vergessen wir diese Dinge, wir beschaffen uns wieder neue. Aber sie wollte *diese* neun Koffer und *diese* Dinge. Und *diese* Stadt – und je größer das Chaos in der Welt wurde, desto mehr wollte sie ihre Heimat, wo ihr Vater in der Apotheke arbeitete, die Mutter sich das Bügeln der Männerhemden vorbehielt und ihr Kind mit dem Fahrrad durch die Allee flitzte. Und wo jedes Kind sie kannte – also der Punkt der Erde, der am gefährlichsten war! In dieser rastlosen europäischen Hetzjagd war es noch am erträglichsten, ein Fremder zu sein – die Behörden belästigten einen zwar, man mußte sich bei Polizeiwachen melden, endlose Fragebögen ausfüllen und sogar Fingerabdrücke abgeben wie Verbrecher: auch die Bevölkerung war mißtrauisch, verschlossen und böswillig geworden – aber diese Unannehmlichkeiten und Beleidigungen, die man als Ausländer in einem fremden Land zu ertragen hatte, galten doch der großen Kategorie des *métèques*, des Hergelaufenen. Eher der politischen Abstraktion des Fremdseins als den Personen. Aber daheim, in der Geburtsstadt, wo einen jedes Kind kannte, waren politischer Abscheu und Vergeltung eigentlich nur Vorwand für persönliche Rache. Die summierte Erledigung jahrzehntelanger Nachbarschaftskriege, erfolgloser Konkurrenz, verheimlichten Neides, Hühneraugenkränkungen.

»1926 hat er meinen Gruß kaum erwidert. Jetzt würde er mich gerne grüßen!« – »Einmal mußte ich vor seinem Auto beiseite springen, sonst hätte mich der Jude überfahren« – so viel reicht dem Steinmetzmeister oder dem Beisitzer vom Waisenhaus, um selbstzufrieden aufs Gas zu drängen.

In ihre Geburtsstadt wollte sie um jeden Preis zurückkommen. Damals, in Paris hat sie sich trotzig als Bürgerin von Großwardein bezeichnet, die sich nicht für Politik und nicht für Ideen interessierte und mit den neun Koffern nach Hause zu ihren Eltern und zu ihrem Kind zurückkehren wollte – und vor zehn Tagen hat der Waggon nun ihre Familie weggebracht, und an diesem Nachmittag brachte der Waggon auch die Koffer weg. Ordentlich getrennt, beförderten die Waggons erst die Personen und dann die Dinge – als hätten sie die Distinktion aus der Grammatik gelernt. Man hatte alle weggebracht, die wir hatten, und alles, was wir hatten. Alles, was den Europäer in seinem bisherigen Leben ausmachte, war um uns zerstört. Wir hatten keine Heimat, wir hatten keine Eltern, kein Kind, keine Wohnung und keine Wohnadresse, und wir besaßen nichts. Noch lebten wir, aber wir waren toter als die früheren Toten, die wenigstens einen Klafter Grab, einen Grabhügel, ein Kreuz und darauf ihren eigenen Namen hatten. Wir haben nicht einmal mehr einen Namen – und wir werden auch mit einem fremden Namen sterben. Aber vielleicht ist das nicht einmal übertriebene Vorsicht – vielleicht ist es auch ratsamer, mit einem falschen Namen vor Gott zu treten…

Am vierzehnten Tag waren es bereits deutlich weniger Kellerbewohner. Dank den bestochenen Polizisten sind die Frauen und Kinder nach Sonnenuntergang regelmäßig, fast systematisch geflohen. Und bisher haben wir auch nichts davon gehört, daß jemand erwischt worden wäre – der Fußballer Pimpernel funktionierte großartig. Doch es schien, als hätte man in der Stadt das Typhuskrankenhaus tatsächlich vergessen, es gab keine Anzeichen, daß sich die Behörden für uns interessierten. Am anderen Ende des Ghettos, auf den Industriegleisen in der Nähe der Wisznicer Synagoge, wurden nachts wieder Waggons rangiert, die auf die Komitatsjuden warteten, doch da die Polizisten bisher noch nicht von Gendarmen abgelöst worden waren und niemand nach uns sah, legte sich die Panik der ersten Tage im Spital wieder, und die Ärzte und Patienten begannen, sich wieder an den Gedanken zu gewöhnen, daß die Gefahr nicht unmittelbar drohte. Erst gestern haben wir wieder einen positiven Fall ins Spital geschickt und aufgrund dessen errechnet, daß wir mindestens bis zum siebten August hier bleiben können. Die Menschen begannen wieder zu glauben, daß wir ein Sonderfall seien und besonders behandelt würden. Und selbst die, die sich schon auf die Flucht vorbereitet hatten, zeigten sich jetzt stark geneigt hierzubleiben, was sie für weniger gefährlich hielten, als auf die andere Seite der Planken zu gehen und einem Bekannten oder einem Ermittler in die Arme zu laufen. Die bekannte Straße entlang gehen, die wieder von Gendarmen wimmelt. Mit dem Komitatsghetto war eine große Anzahl von Gendarmen eingetroffen, die schon so routiniert waren, daß sie untergetauchte Juden auf den ersten Blick erkannten. Und es grauste ihnen vor der Entdeckung im Versteck, vor Denunziation oder einer Razzia. Das zwei Wochen lange Impfen hatte sie auch geschwächt. Wenn es nicht sein mußte, war es doch besser, noch ein bißchen auf den Matratzen zu liegen, sich zu verstecken und zu warten...

Vormittags halb zehn wälzte ich mich fiebernd auf der Matratze herum. Da kam einer der Ärzte zu mir herein und sagte halblaut, ich solle mich an ihm festhalten und mit ihm ins Ärztezimmer kommen. Ich klammerte mich an seinem Hals fest und taumelte mit Müh und Not hinüber. Die Einrichtung des Ärztezimmers bestand lediglich aus einem Küchentisch und einem Hocker. Auf dem Hocker saß die Frau meines Freundes und Schriftstellerkollegen István Szabó. Meine Frau umarmte sie schluchzend. Szabós waren unsere Budapester Freunde, von denen am ehesten anzunehmen war, daß sie alles aufs Spiel setzen würden, um uns zu helfen. Wenn ich an meinen Freundeskreis dachte und kalkulierte, wer sich ohne Unterlaß am aktivsten und einfallsreichsten um uns gekümmert hat, fielen mir nur sie ein, mit einer Selbstverständlichkeit, wie man für bestimmte Rollen nur ganz bestimmte Schauspieler für geeignet hält. Und daher überraschte es mich auch gar nicht so sehr, daß Lilli hier im Ghetto war. Ich hielt es auch nicht für sonderbar, daß sie durch die Planken, vorbei an Polizisten und Gendarmen ins Ghetto hineingelangt war. Sie war die Art Persönlichkeit, die ohne Gewalt und List überall hineinkommt, wo sie hinwill. Jeder glaubt ihr vom ersten Augenblick an: ihre Entschlossenheit ist nicht aufdringlich, sondern entwaffnend, und sie befiehlt eher mit ihrer Bescheidenheit und Ruhe. Sie ist der Mensch, den selbst die mißtrauischste Wache durchs Tor läßt, nicht weil sie für eine Notabilität gehalten wird, sondern weil sich niemand vorstellen kann, daß sie nicht in einer rechtmäßigen Sache vorgeht. Sie ist der Mensch, vor der auch ein Hund, der sich von der Kette losgerissen hat, innehält. Ihr Vater war eine der Führungsgestalten der ungarischen Sozialdemokratie, ihre Mutter das christlichste Wesen, das ich kannte. Sie war also gekommen, um uns aus dem Ghetto zu holen, und nach der ersten Erschütterung des Wiedersehens belehrte sie uns bereits mit erklärender Stimme, was zu tun sei. Sie hatte die Papiere mitgebracht, mit denen mich der Portier des Hotels Pannonia schon vor dem Ghetto nach Budapest bringen wollte – es waren »echte« Papiere, da man in der Druckerei gefälschte Papiere nicht mehr riskieren konnte. Ich war also ein Kellner namens Ferenc Pattermann, der Name meiner Mutter lautete Ilona Kranc. Meine erste Stellung hatte ich im Hotel Zum Römischen Kaiser in Nagyszeben, die zweite im Astoria in Klausenburg, und bevor ich in Budapest zum Pannonia ging, war ich Speisekellner im Restaurant Debrecen. Alters- und Personenbeschreibung stimmten im großen und ganzen überein. Die Papiere meiner Frau lauteten auf Julia Tóth, geschieden und Küchenmädchen – gegenwärtig in der Anstellung des Hotels Pannonia. Und sie gab uns auch zwei offizielle Schreiben auf Hotelpapier, daß wir unseren viertägigen bezahlten Urlaub mit Wissen und Genehmigung der Direktion in Großwardein verbrachten. Das ganze sah so aus, als hätte sich ein lebenslustiger Budapester Kellner ein paar Tage lang mit dem Küchenmädchen des Hotels in der Provinz amüsiert. Frau Szabó fand auch eine Möglichkeit, den Kommandanten des Spitals, den Polizeikommissar entsprechend »einzuspannen«. Sie sagte nicht, wer wir seien, weil sie befürchtete, den Kommissar könnte mein doch ziemlich »bekannter« Name erschrecken. Sie sagte, wir seien ihre Verwandten, zwar Juden, aber mit überwiegend christlicher Verwandtschaft. Und sie gab ihm bescheiden, fast unbemerkt, zehntausend Pengö.

Abends um neun werden wir also das Ghetto verlassen. Zu dieser Zeit tritt der Polizeiwachtmann den Dienst an, der auch die Kellerbewohner für einen Tausender pro Kopf hinausgelassen hatte. Frau Szabó geht um halb zehn auf den Bahnhof und wartet auf dem Bahnsteig, vor dem Erste-Klasse-Wartesaal, auf uns. Auf dem Bahnsteig brennen nur drei blaue Lampen. Der Warteraum erster Klasse – das hatte ich bereits festgestellt – lag an der dunkelsten Stelle des Bahnsteigs. Der Zug fährt um halb elf los, wird jedoch schon vor zehn Uhr hereingeschoben, und man kann einsteigen. Natürlich wäre es besser, diese Stunde in einer Wohnung zu verbringen, bei zuverlässigen Bekannten. Solche haben wir jedoch nicht. Egal. Hauptsache, wir kommen aus dem Ghetto heraus. Meiner Frau fiel ein, den Fußballer einzuweihen. Die Ärzte kannten seine Adresse. Frau Szabó wird ihn also noch mittags in seiner Wohnung aufsuchen und ihn für abends um neun an die Straßenecke links vom Ghetto bestellen.

Dann ging sie zurück in die Stadt.

Ich fiel erschöpft auf die Matratze zurück, das Fieber erreichte gerade um diese Zeit, gegen Mittag, seinen Höhepunkt. Soweit ich mich konzentrieren konnte, durchdachte ich die Möglichkeiten und Details der Flucht. Kühl, fast sachlich setzte ich mich mit der Frage auseinander – wie ein Soldat, der eine Aufgabe erfüllen muß, ob er nun will oder nicht. Ich schäumte nicht über vor Lebensfreude – ich erwägte nur die Chancen eines Erfolgs und die Konsequenzen eines Mißerfolgs. Meine Frau jedoch machte sich mit einer so hastigen Aktivität an die Vorbereitung, als würden wir aus der Wohnung oder aus dem Hotel mit dem fahrplanmäßigen Zug abends halb elf abreisen. Als gäbe es keinen anderen Grund zur Aufregung als das Reisefieber – machte sie sich mit weiblicher Akribie und pedantischer Fachkenntnis ans Packen. Bevor man uns hergebracht hatte, waren auch die echten Epidemiekranken des Ghettos in diesem Gebäude isoliert worden: Scharlach- und Diphteriekranke, Leute mit Bauchtyphus oder Ruhr. Sie sind schon vor zwei Wochen zusammen mit dem großen Spital deportiert worden, in Unterwäsche, so wie sie auf den Matratzen lagen. Ihre Oberbekleidung und sonstiger Krimskrams war hiergeblieben, es lag auf einem großen Haufen in einem kleinen Hinterzimmer. Meine Frau machte sich daran, für uns beide Reisegepäck aus den Kleidern der Epidemiekranken zusammenzustellen. Es waren auch Koffer in dem Zimmer – zwei hatte sie bereits vollgestopft. Wie eine Biene, deren Wabe man zerstört hatte, der aber nichts anderes einfällt, als von neuem eine Wabe in genau der gleichen Form und Konstruktion aufzubauen – so begann sie, kaum waren die neun Koffer weggebracht worden, das Sammeln neuer Dinge in neue Koffer. Sie argumentierte damit, daß man eine solche Reise nicht ohne jegliches Gepäck antreten könne. Schließlich einigten wir uns auf eine kleine Tasche, ein schäbiges Lacknecessaire, das doch irgendwie zu einem Küchenmädchen paßte.

Unter den abgelegten Kleidern der Epidemiekranken suchten wir uns auch zu unseren Papieren passende Kostüme für die Reise aus. Ich, der Kellner des Hotels Pannonia auf Urlaub, wählte mein Kostüm recht unbeholfen, obwohl ich einen großen Teil meines Lebens in Gesellschaft von Kellnern verbracht hatte. Ich angelte eine zerknitterte braune Hose, ein schmutziges blaues

Hemd und ein Sakko mit Speiseflecken und speckigen Ellbogen aus dem Haufen. Ich sah darin aus, wie der abgehalfterte, alte Kellner einer Spelunke der äußeren Üllöi Straße – ich dachte nicht daran, daß ein Speisekellner eines der vornehmsten Budapester Hotels, wenn er mit seiner Liebsten auf Urlaub in die Provinz fährt, mit seiner Zivilkleidung seine vornehmen Gäste nachahmt. Das Kostüm meiner Frau war glaubwürdiger. Sie fand einen verblichenen blauen Rock, der an der Hüfte spannte, eine rote Bluse, Strümpfe mit Laufmasche und einen staubigen, verschmutzten schwarzen Samthut. Sie sah wirklich so aus, wie ein Küchenmädchen vom Dorf, das sich in der Stadt in allen möglichen Arbeiten und allen möglichen Liebschaften verbraucht hatte und für das es ein Glück und eine Ehre war, ein paar »Flittertage« in Gesellschaft des Herrn Ferenc zu verbringen.

36.

Dieser Tag war der heißeste in der auch bisher schon ungewöhnlichen Hitze. Abends um sieben heulte die Sirene los, es waren auch Flieger zu sehen, doch sie verschwanden bald wieder, da ein Sturm von Siebenbürgen her nahte. Gegenüber, bei den Schmiedeleuten, versammelte sich die Gesellschaft, und nach dem Signal »Luftgefahr vorüber« begann das Radio zu plärren. Seit ich mit dem Ankleiden fertig war, saß ich im Ärztezimmer. Meine Frau lauerte am Nachmittag noch dem Fahrradjungen auf. Aus der Zeichensprache, die sie wechselten, stellte sie fest, daß Frau Szabó ihn in der Wohnung angetroffen hatte. Er würde uns also abends um neun erwarten. Aus dem Fenster des Ärztezimmers konnte man das Tor sehen, an dem der Wachtposten stand. Halb neun begannen wir uns bereit zu machen, wie Schnelläufer, die sich vor dem Start warmlaufen. Es herrschte höllische Schwüle, draußen blitzte es in einem fort. Kurz vor neun Uhr traf der Polizist am Tor ein, der uns hinauslassen sollte. Er salutierte seinem Kollegen, den er ablöste, und wechselte ein paar Worte mit ihm. Der Nachmittagsposten brach in Richtung Stadt auf. Von der Ecke rief er noch etwas zurück, dann verschwand er im dichter werdenden Wolkendunkel.

Also jetzt! Ich nahm das Necessaire in die Hand und ging auf das Tor zu. Meine Frau hinter mir. Wenn es nicht blitzte, konnte man wegen der tiefhängenden Wolken kaum noch zwei Schritte weit sehen. Wir kamen am Tor an. Der Polizist schreckte ein wenig zusammen, öffnete dann den einen Torflügel und murmelte:

»Und passen Sie auf sich auf, nicht daß ihnen etwas zustößt.«

Und als habe ein Bühnenarbeiter ein Zeichen gegeben – in dem Moment, als wir aus dem Tor traten, begann es unter Donnern und Blitzen von seltener Gewalt wie aus Kübeln zu schütten. Es war ein Regensturz, wie ich ihn vielleicht noch nie gesehen hatte – wie ein künstlicher Bühnenregen, der keine Abstufungen kennt, sondern sofort losgießt. Wie der Opernsturm im fünften Akt des »Rigoletto« oder wie der Tropenregen, der, wie ich gelesen habe, in einem Stück herabfällt.

»Lauf los!« brüllte ich und packte meine Frau an der Hand. Wir rannten zur Ecke, wo sich fast unbemerkt ein Schatten im Regenmantel zu uns gesellte. Und schon war er vor uns, und wir folgten ihm, liefen ihm nach, dem Fußballer, über den Platz, den Großen Markt. Wir rannten mit der zappelnden Verzweiflung von Ausflüglern, als seien wir vom Gewitter überrascht worden und wollten jetzt den erstbesten Unterschlupf erreichen. Und jetzt unterschieden wir uns nicht mehr von den anderen vor dem Gewitter fliehenden Passanten, die schnaufend gegen Gewitter und Sturm ankämpften. Und wer ahnungslos an uns vorbeilief, fluchte oder kreischte bibbernd, schaute uns aber nicht einmal an, es kam ihm gar nicht in den Sinn, daß hier Menschen laufen, die nicht vor dem Gewitter, sondern vor dem Gas fliehen. Unsere regengetränkte Kleidung, das angeglitschte Haar meiner Frau legalisierten uns jenseits der Planken, im Freien – klitschnaß sahen wir genauso aus wie die. Und so rannten wir, während es blitzte und krachte – und im Licht der Blitze suchte der schwarze Regenmantel einen Weg. Die andere Seite des Platzes war von einstöckigen Häusern gesäumt. Der schwarze Regenmantel hielt auf eine schwach beleuchtete Tür zu. Und da riß er die Tür auch bereits auf, und wir fielen geradezu in die Kneipe, hinter deren Tresen ein Wirt in Hemdsärmeln stand. Außer ihm waren nur zwei sturzbetrunkene, wie Bettler aussehende alte Männer da, die mit langhalsigen Schnapsflaschen an einem Tisch saßen... Der Wirt schob uns in ein dunkles Nebenzimmer. Wir ließen uns an einen Tisch mit roter Tischdecke fallen. Der Wirt brachte Schnaps. Das Regenwasser lief mir den Rücken entlang. Ich fror, wurde aber von dem Schnaps schnell warm. Meine Frau wrang das Wasser aus ihrem Haar.

Und nun? Wie geht es weiter? Der Wirt war der Schwager des Fußballers. Er fragte nichts, brachte nur noch einen Schnaps. Der Fußballer ging weg, um einen Wagen zu holen. Der Wirt schloß die Tür des Nebenzimmers von außen ab. Meine Frau schlief vor Erschöpfung gleich ein. Ich trank währenddessen den hochprozentigen Alkohol, und allmählich erfaßte mich eine immer größere Kühnheit. Auf der Kuckucksuhr des Nebenzimmers war es zehn vor zehn. Es verging eine Ewigkeit, bis der Junge wenige Minuten vor zehn mit einem Droschkenkutscher zurückkam. Der Fußballer kam zu uns herein und schloß die Tür hinter sich wieder ab. Der Droschkenkutscher saß in der Schenke und trank ein großes Glas Wein. Dann drängte der Wirt die beiden betrunkenen Alten hinaus. Kurz nach zehn setzten wir uns in den Fiaker, und der Wirt zog den Rolladen herunter. Der Fußballer flüsterte mir ins Ohr, daß der Kutscher sein Freund sei und wir nichts zu befürchten hätten – doch wir sprachen auf der ganzen Fahrt kein Wort. Der Regen hatte bereits nachgelassen, er schien in Landregen überzugehen. Die Luft war abgekühlt. Ich schauderte. Wir fuhren über den Platz mit der Sankt-Ladislaus-Kirche in der Mitte – ihr Turm ragte so drohend in die Höhe wie ein zum Schlag ausholender Knüppel. Auf dem Hauptplatz war nur die Konditorei erleuchtet. Und links, oweh, links, stand das Elternhaus meiner Frau – sie steckte den Kopf unter der Wagenplane hervor und fiel dann in die Ecke zurück.

»Nicht weinen!« sagte ich halblaut, fast grob zu ihr. Sie

richtete sich auf und war wieder das ausgemergelte, zerzauste Küchenmädchen. Wir kamen am Bahnhof an. In der halbdunklen Vorhalle schliefen die Bauern bereits auf ihren Körben und Säcken. Der Bahnsteig war fast völlig dunkel – die Flieger flogen immer hier entlang, wenn sie nicht bombardierten. Unter einer der blauen Lampen stand ein Polizist.

»Guten Abend, Herr Wachtmeister!« sprach ich ihn freundlich an, und ich spürte, daß ich von dem in der Kneipe zu schnell hinuntergekippten Schnaps etwas angeheitert war. »Können Sie mir bitte sagen, wo der Budapester Expreß einfährt?«

»Der ist schon eingefahren«, wies der Polizist mit dem Zeigefinger ins Dunkel. »Der lange da, auf Bahnsteig drei.«

Die Trunkenheit verlieh mir große Sicherheit. Mit meiner verbliebenen Wachsamkeit wiederholte ich jedoch immer wieder bei mir: Du bist Ferenc Pattermann aus Sarajevo... Du bist Ferenc Pattermann aus Sarajevo!«

»Ich würde gern einsteigen, wenn es ginge«, sagte ich, »aber ich fühle mich ein wenig sonderbar!«

»Das sehe ich!« lachte der Polizist. »Sie können sich ja auf der langen Fahrt ausschlafen.«

»Der Wein ist gut in der Gegend und billig!« sagte ich. »Also, leben Sie wohl, Herr Wachtmeister.«

»Gute Reise«, antwortete der Polizist.

Daß daran keiner gedacht hat – diese Trunkenheit war besser als jede Verkleidung, als alle falschen Papiere! Ich fühlte, daß ich diesen Schwips konservieren mußte, weil es nicht mal dem raffiniertesten Schnüffler einfallen würde, in einem Angetrunkenen einen Juden zu wittern.

Meine Frau rügte mich sogar leise. Auf dem Weg zum Erste-Klasse-Warteraum, wo wie vereinbart Frau Szabó uns erwartete, warf sie mir vor, ich würde meine Rolle übertreiben. Aber ich übertrieb nicht, ich spürte nur, daß das leichte Beschwipstsein meinem Verhalten mehr Natürlichkeit und Glaubwürdigkeit verlieh. Vor dem Warteraum schloß sich Frau Szabó uns wortlos an. In dem nun gleichmäßigen, kühlen Regen überquerten wir die glitschigen Schienen bis zum Gleis drei, auf dem der lange, dunkle Zug nach Budapest stand. Der Fußballer stieg ein, um sich umzuschauen, ob noch Platz und nichts Beunruhigendes oder Verdächtiges in dem Abteil war. Platz gab es reichlich, die Reisenden dösten vor sich hin. Wir kletterten die Stufen hoch und ließen uns in einem geräumigen Abteil dritter Klasse nieder. Ich kam ans Fenster. Ich vertraute den Nerven meiner Frau nicht und befahl ihr zu schlafen oder so zu tun, als schliefe sie. Frau Szabó und ich unterhielten uns leise. Der Wagen füllte sich allmählich mit erschöpften, müden und schlechtgelaunten Zivilisten und mit schmutzigen und stinkenden beurlaubten Soldaten. Ein paar Minuten vor Abfahrt stieg auch ein Gendarm mit einer Soldatenkiste zu. Der fuhr wohl auf Urlaub.

»Ist hier noch frei?« fragte er mich.

Gegenüber waren zwei Plätze frei.

»Ja«, antwortete ich. »Dort sitzt niemand.«

»Na, dann bringe ich die Kiste hier unter!« Und er warf die Kiste über meinen Kopf ins Gepäcknetz.

Er setzte sich hin.

»Guten Abend!« grüßte er.

»Guten Abend«, erwiderte ich den Gruß.

»Wann ist denn die genaue Abfahrtszeit?« fragte der Gendarm.

»Halb elf.«

Er schaute auf das Phosphorziffernblatt seiner Armbanduhr.

»Noch anderthalb Minuten«, brummte er dann.

Der Regen war wieder stärker geworden und trommelte gegen die Scheiben. Rechts fiel er sogar durch das geöffnete Fenster.

»Ein schöner kleiner Regen!« sagte der Gendarm. »Die Hitze war ja nicht mehr auszuhalten!«

»Wie lange hat es hier denn nicht geregnet?« fragte ich.

»Bestimmt seit zehn Tagen. Nachmittags war es zwar immer bewölkt, es fielen aber nur ein paar Tropfen.«

»In Budapest hat es den ganzen letzten Sonntag geregnet«, sagte ich.

»In Budapest!« rümpfte der Gendarm die Nase. »Für den Asphalt ist immer was da! Und die Felder gehen vor Trockenheit zugrunde. Aber irgendwo hat es sogar gehagelt.«

»Ja, in Siebenbürgen!« erwiderte ich. »Es ist sehr kühl geworden.«

»Sie könnten ja auch das Fenster hochziehen, Feri«, forderte mich Frau Szabó auf, und ich erhob mich wankend und schloß das Fenster, durch das es hereinregnete.

»Nana«, bemerkte der Gendarm lächelnd. »Hat Ihnen der Wein von Großwardein ein bißchen zugesetzt?«

Ich setzte mich wieder auf meinen Platz.

»Kellner dürfen nur trinken, wenn sie frei haben!« murmelte ich.

»Sonst würde ihm der Teller wohl aus der Hand fallen, was?«

Jetzt mischte sich Frau Szabó, sehr klug, ein:

»Aber Sie trinken doch auch werktags, Feri!«

»Dem Ochsen, der da drischt, kann man das Maul nicht verbinden!« zitierte der Gendarm eine Grundschulweisheit. »Wo sind Sie Kellner?«

»In Budapest.«

»Und wo?«

»Im Pannonia. Vom Ostbahnhof geradeaus.«

»Ich kenne mich nicht so gut aus in Budapest. Ich komme aus dem Komitat Győr.«

»Urlaub?« fragte ich lässig.

»Nur fünf Tage! Mein Schwiegervater ist gestorben.«

Mit starkem Ruckeln und Quietschen setzte sich der Zug in Bewegung. Der Gendarm sah auf die Uhr:

»Sieben Minuten Verspätung.«

Anhang

Nachwort

Béla Zsolt (1895-1949) durchlief alle Stationen des Leidensweges der ungarischen Juden. Er war Zwangsarbeiter in der Ukraine, er saß im berüchtigten Militärgefängnis am Margarethenring in Budapest, er war in Ungarn im Ghetto und in Deutschland im Konzentrationslager. Als wäre er aus einer Falle nur freigekommen, um in die nächste zu geraten.

Ukraine

Von 1941 an wurden die ungarischen Juden statt zum Militärdienst zum Arbeitsdienst – offiziell Aushilfsdienst – verpflichtet. Im Heeresverband der zweiten ungarischen Armee leisteten im Sommer 1942 vierzigtausend Juden Arbeitsdienst in der Ukraine, an der Front am Don.

Anders als die Frontsoldaten wurden die Zwangsarbeiter nicht nach Jahrgang oder Wohngebiet, sondern durch persönliche Einberufungen zum Heeresdienst eingezogen. Und während die Frontsoldaten größtenteils aus den ärmsten Gesellschaftsschichten, aus den Reihen der Habenichtse, der Bauern ohne Grund und Boden kamen, schien bei den Zwangsarbeitern eine gegensätzliche Tendenz zur Geltung zu kommen. Bei ihnen war der Anteil der älteren Intellektuellen aus dem Mittelstand und bekannten Persönlichkeiten aus der Wirtschaft auffallend hoch. So waren unter den 428 Zwangsarbeitern, die aus Großwardein und Umgebung in die Ukraine zogen – und dort ausschließlich schwere körperliche Arbeit verrichten mußten –, achtzehn Rechtsanwälte, elf Ärzte, zwanzig Fabrik- und sechs Bankdirektoren sowie sechs Journalisten.

Zsolt war siebenundvierzig Jahre alt, als er an die Ostfront mußte. Zu dieser Zeit war er bereits ein landesweit bekannter Schriftsteller und berühmt-berüchtigter oppositioneller Publizist. Wie wir aus *Neun Koffer* wissen, hat sich so mancher Offizier für die vermeintlichen Kränkungen gerächt, die der Publizist der Nation mit seinen Artikeln zugefügt hatte. Aufgrund seiner Bekanntheit hatte er aber auch größere Chancen, mit dem Leben davonzukommen.

Zuerst versuchten zwei Kollegen ihm zu helfen (der eine war István Szabó, der dem Ehepaar Zsolt später die falschen Papiere für die Flucht aus dem Ghetto besorgen sollte); sie forderten Zsolt zur Arbeit bei der Kiewer Kriegsberichterstatter-Kompanie an. Dieser Rettungsversuch schlug jedoch fehl; zur Strafe wurde Zsolt in die Kompanie eines der berüchtigsten Bataillonskommandanten, des 1945 als Kriegsverbrecher zum Tode verurteilten Károly Toronyi, versetzt. Schließlich rettete ihm sein Freund und politischer Verbündeter, der Politiker und Redakteur Endre Bajcsy-Zsilinszky das Leben. Auf dessen Intervention wurde Zsolt von Verteidigungsminister Lajos Csatay nach Ungarn zurückbeordert. Doch Kommandant Toronyi sabotierte die Anordnung des Ministers. Im letzten Moment ließ er Zsolt vom Zug zerren und tagelang prügeln. Daraufhin ließ Csatay Zsolt persönlich von einem Gendarmerieoffizier abholen. In Budapest wurde der Publizist jedoch wegen Hetze und Greuelpropaganda verhaftet und ins Militärgefängnis gesteckt. Nach Ablauf einer viermonatigen Haft kam Béla Zsolt im Januar 1944 frei. Er reiste nach Großwardein, um sich bei den Eltern seiner Frau von den Strapazen zu erholen. Hier erlebte er am 19. März die deutsche Besetzung Ungarns. Von diesem Tag an war es Juden nicht mehr erlaubt, einen Zug zu besteigen und irgendwohin zu fahren.

Großwardein

Mit Großwardein (ungarisch Nagyvárad, rumänisch Oradea) verbanden Béla Zsolt nicht allein familiäre Beziehungen. Im Militärspital dieser Stadt hatte er 1918, nach vier Jahren Militärdienst an der russischen Front, den Zusammenbruch der Monarchie und den Sieg der bürgerlich-demokratischen Oktoberrevolution erlebt, deren Ideen Zsolt sein Leben lang vertrat. Zwar war sein erster Gedichtband 1915 in Budapest erschienen, doch seine eigentliche Laufbahn als Schriftsteller und Publizist hatte in Großwardein begonnen: mit seinen Artikeln aus dem Krankenhaus für die Zeitung »Nagyvárad«.

Laut einer Volkszählung von 1910 war der Anteil der jüdischen Bevölkerung unter den Städten des damaligen Ungarn nach Budapest in Großwardein mit 23,6 Prozent am höchsten. Um die Jahrhundertwende war diese Stadt, die im Grenzgebiet zwischen dem historischen Siebenbürgen und Ungarn liegt, Hochburg der kulturellen Erneuerung. Hier wirkte Endre Ady, die führende Gestalt der modernen ungarischen Lyrik, als Journalist, hier wurde die als Meilenstein geltende Anthologie *Holnap* (Morgen) der modernen Lyriker herausgegeben. Die Einwohner nannten ihre Stadt, nach dem Flüßchen, das durch Nagyvárad fließt, ironisch »Paris an der Pece«.

Der liberale Geist Großwardeins hielt auch während der zwei Jahrzehnte rumänischer Oberhoheit an. Die gesellschaftlichen Beziehungen zwischen dem christlichen ungarischen Bürgertum und der jüdischen ungarischen Bevölkerung waren hier enger als in den meisten anderen Städten Ungarns oder Siebenbürgens.

Wahrscheinlich war das ein Grund dafür, daß die Ghettoisierung und Deportation in Großwardein mit besonderer Grausamkeit durchgeführt wurde. Mehrere Stadtväter (darunter der Obergespan und der Oberbürgermeister), alle gebürtige Ungarn und langjährige Bürger der Stadt, legten nach der Besetzung durch die Deutschen ihre Ämter nieder; an ihre Stelle traten auswärtige Politiker, vor allem rechtsextreme, die vor dem Wiederanschluß Nordsiebenbürgens (August 1940) in Ungarn gelebt hatten.

Am 29. April 1944 besprach László Endre, der Staatssekretär im Innenministerium, mit der Stadtführung die Errichtung des Ghettos, und am 3. Mai hatten sich alle jüdischen Bürger innerhalb einer Stunde dorthin zu begeben. Der abgetrennte Stadtteil, ein Fünfzehntel des Stadtgebietes, zählte bei seiner Absperrung 19 237 Bewohner. Für die Aufsicht sorgte ein Ausbildungsbataillon der Gendarmerie. Am 11. Mai begann die Jagd auf versteckte Wertsachen; ein achtzehnköpfiges Sonderkommando führte die Verhöre durch, deren Greuel Zsolt in *Neun Koffer* so authentisch beschreibt. Die »Einwaggonierung« der Ghettoinsassen dauerte vom 27. Mai bis zum 3. Juni. In den Todeslagern kamen 87 Prozent der Deportierten aus Großwardein ums Leben.

Die Ereignisse im Ghetto sowie die geglückte Flucht werden in *Neun Koffer* ausführlich geschildert. Es wird den Leser sicher interessieren, wie Zsolt aus Budapest in ein deutsches Konzentrationslager, und wie er von dort auf einen Zug Richtung Schweiz gelangte. Diese neue Wende im Lebensweg des Schriftstellers hatte mit der sogenannten Kasztner-Aktion zu tun. Der Klausenburger Journalist Rezső Kasztner und andere Mitglieder der jüdischen Hilfsorganisation »Waadah« hatten Kontakt mit den deutschen Organisatoren der ungarischen Deportationen aufgenommen. Durch ihre Verhandlungen wollte die Kasztner-Gruppe vor allem Zeit gewinnen, um bis zur bevorstehenden Einnahme Ungarns durch die Rote Armee weitere Deportationen ungarischer Juden zu verhindern.

Kasztner gab vor, im Namen der Alliierten zu handeln und bot für die Errettung der ungarischen Juden 10 000 Militärlaster sowie verschiedene Lebensmittel und Rohstoffe als »Lösegeld«. Die Deutschen zeigten sich an dem Geschäft interessiert. Die Kasztner-Gruppe entsandte einen Beauftragten in die Türkei, doch die Engländer ließen sich auf keine Verhandlung mit ihm ein. Daraufhin unterbreitete Kasztner der SS ein bescheideneres Angebot: Er bat um die Ausreise von tausend ausgewählten Personen – für tausend Dollar pro Kopf. Die Gruppe bestand aus Zionisten und Personen, die noch genügend Wertgegenstände besaßen, um das Lösegeld zusammenzubringen. Außerdem forderte Kasztner einige Notabilitäten des geistigen Lebens auf, sich der Gruppe anzuschließen; zu diesen gehörten auch Béla Zsolt und seine Frau. Die schließlich 1648 Personen starke Gruppe wurde Ende Juni auf den Weg geschickt und traf am 8. Juli in Bergen-Belsen ein. Hier verbrachte die Gruppe fünf Monate mit Warten, Bangen und Hungern, bis die Häftlinge schließlich im Dezember 1944 in die Schweiz gebracht wurden. Das Ehepaar Zsolt kehrte im Juni 1945 nach Ungarn zurück.

Der Journalist

Nachdem sich in Ungarn der Terror nach der Niederschlagung der kommunistischen Räterepublik gelegt hatte, zog Zsolt 1920 von Großwardein nach Budapest. Von Mitte der zwanziger Jahre an gewann der Mitarbeiter liberaler oppositioneller Zeitungen immer mehr an Popularität. 1929 wurde er Chefredakteur der literarisch-politischen Zeitschrift *A toll* (Die Feder). Zsolt war eine romantische Figur, wohnte im Hotel, wußte über alles Bescheid, was in der Welt – in Politik und Literatur – geschah. Seine Nächte verbrachte er im Kaffeehaus Abbázia am Ring oder in einem der Kaffeehäuser an der Donau, wo er mit anderen Journalisten und Schriftstellern debattierte. Er rauchte täglich achtzig Zigaretten, trank acht bis zehn Cognacs und ungezählte Tassen Espresso. Und schrieb unermüdlich – Artikel, Romane, Theaterstücke.

Dem publizistischen Schriftsteller droht leicht die Gefahr, als literarischer Schriftsteller verkannt zu werden. Béla Zsolt veröffentlichte zwischen 1925 und 1943 zehn Romane, vier seiner Theaterstücke wurden aufgeführt und doch galt er in der Öffentlichkeit in erster Linie als Journalist.

Seine politischen Artikel schrieb er mit spitzer Feder. Die leidenschaftlichsten Schlachten focht er nicht mit seinen politischen Gegnern, den Machthabern des feudalautoritären Systems, und auch nicht mit den aufkommenden Rechtsextremen, sondern mit einer anderen Gruppe der Systemkritiker, der literarisch-politischen Bewegung der »Volksschriftsteller«, die vorwiegend bäuerlicher Herkunft waren und einen Aufschwung des Landes vor allem durch Veränderung der feudalen Eigentumsverhältnisse und die Landverteilung unter den besitzlosen Bauern erhofften. Dieser an sich progressive, demokratische Gedanke mischte sich bei einzelnen Volksschriftstellern mit einem romantischen Antikapitalismus, mit einer Ablehnung der städtischen Kultur als »volksfremd«, mit der Gegenüberstellung von »tiefen« ungarischen und »seichten« internationalen Werten.

Zsolt, der die Existenz des Judentums und den Rechtsstaat bedroht sah, polemisierte leidenschaftlich und mitunter auch überspitzt gegen die Volksschriftsteller. Den schwerwiegendsten Fehler beging er wohl, als er nach einem Ausflug in die Puszta ein paar touristische Hirten und Wirtshausmusiker, denen er begegnet war, in einer Reportage als unterentwickelte Eingeborene beschrieb. Diese Invektive war schon deshalb ungerecht, weil gerade die Volksschriftsteller die ersten gewesen waren, die die traditionelle Bauernromantik kritisiert und in ihren soziographischen Schriften die ländliche Gesellschaft authentisch geschildert hatten.

Infolge dieses Artikels und einiger anderer Schriften wurde Zsolt für die Volksschriftsteller zur symbolischen Figur der bürgerlichen Engstirnigkeit, der urbanen – jüdischen – Ignoranz und Verachtung für das Volk und die ungarische Volkskultur. Die ablehnende Haltung des Publizisten hatte zur Folge, daß die Volksschriftsteller Béla Zsolt als Schriftsteller ignorierten. So konnten sie auch nicht bemerken, daß Zsolt seine jüdischen Figuren als ebenso lächerlich, bestenfalls erbarmenswert beschrieb wie den Pusztahirten.

Sofort nach seiner Heimkehr 1945 begann Béla Zsolt den kommunistischen Parteichef und späteren stalinistischen Diktator Mátyás Rákosi zu kritisieren. Er wandte sich gegen Rákosis Ansicht, in Ungarn habe die feudale Aristokratie als reaktionäre herrschende Klasse gegen das Volk gestanden und jene sei faschistisch und dieses im Widerstand oder Opfer des Faschismus gewesen.

Vom Sommer 1945 an organisierte Zsolt eine Partei und gründete eine Zeitung. Seine die bürgerlichen Demokraten vereinende Ungarische Radikale Partei erhielt bei den Wahlen im Herbst 1945 lediglich 5600 Stimmen, so daß kein Abgeordneter ins Parlament kam. Das Wochenblatt der Partei, *Haladás* (Fortschritt), wurde jedoch schon bald zu einem wirkungsvollen Organ. In seinen regelmäßigen Leitartikeln stritt Zsolt mit altem kämpferischen Elan. Er trat gegen die Korruption auf, die sich geradezu schamlos in der neuen Demokratie ausbreitete. Er prangerte die Kommunistische Partei an, die bereit war, den Pfeilkreuzlern innerhalb der Arbeiterklasse zu verzeihen, und nichts gegen antisemitische Stimmungmache im Zusammenhang mit Schwarzhandel und Spekulation unternahm.

Seit 1945 war die von den Volksschriftstellern gegründete Nationale Bauernpartei Verbündete der Kommunistischen Partei. Der Vorsitzende der Bauernpartei, József Darvas, griff in seinen unmißverständlich antisemitisch zugespitzten Artikeln jene an, die unter Berufung auf die vom Faschismus verursachten Leiden Vorrechte beanspruchten.

Der Oktobrist und bürgerliche Demokrat Zsolt, der vor dem Krieg die Grundsätze des Rechtsstaates gegen die extreme Rechte verteidigt hatte, verteidigte diese nun gegen den Bauernradikalismus. Er setzte sich für die aus den Todeslagern heimkehrenden Juden ein, denen die »revolutionären Organe« des Dorfes die Rückgabe ihres unrechtmäßig enteigneten Bodens verweigerten. Gleichzeitig protestierte er aber auch gegen die Aussiedlung der slowakischen Ungarn und der Ungarndeutschen.

Bei den Wahlen 1947 trat die Radikale Partei auf einer gemeinsamen Liste mit den aus der Sozialdemokratischen Partei ausgeschlossenen sogenannten rechten Sozialdemokraten an, und so gelangte Zsolt ins Parlament. Das bedeutete jedoch, in zunehmendem Maße für von den Kommunisten geforderte Maßnahmen zu stimmen und die Verdrängung von Parteien aus dem Parlament zu unterstützen, die sich der immer bedrohlicheren Diktatur widersetzten. Zsolt mußte erleben, daß seine Redaktionskollegen auf kommunistischen Druck ihr gemeinsames Blatt verleugneten. Sein Aktionsradius wurde immer enger, ihm drohte das Schicksal, ein auf Antifaschismus spezialisierter Journalist der gesteuerten Presse zu werden. Davor bewahrte ihn sein Tod im Jahr 1949.

35 000 Koffer

Die Zeitschrift *Haladás* begann am 30. Mai 1946 *Neun Koffer* in Fortsetzungen zu veröffentlichen. Der erste Teil des Buches wurde am 6. Februar 1947 abgeschlossen. Am 20. Februar begann der Abdruck des zweiten Teiles, von dem aber nur zwei Fortsetzungen erschienen. Die Ausgabe vom 27. Februar brachte die Nachricht von der schweren Erkrankung des Chefredakteurs Zsolt. Die Veröffentlichung von *Neun Koffer* in Buchform wurde für den Herbst 1947 angekündigt. Es sollte jedoch noch dreiunddreißig Jahre dauern, bis es 1980 dazu kam.

Ganz genau sind die Geschehnisse nicht zu rekonstruieren. Den zweiten Teil des Romans hat Béla Zsolt offenbar nicht zu Ende geschrieben, sonst hätte ihn seine Zeitschrift sicherlich abgedruckt. Offen bleibt auch die Frage, warum der Autor den bereits abgeschlossenen ersten Teil nicht, wie angekündigt, als Buch publizierte. Vielleicht wollte er ihn erst zusammen mit dem zweiten Teil herausgeben, es ist aber auch möglich, daß er keinen Verleger dafür gefunden hat. *Neun Koffer* verletzte zu viele politische und persönliche Empfindlichkeiten. Den Arzt, der in dem Buch eine entscheidende Rolle spielt, stellt Béla Zsolt zweifellos ungerechterweise als diabolische Figur dar. Der angesehene Gynäkologe, der durch seine List außer dem Schriftsteller noch über achtzig anderen Menschen das Leben gerettet hatte, hat wohl sogar daran gedacht, den Schriftsteller zu verklagen. Das mag vielleicht auch ein Grund dafür gewesen sein, daß Zsolt den Roman nicht mehr fortsetzte, während er seine Leitartikel, bis auf eine kurze Unterbrechung, auch aus dem Sanatorium weiter Woche für Woche an die Redaktion schickte.

Die Kasztner-Aktion hatte in Ungarn wie auch im Ausland zahlreiche Diskussionen und Kontroversen ausgelöst. Eine Woche nach der Absetzung von *Neun Koffer* startete *Haladás* unter dem Titel *Der große Menschenhandel* eine neue Serie, in der die Geschichte der Kasztner-Aktion geschildert wurde. Diese beiden Umstände könnte man einer Hypothese zuliebe auch verknüpfen: Béla Zsolt setzte *Neun Koffer* nicht fort, weil die weiteren Ereignisse mit der Kasztner-Aktion zu tun hatten – und darüber hatte *Haladás* bereits berichtet. Vom 15. April 1948 an brachte *Haladás* einen neuen Zsolt-Roman in Fortsetzungen, der aber ebenfalls unvollendet blieb.

Neun Koffer ist das persönlichste Werk im Romanschaffen von Béla Zsolt. Es ist das einzige Buch, in dem er die Ereignisse in der Ich-Form erzählt. So muß der Schriftsteller inmitten seiner Figuren leben und beklommen wird ihm bewußt, daß er ebenso wie seine bemitleidenswerten Helden von Illusionen gefangen war, obwohl er doch hätte sehen müssen, wohin der 1919 begonnene Prozeß führen würde. Im entscheidenden Augenblick hatte auch er die »neun Koffer« gewählt, die trügerische Sicherheit der Dinge. Vergebens hatte er Zeit seines Lebens den »dummen, nichtsnutzigen Mittelstand« als Feind betrachtet. In einem »verräterischen« Typhusfiebertraum in der Ukraine speist der Zwangsarbeiter gemeinsam mit seinem brutalen Kompanieführer in einem eleganten Budapester Terrassenlokal zu Abend.

Als Zsolt *Neun Koffer* schrieb, gab es noch so gut wie keine Holocaust-Literatur. Die Dokumentarfilme und -bücher jener Zeit stellten vor allem die Schlacht von Stalingrad, den Krieg in Afrika und die Landung der Alliierten dar. Die Erinnerung an den Holocaust wurde in den Blockstaaten der Sowjetunion sogar eher unterdrückt: Opfer und Märtyrer des Faschismus sollten Arbeiter, arme Bauern und vor allem Kommunisten sein. Doch auch heute noch, da ganze Bibliotheken mit Literatur über den Nationalsozialismus und die Tragödie des europäischen Judentums gefüllt sind, wirkt der Dokumentarroman von Béla Zsolt unmittelbar und hat dem Leser Neues zu sagen. Unter anderem, weil Zsolt die Leiden seiner Helden mit dem schonungslosen Realismus seiner früheren Romane darstellt. Sein geschärfter Reporterblick befähigt ihn, mitten im Grauen auch das Groteske und selbst im Tragischen die grellen Farben zu sehen. Vielleicht werden beim Leser gerade diese grotesken und schrillen Bilder am längsten haften bleiben: der prahlerische Soldat im russischen Schneefeld, die Puffmutter, die ihre Mädchen aus dem Ghetto holt... Und neu ist auch das Bild des osteuropäischen, des ungarischen Faschismus. Die

Brutalität scheint hier persönlicher als in den deutschen Todeslagern. Bei der Betreibung der grausamen Maschinerie spielen Sadismus und Habgier eine größere Rolle.

Als die Deportationszüge das Ghetto von Großwardein verlassen, bleiben die Dinge herrenlos zurück; auf dem Hauptplatz des Ghettos ein gewaltiger Haufen: fünfunddreißigtausend Koffer. Darunter die ominösen neun. Diese Koffer schließen alles ein, was die Menschen gebraucht und geliebt hatten, woran sie hingen, was sie für den Pfand ihrer Sicherheit hielten, wodurch sie in den Kreislauf der Gesellschaft einbezogen waren. Nun aber sind sie nur noch leere und tote Überbleibsel, wie menschliche Fossilien.

Der Kofferberg – ein bedrückendes Denkmal des vernichteten osteuropäischen Judentums.

Ferenc Kőszeg, Budapest, August 1999

Anmerkungen

Nach dem Zusammenbruch Österreich-Ungarns führt die erste Revolution vom Oktober 1918 zur Errichtung einer bürgerlichen Demokratie unter Graf Mihály Károlyi. Nachdem linke und kommunistische Gruppierungen immer mehr Zulauf erhalten, kommt es im März 1919 zur Ausrufung der Räterepublik unter Bela Kun. Zu dieser Zeit sammeln sich die konservativen Kräfte des feudalen Ungarns um Graf István Bethlen in Wien; gleichzeitig ensteht im französisch besetzten Szeged unter Miklós Horthy die sogenannte Nationalarmee. Als Horthy im November 1920 mit seiner Armee in Budapest einmarschiert, kommt es zur Konterrevolution. Horthy wird zum Reichsverweser bestimmt. In den darauffolgenden Jahren nehmen die chauvinistischen und antisemitischen Tendenzen in der ungarischen Gesellschaft zu.

Durch die Unterzeichnung des Antikominternpakts vom 20. November 1939 und des Dreimächtepakts wird Ungarn Verbündeter Nazi-Deutschlands. Dadurch gewinnt Ungarn seine im Vertrag von Trianon (1920) verlorenen Gebiete teilweise wieder zurück; darunter auch Großwardein von Rumänien. Ungarn beteiligt sich an dem deutschen Angriff auf die Sowjetunion.

Nachdem das Horthy-Regime einen Sonderfrieden mit den Alliierten auszuhandeln versucht, okkupieren die Deutschen am *19. März* 1944 Ungarn. Damit übernimmt die rechtsextreme Partei der Pfeilkreuzler endgültig die Macht. Die jüdische Bevölkerung, die trotz der ungarischen Rassengesetze bis dahin nicht unmittelbar in Gefahr war, wird ab Mai 1944 in Ghettos umgesiedelt. Ab dem Sommer erfolgen die Deportationen in die Vernichtungslager.

(Seite 12) Bethlen – István Bethlen (1874-1947), von 1921 bis 1931 ungarischer Ministerpräsident. Trotz einer wirtschaftlichen und politischen Konsolidierung des Landes nimmt unter seiner Regierungszeit die rechte Radikalisierung zu. Bethlen wurde 1944 von der sowjetischen Besatzung in die UdSSR verschleppt, wo er starb.

(Seite 13) Lajos Purjesz – (1881-1925) Jurist, Publizist, Redakteur bei verschiedenen liberalen Presseorganen. Trotz eingeschränkter Pressefreiheit zwischen 1917 und 1920 wandte er sich offen gegen die von Moskau beeinflußte Räterepublik in Ungarn.

(Seite 14) salon des refusés – (franz.) Versammlung der Zurückgewiesenen, in Anspielung auf die literarischen »salons« im Frankreich des 18. und 19. Jahrhunderts.

(Seite 21) NSKK – Nationalsozialistisches Kraftfahrzeugkorps.

(Seite 33) Pfeilkreuzlermarsch – Die Pfeilkreuzler waren eine nationalsozialistische Bewegung in Ungarn zwischen 1935 und 1945. Sie bekannten sich zum »Hungarismus«, der die Idee der Volksgemeinschaft (auf christl. Basis) mit einem radikalen Antisemitismus verband. Ihre Anhänger übten in Ungarn bis April 1945 einen blutigen Terror aus.

(Seite 36) Dialekt der Baranya – Bezirk in Südungarn, nach 1920 zum Teil serbisch.

(Seite 40) Organisation Todt – technische Spezialtruppe, benannt nach dem NS-Politiker Fritz Todt (1891-1942), im Krieg zuständig für das militärische Bauwesen.

(Seite 43) Sore – (Gaunersprache) Diesbesgut, Hehlerware.

(Seite 47) Pour la galerie – (franz.) für die Galerie. Sinngemäß etwa: sich in Szene setzen oder Effekthascherei.

(Seite 49) Obergespan – oberster Amtsträger eines Verwaltungsbezirks (Komitat), Vertreter der Regierung.

(Seite 53) Tant de bruit – (franz.) So viel Lärm.

(Seite 54) boches – (franz.) Schimpfwort für die Deutschen.

(Seite 56) Oswieçim – polnischer Name von Auschwitz.

(Seite 56) première juiverie – (franz.) Im 17. Jahrhundert Bezeichnung für die Volks- und Religionsgemeinschaft der Juden, wiederaufgegriffen Anfang des 20. Jh. und vor allem während der Nazi-herrschaft mit antisemitischer Konnotation. Die »erste« juiverie ist hier wohl eine ironische Bezeichnung für das jüdische Großbürgertum.

(Seite 67) Petljura – Symon Petljura (1879-1926), ukrainischer Politiker. Mitbegründer der Ukrainischen Sozialistischen Arbei-

terpartei nach der Februarrevolution 1917. Unter seiner Verantwortung kam es zwischen 1918 und 1920 in der Ukraine zu schweren antijüdischen Pogromen.

(Seite 85) Irredentismus – Bezeichnung für das Bestreben, ehemalige Landesteile wieder zu erlangen. Die Irredentisten in Ungarn fordern die nach dem Ersten Weltkrieg abgetretenen Gebiete (festgelegt im Friedensvertrag von Trianon 1920) u.a. von Rumänien zurück.

(Seite 86) Imrédy – Béla Imrédy (1891-1946). Als Ministerpräsident Ungarns zwischen 1938 und 1939 verantwortlich für die Pogrome gegen die jüdische Bevölkerung. 1946 als Kriegsverbrecher vom »Volksgericht« zum Tode verurteilt und hingerichtet.

(Seite 87) Pogatschen – von pogácsa (ung.) Plätzchen, Kleingebäck.

(Seite 89) giovinezza – (ital.) Jugend. Name der Jugendorganisation der italienischen faschistischen Partei.

(Seite 89) balilli – (ital.) Mitglieder der Kinderorganisation der italienischen faschistischen Partei; benannt nach dem Knaben G. B. Perasso mit dem Beinamen »Balilla«, der 1746 durch einen Steinwurf den Aufstand der Genueser gegen die Österreicher ausgelöst haben soll.

(Seite 116) Rákosrendező – erster Bahnhof hinter Budapest.

(Seite 132) Contes drôlatiques – Tolldreiste Geschichten. Erzählungen von Honoré de Balzac.

(Seite 146) Panjepferde – Sammelbezeichnung für einen sehr widerstandsfähigen und robusten osteuropäischen Pferdetyp.

(Seite 148) die klopzis, matkas und barischnas – (russ.) Bengel, Mütterchen und Bäuerinnen.

(Seite 159) Education sentimentale – Lehrjahre des Gefühls, Roman von Gustave Flaubert.

(Seite 168) prasnik (russ.) – Feiertag.

(Seite 182) kapores (jidd.) – kaputt.

(Seite 185) Al-Alamain – kleiner Ort in Ägypten, südwestlich von Alexandria. Hier kam im Juli 1942 der Vormarsch der deutsch-italienischen Panzerarmee unter General Rommel Richtung Suez-

Kanal zum Stehen und mußte nach verlorener Schlacht mit der achten britischen Armee unter General Montgomery den Rückzug antreten.

(Seite 187) Robot – (tschech.) Frondienst, Schwerstarbeit.

(Seite 188) Ratas - sowjetische einmotorige Propeller-Jagdflugzeuge.

(Seite 200) Mannlicher – halbautomatisches Repetiergewehr um die Jahrhundertwende, benannt nach seinem Erfinder Ferdinand Ritter von Mannlicher.

(Seite 206) János Háry – Protagonist der Verserzählung »Az Obsitos« (Der Veteran) von János Garay (1812-1853), in welcher der Held János Háry, ein »ungarischer Münchhausen«, in der Zeit der napoleonischen Kriegszüge seine Prahlereien und Lügengeschichten zum Besten gibt.

(Seite 207) Botond – legendärer ungarischer Heerführer; führte im Jahre 958 den siegreichen Feldzug gegen Byzanz.

(Seite 207) Pál Kinizsi – (gest. 1494) Heerführer im Krieg gegen die Türken; zur Legende geworden durch die Befreiung großer Teile Ungarns von der türkischen Besatzung.

(Seite 207) Miklós Toldi – (ca. 1320-1390) Obergespan verschiedener ungarischer Provinzen. Angehöriger eines einflußreichen Adelsgeschlechts, begünstigt durch den Kardinal von Esztergom, wird im 19. Jahrhundert zur Legendenfigur im ungarischen Volksmärchen.

(Seite 207) Jókai – Mór Jókai (1825-1904), Schriftsteller, nahm an der Märzrevolution 1848 teil und gehört mit seinen zahlreichen romantisch-abenteuerlichen, patriotischen und zum Teil sozialkritischen Geschichten bis heute zu den meistgelesenen Autoren in Ungarn.

(Seite 216) Béla Balázs – (1884-1949) ungarischer Dichter und Filmtheoretiker. Emigrierte 1919 nach Wien und lebte dann bis 1931 in Berlin. Schrieb das Libretto für Bartóks »Herzog Blaubarts Burg« sowie das Drehbuch zur »Dreigroschenoper«.

(Seite 216) Andor Gábor – (1884-1953) Schriftsteller, Journalist, Übersetzer, verfolgt wegen seiner Teilnahme an der Oktoberrevolution 1917, zunächst Gefängnis, dann Exil in Wien, Paris, Berlin, wo er in den kommunistischen Presseorganen *Rote Fahne* und

Linkskurve publiziert. Zwischen 1933 und 1945 Exil in Moskau. Nach 1945 wirkte er an der »sozialistischen Literaturreform« in Ungarn mit.

(Seite 216) Béla Illés – (1895-1974) kommunistischer Schriftsteller. Trat 1919 in die Armee der Räterepublik ein, danach ging er den Weg der Emigranten, zunächst nach Wien, dann nach Moskau. Im 2. Weltkrieg trat er in die Sowjetarmee ein und kehrte 1945 als Major in seine Heimat zurück.

(Seite 216) Sándor Gergely – (1896-1966) Schriftsteller, Publizist, ab 1926 Mitglied der Kommunistischen Partei Ungarns, emigrierte 1931 in die Sowjetunion. Nach seiner Rückkehr 1945 Vorsitzender des ungarischen Schriftstellerverbands.

(Seite 243) tschaika (russ.) – Napf.

(Seite 254) József Vass – (1877-1930) Professor für Theologie an der Universität Budapest, ab 1920 Kultusminister Ungarns, konservativ-antikommunistischer Prägung.

(Seite 258) tschaj – (russ.) Tee.

(Seite 295) Fatia Negra – ungarische Schlagerschnulze aus den dreißiger Jahren, die auf eine transsylvanische Legende zurückgeht, nach der ein ungarischer Graf in einer schwarzen Maske Raubzüge durchführt. Mór Jókai schrieb darüber einen Roman.

(Seite 311) Honvéd-Armee – (ungar.) »Vaterlandsverteidiger«, in Ungarn seit 1848 Bezeichnung für befristet angeworbene Freiwillige, ab 1919 für die gesamten ungarischen Streitkräfte.

(Seite 319) Sylvester Bonnard – Protagonist des Romans *Le crime de Sylvestre Bonnard, membre de l'institut* (Die Schuld des Professors Bonnard) von Anatole France. Die Figur des Sylvester gilt als Paradigma des weltfremden Gelehrten, der das Leben aus der Distanz beobachtet und kommentiert.

(Seite 334) Lujza Blaha – (1850-1926) Schauspielerin, Primadonna einer fahrenden Schauspielertruppe, bekannt für ihre eindrucksvolle Darstellung berühmter Frauenfiguren des ungarischen Volkstheaters.

(Seite 349) Walache – die Bewohner der Walachei, allgemein Bezeichnung für die Rumänen.

(Seite 352) Csíkszereda – ungarischer Name der seit 1920 zu Rumänien gehörenden Ortschaft Mercurea-Cluc (deutsch: Szeklerburg).

(Seite 356) marche funèbre – (franz.) Trauermarsch.

(Seite 364) Nagyszeben – ungarischer Name der seit 1920 zu Rumänien gehörenden Stadt Sibiu (deutsch: Hermannstadt).

Hanna Krall
DA IST KEIN FLUSS MEHR

Aus dem Polnischen
von Roswitha Matwin-Buschmann
ISBN 3-8015-0331-3

Alle ihre Geschichten handeln vom DANACH. Knapp und poetisch verbindet Hanna Krall Einzelschicksale mit historischen Ereignissen und biblischen Motiven. Und so nimmt es nicht wunder, daß neben der Jungfrau von Wlodzimierz von Feldmarschall Rommel, neben dem Don Juan des Otwocker Proletariats von Rabbi Besser aus New York die Rede ist. »Ich versuche nicht, die Geheimnisse der Überlebenden zu ergründen« hat dieser gesagt, und Hanna Krall ist mit ihm eins. Doch sie erzählt von diesen Menschen, und auch wenn sich das, was sie überliefert, wirklich zugetragen hat, sind ihre Geschichten keineswegs Tatsachenberichte, sondern universelle Gleichnisse.

»Wenn man Hanna Krall sagt, dann denkt man an diese Art von Literatur. Die hat sie erfunden, die hat sie entwickelt, die hat sie zur großen Virtuosität und zu einem großen moralischen Anspruch gebracht.«

Siegrid Löffler, Literarisches Quartett

»Hanna Kralls Geschichten sind eine Heimsuchung. Literatur kann wohl nichts Schlimmeres und nur selten etwas Besseres sein.«

Der Spiegel

Verlag Neue Kritik • Kettenhofweg 53 • 60325 Frankfurt